当代教育研究丛书

大学生自主学习：
影响因素与有效策略

COLLEGE STUDENTS' SELF-REGULATED LEARNING:
FACTORS AND STRATEGIES

廖旭梅 ／ 著

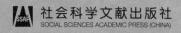

社会科学文献出版社
SOCIAL SCIENCES ACADEMIC PRESS (CHINA)

本书获得全国教育科学"十三五"规划教育部青年课题"大学生自主学习能力提升工作坊构建与成效追踪研究"（课题批准号：EIA180493）支持。

《当代教育研究丛书》

总主编：彭宇文　李　巍

研究与实践立足当代、面向未来的新时代大教育

——《当代教育研究丛书》总序

习近平总书记在党的十九大报告中指出："经过长期努力，中国特色社会主义进入了新时代，这是我国发展新的历史方位。"新时代带来了新发展，面对新时代的大背景，教育工作者应当及时更新理念，总结过去、立足当代、面向未来，从历史维度、理论维度、实践维度和世界维度解读新时代教育事业，适应时代发展需要，推动教育事业更好发展。

进入新时代的教育，不再只是传统意义上的教育，而是源于时代、呼应时代，并面向未来、持续发展的具有发展性内涵的教育，体现出鲜明的"大教育"特征。

第一，新时代大教育应当是具有与新时代相适应的高度、广度和深度的教育。

习近平总书记在全国教育大会上的讲话中指出："教育是民族振兴、社会进步的重要基石，是功在当代、利在千秋的德政工程，对提高人民综合素质、促进人的全面发展、增强中华民族创新创造活力、实现中华民族伟大复兴具有决定性意义。教育是国之大计、党之大计。"在中国特色社会主义强国建设中，教育的重要地位比以往任何时候都表现得更为突出。新时代大教育必须建立在对这些重大意义的深刻理解之上，不只是就教育论教育，而是从中华民族伟大复兴、科学社会主义发展以及中国智慧和中国方案出发，从国之大计、党之大计出发，强调切实发挥教育的政治功能和社会职能，树立建设教育强国的强烈使命感和责任感，注重具有高度的

政治站位、具有广度的政治外延和具有深度的政治内涵，从更为深广的角度来实现可持续发展。

第二，新时代大教育应当是以人民为中心的教育。

党的十九大明确了新时代我国社会主要矛盾已经转化为人民日益增长的美好生活需要和不平衡不充分的发展之间的矛盾，时代发展对教育事业提出了更高要求，也给传统意义上的教育赋予了新的内涵。进入新时代的教育，必须不忘初心，贯彻以人民为中心的教育观，通过改革推动"中国教育现代化2035"和"中国教育现代化2050"，推进中国特色社会主义教育强国建设，最终实现满足人民美好生活向往的终极目标。教育是美好生活的最为重要的基本构成部分，面对社会发展新矛盾，必须树立更高质量、更加公平的大教育观，以人民为中心，办好人民满意的教育，实现习近平总书记提出的"让每个孩子都能享有公平而有质量的教育"的目标。新时代新矛盾，人民对教育的需求不再只是停留在"有学上"的基本层面上，而是逐步提升到"上好学"的更高层面，对教育质量和教育公平提出了更为强烈而具体的要求。实现目标更高、要求更高、标准更高的新时代教育发展，必须在教育价值追求上树立以人民为中心的思想，彰显人民至上的价值取向。教育事业必须围绕公平而有质量的目标要求，努力实现人的全面发展，使教育改革发展成果更多更公平地惠及全体人民。

第三，新时代大教育一定是具有鲜明中国特色的教育。

扎根中国大地办教育，既是改革开放以来我国教育事业取得巨大成就的重要经验，也是对新时代继续推进教育事业更大发展的重要指导。我国有独特的历史、独特的文化、独特的国情，孕育了学无止境、有教无类、因材施教等深厚的教育思想，这些因素决定了我国教育必须坚定不移走自己的路。事实证明，简单照搬别国经验解决不了中国教育问题，进入新时代中国教育，必须坚持扎根中国大地，探索更多符合国情的办法，让中国特色社会主义教育发展道路越走越宽广。新时代大教育要强化特色意识，处理好本土化与国际化、民族性与世界性之间的关系，进一步明确中国特色的内涵，以及这些内涵在各级各类教育和学校中的具体落实，使中国特色能够真正落地实现。

第四，新时代大教育应当是走向世界的教育。

不忘初心、坚定自信、引领发展，是新时代大教育应当具有的精神。这种精神，不是僵化、守旧、故步自封的思想意识，而是大气派、大格局、大风范的教育理念。按照习近平总书记提出的"不忘本来、吸收外来、面向未来，更好构筑中国精神、中国价值、中国力量，为人民提供精神指引"要求，新时代教育事业必须时刻牢记初衷，树立坚定的文化自信和道路自信，"发展具有中国特色、世界水平的现代教育"，使我国教育事业日益走近世界舞台中央、不断为人类做出更大贡献。基于此构建的新时代大教育，应当不忘初心，在坚守教育事业根本宗旨的前提下，立足于中国特色社会主义的伟大实践，以大气度的文化自信和道路自信为引领，坚持扩大开放，走向世界，为世界贡献教育的中国智慧和中国方案。必须注意的是，走向世界与中国特色应当是有机统一的，中国特色绝不能够成为掩盖自身问题、因循守旧的挡箭牌，而一定是在世界水平范畴下的特色，只有具有这样大格局的中国特色的大教育，才可能真正走向世界。

第五，新时代大教育必须是体现发展导向的教育。

新时代教育事业发展，呈现出与传统时代不一样的特征。与经济社会发展相适应，现代信息技术给传统教育形态带来了极大冲击，应对人工智能、区块链、云计算、大数据（ABCD）的挑战，构建网络化、数字化、个性化、终身化的新的教育体系，成为人类社会面临的重大课题，新时代大教育必须积极回应新教育体系建设的发展趋势。新教育体系构建，标志着具有全面、立体和持续等新的特征的教育的形成，传统的限于课堂、书本、学制等要素的教育形式，逐步发生变革，任何人在任何时间、任何地点、学习任何知识的泛在教育形式开始形成，传统意义上的教育可能被重新定义。面对社会形态多元、教育形态多元的发展趋势，按照党的十九大提出的 2035 年基本实现现代化、2050 年全面建成社会主义现代化强国的目标，构建"中国教育现代化 2035"和"中国教育现代化 2050"发展战略，是新时代大教育必须面对的重要问题。新时代大教育必须体现发展导向，及时回应教育形态的时代变化，从更为全面、更为灵活、更为长效的角度认识教育发展，打造多维度、立体化和可持续的教育体系，实现面向未来的与时俱进的发展。

第六，新时代大教育应当是不断创新的教育。

在传承的基础上大力创新，应当是新时代大教育的核心要素。新时代是承前启后、继往开来的时代，新时代大教育要在传承已有教育精华的基础上，呼应时代发展，积极探索，形成具有新的时代特征的教育创新。新时代出现了诸多新事物，给教育事业带来了新机遇和新挑战，必须积极加以应对。以大数据为例，面对大数据发展日新月异的新形势，要按照习近平总书记"运用大数据促进保障和改善民生"的要求，在教育大数据建设方面加大探索力度，推进"教育+互联网"，创新教育模式，推动"人人皆学、处处能学、时时可学"的学习型社会建设。要加大教育供给侧改革力度，从提高教育供给质量出发，以创新为引领，培育教育新业态，创造教育新供给，引导教育新需求。当然，应当明确的是，创新一定是建立在传承的基础上，新时代大教育的创新发展不能背离基本的教育本质和精神，应当贯通古今，贯通历史、现在与未来。

具有上述鲜明的"大教育"特征的新时代教育事业，伴随着我国改革开放的不断深化，正在迈入更为辉煌的发展阶段。习近平总书记在全国教育大会上的讲话中强调，新时代新形势，改革开放和社会主义现代化建设、促进人的全面发展和社会全面进步对教育和学习提出了新的更高的要求。我们要抓住机遇、超前布局，以更高远的历史站位、更宽广的国际视野、更深邃的战略眼光，对加快推进教育现代化、建设教育强国做出总体部署和战略设计，坚持把优先发展教育事业作为推动党和国家各项事业发展的重要先手棋，不断使教育同党和国家事业发展要求相适应、同人民群众期待相契合、同我国综合国力和国际地位相匹配。习近平总书记关于教育的重要论述，为进一步推进新时代中国特色社会主义教育事业改革发展，指明了目标与方向。

武汉大学溯源于 1893 年清末湖广总督张之洞奏请清政府创办的自强学堂，历经百余年的风雨磨砺，形成了优良的革命传统，积淀了厚重的人文底蕴，培育了"自强、弘毅、求是、拓新"的大学精神。作为国家教育部直属重点综合性大学，武汉大学是国家"985 工程""211 工程"重点建设高校和首批"双一流"建设高校，学校综合实力和核心竞争力不断增强，整体呈现出快速发展的崭新局面。当代教育（武汉）有限公司作为专注于教育产业运营与投资的综合性民营实业教育集团公司，是国内较早投身于民办教育领域的企业，已初步实现从早幼教、K12教育、高等教育到教育衍生业务的立体化、全生态体系战略布局，搭建了以高等教育为主体，基础教育和教育衍生业务为两翼的"一体两翼"腾飞构架。为加强对新时代大教育的研究与实践，武汉大学与当代教育（武汉）有限公司强强联合，组建了"武汉大学当代教育研究院"（以下简称"研究院"）。研究院贯彻"研究与实践立足当代、面向未来的新时代大教育"的办院宗旨，以服务国家教育事业发展、服务武汉大学与当代教育（武汉）有限公司建设为中心，建立了相对灵活的运行机制，围绕教育供给侧改革与"双一流"建设、民办教育、学生学习能力提升、教师职业发展、教育治理现代化、院校研究、研学旅行等方面主题，紧密联系教育实践，从教育管理、教育法律与政策等学科领域开展学术研究，取得了较为丰硕的研究成果。

为展示研究院的学术研究成果，研究院组织编撰了《当代教育研究丛书》，由社会科学文献出版社出版。丛书拟通过专著、译著、论文集等形式，对研究院专兼职研究人员取得的研究成果，择优出版，以飨读者。研究院希望借助《当代教育研究丛书》的出版，进一步凝练自身学科建设特色，打造学术发展优势，为新时代教育事业建设发展做出教育理论工作者的应有贡献。

习近平总书记在2018年12月18日庆祝改革开放四十周年大会上的讲话中指出："我们要强化问题意识、时代意识、战略意识，用深邃的历史眼光、宽广的国际视野把握事物发展的本质和内在联系，紧密跟踪亿万人民的创造性实践，借鉴吸收人类一切优秀文明成果，不断回答时代和实践给我们提出的新的重大课题，让当代中国马克思主义放射出更加灿烂的真理光芒。""只有顺应历史潮流，积极应变，主动求变，才能与时代同行。"立足当代、面向未来，研究院将继续深入新时代大教育的创造性实践，坚持理论联系实际，呼应时代发展，总结教育实践，以具有时代性、战略性、前瞻性和国际性的学术研究，为新时代的大教育发展提供智力支持。

谨以为序。期待各方指正，共谋中国特色社会主义教育事业发展。

彭宇文　李　巍[*]

2018 年 12 月

＊彭宇文，武汉大学教育科学研究院（当代教育研究院）院长、党委书记，法学博士，教授，博士研究生导师；李巍，当代教育（武汉）有限公司总裁、北京当代海嘉教育科技有限公司董事长。

摘　要

自主学习既是教育的本质要求，也是提高高等教育质量的现实需求。影响大学生自主学习的因素是多元的，如何从主要影响因素入手促进大学生的自主学习是迫切需要研究和解决的问题。

围绕这一核心问题，本研究采用行动研究法，将行动和研究活动结合，遵循"行动干预—理论建构—行动干预—理论建构"循环路径，以人本主义理论和建构主义理论为指导，构建学业指导工作坊，促进大学生学习自主水平提升。工作坊对处于大学学习第一关键期的学生进行学习策略指导和教学组织干预，经历了入场、第一期干预、第二期干预和效果追踪等过程，被试大学生的自主学习水平在工作坊干预下得到了有效提升。基于鲜活的教育实践，本研究就大学生自主学习的影响因素和促进大学生自主学习的有效路径进行提炼。

动机性因素、环境性因素和策略性因素"三元交互"共同对大学生自主学习产生影响。学业自我效能感、学习目标和学习价值认同是影响大学生自主学习的主要动机性因素，参与和交流平台、自主空间和积极关注是影响大学生自主学习的主要环境性因素，时间管理、学习环境与资源管理、学习监控与调整是影响大学生自主学习的主要策略性因素。动机性因素、环境性因素和策略性因素两两相互作用，形成多元、复杂且动态的大学生自主学习影响体系。三类因素对大学生自主学习的影响和作用不相同。一般情况下，动机性因素是影响大学生自主学习的首要因素，是主导性和内生性的因素；环境性因素是影响大学生自主学习的关键因素；策略性因素是大学生自主学习的促成性因素。在具体情境中，对于不同的学习者来说，在不同的时空条件下，三类因素中的任何一个都可能对大学生个体的自主学习起主要影响作用。

促进大学生自主学习应遵循动机激发、空间营造和策略指导三大原则。其中，动机激发是"首要"，自主学习以学生的内在动机激发为前提，也就是说，学生要"想学"；空间营造是"必要"，开展自主学习必须有自主的空间，也就是说，学生要"能学"；策略指导是"需要"，自主学习必须以学生掌握一定的学习策略为保障，也就是说，学生要"会学"。激发自主学习动机可以通过提高学业自我效能感、明晰学习目标和增强学习价值认同等方式实现。营造自主学习空间可以通过搭建参与和交流平台、创设自主空间和教师给予学生积极关注等方式实现。自主学习策略指导可以通过专门式指导和课程融入式指导实现。

关键词： 大学生；自主学习；行动研究

目录 Contents

图表目录 Contents

1 绪论

1.1 问题的缘起

我对大学生学习问题的特别关注起源于与学生的座谈。2013 年 5 月，为有效编制学情调查问卷，我在某 "985" 高校 H 大学组织了几次大学生座谈会。座谈会参与者的性别、年级和专业存在差异，但他们提出的问题却具有一定的共性，其中两个方面特别突出。

一是迷茫。每次座谈会都有过半学生提到自己的迷茫状态。有的不明白读大学的意义以及在大学学什么；有的缺乏对大学生活的规划，不清楚每个阶段的重点。大一大二的学生普遍对大学规划及专业学习感到困惑；大三大四的学生大学已过半，但不清楚自己的发展方向。在谈到日常学习时，一位大二学生和一位大一学生的对话很耐人寻味。大一学生说："都学了快一年了，我还很迷糊。这个学到底该怎么上？为什么没有人像高中班主任一样带一下我们？好怀念高中生活，高中时我们学哪门课、学到什么程度和做哪些作业都不用自己去想。现在，老师好像都不怎么管我们了。虽说有辅导员，却也不像以前班主任的感觉。"大二的学生则回应说："大学，都得自己去摸索！虽然我也经常不知道怎么做。不过，你到大二时也许会觉得更加困惑。"大三的一位学生谈到他要考研，但是对于为什么考研，他的回答是："我爸妈建议我考。"对于读研后做什么，他表示也不是很清楚，先考了再说，身边的很多同学都是这样的。

二是学习投入度低。聊到课堂和课后的学习，学生"兴致高昂"："我们班，一般到课率 50% 就不错了。班上有 50 多人，如果有 40 人来上课就说明要点名了，而且是班长提前通知了的。""大一那会儿我还是尽量自己完成作业，后来，一般要等到交作业的头一天才会想起，来不及做了，就只好抄一下别人的。久了都习惯了。"学生"叽叽喳喳"地说了很多，"生动形象"地描绘了懒散的学习情景，仿佛那很值得骄傲。而至于日常的生活，许多学生给自己贴上"宅"的标签。"大家没有出去玩的习惯，对着电脑各玩各的。""我们专业的宅男多。食堂都不愿意去，就在宿舍点外卖，然后继续打游戏。"

座谈会给我的触动很大：这难道就是当代大学生的学习状态？座谈前我脑海里浮现的是图书馆学生埋头奋斗的场景，而座谈了解的情况却与我的想象相差甚远。在这所全国排名前十的大学里，学生的学习状况似乎并不像我想象的那么好。这些学生以高分考入 H 大学这样一所"985"高校，但进入大学后学习似乎并不那么顺利：有对未来目标的困惑，有对学习价值的怀疑，有对专业的不适应，有对学校教学教法的不理解……

为何中小学表现优秀的学生在进入大学后学习却"卡壳"了呢？我对这个问题感到困惑。后来，我回顾了自己的学习经历，对他们的状态似乎有了些理解——当年我自己不也是这样"摸爬滚打"过来的吗？每天早起背书，做作业做到很晚才舍得睡去；面对堆积如山的习题总能说服自己去完成；考试时努力地揣摩出题人期望的答案。但是作为"好学生"的我在进入大学后也经历过没有方向和不会学习的阶段。大学以前，只要按部就班地完成老师布置的任务，我不需要考虑其他问题；大学后，许多事情需要自己去判断和做选择，我感到无所适从。很长一段时间，我都沿袭着中学的做法，认真上课，坚持早晚自习，反复学习讲义和课本。可是，一段时间后，我觉得继续这种状态没有意思，感受不到自己在进步，就逐渐放弃了。后来，我看到别人学什么自己也跟着去学。而后，我甚至感觉上课也没意义，因为老师讲的内容书上都有，所以逃课奔走于社团之间……细想，座谈会上的学生正在经历的一些事物我自己当年也同样经历过。虽然大学生活已经过去十多年了，但我依然能回想起在失去了中学老师无微不至的指导后的那种迷茫、没有方向和在黑暗中摸索的情境。

有多少大学生像当年的我和座谈会上的这些学生一样经历着大学学习

的迷茫？有多少大学生虽然表面呈现出认真学习的状态，却不能算得上真正的"自主"？作为教育者，我们该给学生以怎样的指导和帮助，让学生成长为具有自主意识和自主能力的人？在教学管理上，哪些做法有助于促进大学生的学习自主？这些问题引发了我对大学生自主学习这一主题深入研究的兴趣。

1.2　问题的提出与研究意义

无论从教育的本质要求、时代的发展需求，还是从我国高等教育发展的现实状况看，大学生自主学习都是一个具有重要研究价值的议题。

1.2.1　教育的本质要求自主学习

苏霍姆林斯基曾说，没有自我教育就没有真正的教育。教育本质上是一种自我教育。学生不是一张白纸，教师填涂什么就呈现什么；教学也不是往容器里灌水。学习是学生在自己原有经验的基础上，通过自觉主动建构的方式实现的。因此，自主是取得学习成果的关键。自主学习能够促进学生对所学内容进行深度思考和培养创新思维，激发学生潜能。研究表明，自主性强的学生往往能够系统地运用一系列学习策略，其学习成效一般要好于自主性弱的学生。[①] 在智力、所接受的教育质量和所享有的社会环境等方面占优势但学业表现不佳的学生也往往缺乏自主性。[②] 因此，教育的本质要求人们重视学习的自主性。

1.2.2　时代发展凸显自主学习的价值

信息时代和学习型社会的到来更加凸显自主学习的价值。在信息时代，知识更新频率超越了以往任何时代，而应对这一挑战的唯一途径就是

---

① Cheng, E. C. K., "The Role of Self-regulated Learning in Enhancing Learning Performance," *The International Journal of Research and Review* 6 (2011): 1-16.

② Zimmerman, B. J., Martinez-Pons, M., "Student Difference in Self-regulated Learning: Relating Grade, Sex, and Giftedness to Self-efficacy and Strategy Use," *Journal of Educational Psychology* 82 (1990): 51-59.

不断学习。如果一个人拥有较强的自主学习能力，那么无论知识周期如何缩短，科学技术如何进步，他都能迎头赶上甚至引领时代发展。而不具备较强自主学习能力的人，不管知识储备有多丰富，未来都可能被淘汰。正因为如此，联合国教科文组织提出："未来社会，文盲不只是指不识字的人，更是指没有学会怎样学习的人。"①

1.2.3 关注大学生自主学习是我国高等教育改革的现实需求

当前我国基础教育应试问题依然严峻，中小学生学习被安排的程度过高，他们很少有机会真正"自主学习"。学校给学生安排好了一切，他们的任务只是"学习"，在一次次考试和一次次发言中去做一个"好学生"。日复一日、年复一年，他们逐渐丧失了对自己发展主动权的把握。② 进入大学后，学校给学生提供了相对自由的环境，希望学生能有效地开展自主学习，但大学生的自主学习状况却不容乐观。许多大学生不懂得如何利用自主的时间和空间，导致学习处于松散的"放羊"状态。此外，许多高校正在进行"以学生为中心"的教育改革，以学生为中心的根本是要实现从以"教"为中心向以"学"为中心的转变，③ 要实现这一转变，提高大学生的自主学习水平至关重要。

1.2.4 研究问题

基于对大学生自主学习重要性的认识、对相关文献的研究以及对我国教育现实情况的考察，本研究提出一个核心问题：如何促进大学生自主学习？

子问题包括以下三方面。

第一，大学生自主学习存在哪些问题？

第二，哪些因素影响了大学生自主学习？

第三，如何应用教育学和心理学的科学研究成果在具体教育情境中促

---

① 联合国教科文组织国际教育发展委员会编著《学会生存——教育世界的今天和明天》，上海师范大学外国教育研究室译，上海译文出版社，1979，第218~275页。

② 李伟：《批判与重建：个体生命自觉与当代学校教育》，华中科技大学出版社，2013，第8页。

③ Barr, R. B., Tagg, J., "From Teaching to Learning-A New Paradigm for Undergraduate Education," *Change* 27 (1995): 12-25.

进大学生自主学习？

本研究希望对具体教育情境中的大学生学习进行观测，揭示大学生学习存在的问题，分析影响大学生自主学习的因素，并应用教育学和心理学的科学研究成果，采取措施提升大学生的自主学习水平。具体而言，本研究将采用行动研究法，通过构建大学生学业指导工作坊，对大学生进行自主学习指导和教学组织干预，促进其自主学习水平提升；在干预过程中经由理论与实践的反复碰撞，揭示影响大学生自主学习的因素，提炼有效的干预策略，构建本土的自主学习理论。

1.2.5　研究意义

1.2.5.1　理论意义

（1）拓展和深化已有的自主学习理论

在学习型社会，学习贯穿人们生命的始终。哪些因素会影响人们学习？如何促进人们自主学习？这些都是具有重要研究价值的问题。本研究将在实践的基础上，揭示影响大学生自主学习的因素，探索促进大学生自主学习的规律，进一步拓展和深化已有的自主学习理论。

（2）探索中国背景下的本土自主学习理论

文化对人们的认知、情感及行为都会产生重要影响，对自主学习的研究需要考量文化因素。目前，国外已形成众多自主学习理论，这些理论是基于西方国家的背景和文化提出的。国内尚未形成本土的自主学习理论，并且国内大学生面临的自主学习问题、影响自主学习的因素以及促进自主学习的路径跟国外都可能存在差异。本研究希望对中国背景下的大学生自主学习情况进行研究，对中国大学生的自主学习问题进行深度了解，揭示中国大学生自主学习的主要影响因素，在实践的基础上探索适合中国学生的干预策略，最后提炼本土的自主学习理论。

1.2.5.2　实践意义

（1）教育理论与教育实践的结合

目前，教育研究与教育实践严重脱节。"教育研究是'不结果的树'，研究论文发表了一大堆，却没有起到应有的作用。"[1] 教育研究应具有三项功能：描述教育现象、解释教育行为和改进教育实践。[2] 描述教育现象是回答"是什么"（be）的问题，解释教育行为是回答"应该是什么"（ought to be）和"何以如此"（why）的问题，改进教育实践则需回答教育"应该怎么做"（how to do）的问题。教育研究是一种"事理"研究，即为办好此事而开展的研究，它需要与教育实践相联系。[3] 本研究将突破教育研究与教育实践脱节的现状，把优秀的理论应用于教育实践，并在此基础上发展教育理论，从而实现教育研究与教育实践的结合。

（2）基于科学理论指导的大学生学业指导工作坊的开发

学生的自主学习能力不是随着时间推移而自然形成的，学校需要有意识有目的地指导学生掌握相关方法并形成自主能力。当前，许多高校认识到学生自主学习水平低的问题以及提高大学生自主学习水平的迫切性，但尚未开发出有效的教育干预项目。本研究的研究成果之一就是开发出基于科学理论指导的、专业的、具有操作性和实效性的大学生学业指导项目。

（3）促进大学生自主学习的有效教学模式探索

本研究将通过实践发现和验证有利于促进大学生自主学习的教学模式，为我国课程设计、教师培训以及课堂教学实践等诸多方面提供重要的参考。

（4）大学生自主学习水平的提升

行动研究的首要意义在于行动实效。本研究的重要实践成果是促进工作坊学生自主学习水平的提升，即学生增强自主学习意识、提高自主学习动机、掌握自主学习策略和形成自主学习行为，进而达到整体自主学习水平提升的目标。

1.3　文献综述

以自主学习为主题进行搜索，我们可以获得大量的文献。许多教育学

---

① 刘献君：《教育研究中的四个基本要素》，《高等工程教育研究》2011 年第 5 期。
② 李太平：《当前教育研究中需要注意的几种倾向》，《教育研究》2006 年第 10 期。
③ 叶澜：《教育研究方法论初探》，上海教育出版社，1999，第 6 页。

和心理学研究者围绕自主学习这一主题进行了研究。前人的研究为本研究的开展奠定了良好的基础。

1.3.1　自主学习研究

自主学习是个古老的话题。对自主学习的研究，国内外在研究缘起、方向和路径上存在一些差异，因此，本研究将分别阐述国内外自主学习的研究。

1.3.1.1　国外自主学习研究

古希腊时期的苏格拉底被认为是国外最早提出自主学习思想的人。[①]苏格拉底认为，教师要做知识的"助产婆"，将存在于学生内心的知识"引"出来。历史上，许多知名学者关注学习的自主性问题并发表过重要论述。西方近代教育的奠基者夸美纽斯认为，教学要尊重学生的学习兴趣，要因材施教和循序渐进。教师应采取方法激发学生对学习的强烈渴望，而不是用强制或惩罚的方法让学生学习。法国自然主义教育家卢梭认为，教师不应该规定学生一定要学什么或不学什么，而应设置情境，激发学生自己去探索。德国教育家第斯多惠把激发学生的自主性作为衡量一切教学的最高原则，认为一切能激发学生自主学习的教学方法都是好的，一切迫使学生被动学习和简单接受的教学方法都是不好的。[②] 英国教育家斯宾塞强调，教师应引导学生进行探讨，给学生讲的要少些，引导学生去发现的要多些。

20 世纪初，随着实用主义和实验主义在西方兴起，人们开始对自主学习进行实验研究。其中，最具代表性的是美国教育家杜威。他提出，教育要促进学生的自主学习并注重实践。杜威认为思维是人们适应和控制环境最重要的工具，而思维能力的培养需要通过"做中学"来实现。他鼓励教师给学生营造真实的情境，让学生自己去获取资料、观察、思考、假设和推理，探讨问题的解决，通过这些主动的探索让学生的思维能力得到发

---

① 庞维国：《自主学习——学与教的原理和策略》，华东师范大学出版社，2003，第 25 页。
② 曹孚编《外国教育史》，人民教育出版社，1979，第 211 页。

展。杜威和他的学生开展了一系列教育实践并提出了多种促进学生自主学习的教学方法，如设计教学法、道尔顿制和文纳特卡制等。

20世纪60年代后，研究者对自主学习进行了更深入的实验，得出诸多有价值的结论，并且形成了具有影响力的理论。他们因所持理念和观察角度的不同而形成了多个学派。

操作主义学派是影响力最大的学派之一。该学派认为，学习是人们基于外部奖励或惩罚而做出的应答性反应，它在本质上是一种操作性行为。斯金纳在心理学实验研究中以白鼠和鸽子等动物为实验对象，从动物身上归纳出学习行为的规律。他认为，学习行为的塑造可以通过设置一套"刺激行为—结果—强化"的程序来实现。人们对一定的刺激情境会作出一定的反应，如果它导致了某种好的结果，那这种反应就可能被保留；反之，则可能不被保留。因此，该学派认为教师对学生自主学习行为的塑造重在对学习环境的控制和对学生良好学习行为的强化。

社会认知学派认为学习发生在社会环境中。学生对自己的学习行为进行观察，将所观察到的结果与标准进行比较，从而作出判断和反应。该学派认为，指导学生设置合适的目标、增强学生的自我效能感和指导学生掌握学习策略是促进学生自主学习的关键。

信息加工学派把学习看作信息加工的过程，从信息的接收、编码、存储和提取等流程来分析学习的认知过程。该学派认为，信息的呈现方式很重要，教师应该帮助学生将新信息与旧信息建立联系（意义化匹配）。信息加工学派强调学习者要拥有对任务要求和完成任务所需策略等方面的认识，主张采用计算机辅助系统提高自我监控的准确性。

言语指导学派认为，自主学习本质上是个体利用内部言语来调节学习的过程。他们把人的言语发展划分为外部言语、自我中心言语和内部言语三个由低到高的阶段，认为学习能力的获得是将外部言语转化为内部言语的结果，它得益于成人和儿童间的社会互动。该学派认为，教师应该把学习策略和学习步骤按言语内化的顺序传授给学生，转化为学生的内部言语，如此才有助于学生实现自主学习。

现象学学派强调自我概念在学习中的作用。该学派认为，自我概念对学生的学习行为如目标设置、计划和监控等都会产生影响。当学生接受一项学习任务时，他们会对任务的要求和自己完成此项任务的能力进行评价。如果评价是积极的，学生就会产生积极的情感和努力的动机；如果评价是消极的，学生就会逃避学习，不愿意付出努力。

建构主义学派认为，学习是一个元认知监控的过程，学生结合自己已有经验和学习任务的要求进行学习调节。建构主义学派强调人是主动的学习者，人具有自觉的意识，学习是人对知识的积极主动建构。[①]

人本主义学派从追求自我实现的角度来解释学习。该学派认为，每个人都具有自我实现的潜能，教育者应该为学习者创造良好的环境，让其自我感知世界并发展出对世界的理解。该学派的代表人物罗杰斯（Rogers）认为，学习不是靠外部灌输，应是靠自主探求。他强调在教育过程中应重视学生的兴趣、动机和情感，尊重学生的独立人格，让其充分挖掘自身潜能。

20 世纪 80 年代后，国外心理学研究者对自主学习的研究更加活跃。以班杜拉（Bandura）、齐莫曼（Zimmerman）、申克（Schunk）、宾特里奇（Pintrich）、库尔（Kuhl）和魏恩（Winne）等为主要代表的研究者对自主学习的过程、维度、影响因素、模型、自主学习策略的使用和学习结果之间的关系等多方面进行了理论和实验研究。

1.3.1.2　国内自主学习研究

我国古代学者很早就指出了自主学习的重要性。例如，孟子、程颐和朱熹等人都推崇"自得"的治学方法，他们反对不求甚解的死记硬背和知行分离的空谈，认为无论是求学问还是提高道德修养都要主动。先秦时期的孟子指出："君子深造之以道，欲其自得之也。自得之，则居之安；居之安，则资之深；资之深，则取之左右逢其原。故君子欲其自得之也。"意思是说，君子求学为己，要获得高深的造诣，需要遵循一定的方法主动争取。只有经过主动学习，才能掌握牢固的知识，才能得心应手地应用。宋代程颐曾说："学莫归于自得，得非外也，故曰自得。"朱熹说："读书是自家读书，不干别人一线事，别人助自家不得。"他们都强调了自主学

---

① 陈琦、刘儒德主编《教育心理学》（第二版），高等教育出版社，2011，第 150~178 页。

习的重要性。

我国古代学者还提出了自主学习的原则。例如：立志、学思结合、知疑善问、对话交流和自我省察等。朱熹提出："问为学功夫，以何为先？曰：亦不过如前所说，专在人自立志。"他强调立志的重要性。张载也指出："学者不宜志小，气轻志小则易足，易足则无由进。"孔子作为大思想家和教育家，不仅提倡"志于学"，还强调学与思的辩证统一，"学而不思则罔，思而不学则殆"。程颐说："为学之道，必本于思。思则得之，不思则不得也。"学习中的知疑善问为学者们所重视。张载说："学则需疑。"朱熹主张："读书无疑者，须教有疑；有疑，却要无疑，到这里方是长进。"意思是说，学习是一个由不疑到疑再到不疑的过程，在这个过程中学生获得长进。学习中的交流也是必不可少的。《学记》中指出："独学而无友，则孤陋而寡闻。"古代学者还重视学习中的自我省察，正如王守仁所述："学须反己，若徒责人，只见得人不是，不见自己非。若能反己，方见自己有许多未尽处，奚暇责人？"这是为人的道理，同样适用于为学。

对于教学中如何促进学生自主学习，古代学者也有论述。朱熹认为："师友之功，但能示之于始，而正之于终尔。""某此间讲说时少，践履时多。事事都用你自去理会，自去体察，自去涵养。书用你自去读，道理用你自去究索。某只是做得个引路底人，做得个证明底人，有疑难处，同商量而已。"他认为，教师的作用主要有三个：学习之始，引路；学习之终，反馈；学习之途，解惑。《学记》："道而弗牵，强而弗抑，开而弗达。"强调教师不要强逼学生，不要压制学生的主动性，不要越俎代庖，要让学生自主探索。王守仁指出："凡授书，不在徒多，但贵精熟。量其资禀，能二百字者，止可授一百字。"他认为要培养学生的学习自主性，教师不要讲得过多。

近现代中国教育者同样提出了不少自主学习的观点。例如，蔡元培非常重视学生的自主学习，他反对"注入式"的教学，提倡"重启发学生，使之能自动研究"，强调发展学生个性，崇尚自然，培养"自动"、"自学"和"自助"精神。五四运动后，受到西方实验主义的影响，我国教育者开展了一些教学实验。从 20 年代中期到 30 年代初，设计教学法、道尔顿制和文纳特卡制等教学法在中国广泛传播。新中国成立后，"五段教学法"曾以行政命令的方式在全国推行。

20世纪70年代后期，我国教育者开展了一些本土实验，并基于自主学习的本土实验提出了一些促进学生自主学习的教学法。例如："六步教学法"、"诱导、尝试、归纳、变式、回授、调节"教学法、"自学辅导教学"、"学导式教学"和"导学式教学"等。这些教学法明确把培养学生的自主学习能力作为主要目标，集中于中小学进行了实验。

20世纪90年代后，我国教育理论界和实践界开始对自主学习有了更广泛的关注。其间，有更多学者关注国外自主学习研究的进展，将国外自主学习的研究成果引介到国内，并对国内学生的自主学习状态开展调查。20世纪90年代至今，我国的自主学习研究大致集中于四大主题：国外自主学习理论的引介，针对自主学习的概念、内涵、特征、必要性、影响因素和促进方式等方面的理论思辨，学生自主学习状态的调查，促进学生自主学习的学科经验总结。

1.3.2 自主学习影响因素研究

影响自主学习的因素可划分为内部因素和外部因素。对于影响自主学习的内部因素，研究主要集中于自我效能感、自我概念、目标定向、归因、意志力和学习策略等方面。对于影响自主学习的外部因素，研究主要集中于社会文化因素、学校因素和家庭因素。

1.3.2.1 内部因素

（1）自我效能感

自我效能感是个体在执行某一行为操作之前，对自己能够在什么水平完成该行为所具有的信念、判断或感受。[①] 它是个体主观上对自己是否具备这一能力的评估，而不是指事实能力。有研究发现，自我效能感对学生的学习成效会产生重要影响。在一项研究中，考林斯将学生按数学能力分为优、中、差三组，然后又分出高自我效能感组与低自我效能感组，他让

---

① Bandura, A., "Self-efficacy Mechanism in Human Agency," *American Psychologist* 37 (1982): 122-147.

所有学生接受同样的教学，并进行实验观测。结果发现，除了数学能力外，自我效能感对学生成绩具有显著影响。① 有研究证实，在语言、艺术和科学等许多领域自我效能感与学生的学习动机相关。② 自我效能感影响学生学习的持续性。③ 艾根和考柴克对有关自我效能感的研究进行系统分析后发现，具有不同自我效能感的学生在自我概念、任务定向、努力水平、意志力、学习信念、学习策略应用和学习焦虑水平等方面都存在明显差异。④ 马尔顿等对自我效能感与学习成绩关系的研究进行元分析后发现，14%的学习成绩变异可归因于自我效能感。⑤

（2）自我概念

自我概念与自我效能感在界定上存在一定交叉。自我概念是对自我的认知，它在一定程度上包含了自我效能感。庞维国从发生学的角度来看自主学习，认为自主学习是自我意识产生之后才出现的。⑥ 麦库姆斯（McCombs）认为，自我意识（Self Concept）、自我意象（Self Image）以及自我价值（Self Worth）对个体的学习认知、学习情感、学习动机和学习行为都起着定向和控制作用。⑦ 王静琼等发现，自我概念不仅对自主学习产生直接影响，还通过学习环境适应和学习归因等中介对自主学习起作用。⑧

---

① Collins, J., "Self-efficacy and Ability in Achievement Behavior," *Paper presented at the meeting of the American Educational Research Association* (New York., 1982).

② Pajares, F., "Gender and Perceived Self-efficacy in Self-regulated Learning," *Theory into Practice* 41 (2002): 116-125.

③ Lent, R. W., Brown, S. D., Larkin, K. C., "Self-efficacy in the Prediction of Academic Performance and Perceived Career Options," *Journal of Counseling Psychology* 33 (1986): 265-269.

④ Eggen, P., Kauchak, D., *Educational Psychology* (Prentice Hall, 1999): 403.

⑤ Multon, K. D., Brown, D. S., Lent, R. W., "Relation of Self-efficacy Beliefs to Academic Outcomes: A Meta-analytic Investigation," *Journal of Counseling Psychology* 38 (1991): 30-38.

⑥ 庞维国：《论学生的自主学习》，《华东师范大学学报》（教育科学版）2001 年第 2 期。

⑦ McComb, B. L., "Self-regulated Learning and Academic Achievement: A Phenomenological View," In Zimmerman, B. J., Schunk, D. H., *Self-regulated Learning and Academic Achievement: Theory, Research, and Practice* (New York: Springer-Verlag, 1989): 51-82.

⑧ 王静琼等：《大学生自主学习影响因素的中介效应模型》，《心理学报》2010 年第 2 期。

（3）目标定向

目标被视为自主学习的核心部分。[①] 有研究者将目标进行了类别划分。例如，将目标定向分为掌握型（Mastery Orientation）和行为表现型（Performance Orientation）。[②] 掌握型目标关注知识和技能的掌握，表现型目标关注自己的行为表现是否胜过他人。也有研究者对目标定向进行了其他类别的划分。[③] 虽然分类名称不同，但划分的核心都围绕学习目标是为掌握知识还是为在他人面前表现自己。宾特里奇研究了这些关于目标定向的文献，他把目标定向总结为四种形式：追求－掌握型，即个体学习为掌握知识与技能；追求－表现型，即个体学习为在他人面前表现自己；回避－掌握型，即个体因担心自己不能掌握某知识或技能而回避学习；回避－表现型，即个体因担心在他人面前不能有好的表现而回避学习。[④]

研究表明，个体的目标定向对自主学习会产生影响。设置掌握型目标比设置表现型目标对促进自主学习的作用更大。密斯（Meece）发现，如果个体持有掌握型目标，那他会更加关注对学习过程的监控及有效策略的使用。如果个体持有表现型目标，那他可能更加关注学习的结果和与他人的对比。[⑤] 宾特里奇发现，设置追求－掌握型目标的学生比设置其他类型目标的学生更能进行深度学习。[⑥] 周炎根等发现，掌握目标和成就目标对大

① Schutz, P. L., "Educational Goals, Strategies Use and the Academic Performance of High School Students," *High School Journal* 3 (1997): 193-201.

② Elliot, A. J., Church, M. A., "Hierarchical Model of Approach and Avoidance Achievement Motivation," *Journal of Personality and Social Psychology* 72 (1997): 218-232.

③ Dweck, C. S., Leggett, E. L., "A Social-cognitive Approach to Motivation and Personality," *Psychological Review* 95 (1988): 256-273. Nicholls, J. G., *The Competitive Ethos and Democratic Education* (Cambridge, MA: Harvard University Press, 1989).

④ Pintrich, P. R., "The Role of Goal Orientation in Self-regulated Learning," In M. Boekaerts, P. R. Pintrich, M. Zeidner, *Handbook of Self-regulation* (Salt Lake City: Academic Press, 2000): 452-501.

⑤ Meece, J., "The Role of Motivation in Self-regulated Learning," In D. H. Schunk, B. J. Zimmerman, *Self-regulation of Learning and Performance: Lssues and Educational Applications* (Lawrence Erlbaum Associates, Publishers, 1994): 25-44.

⑥ Pintrich, P. R., "The Role of Goal Orientation in Self-regulated Learning," In M. Boekaert, P. R. Pintrich, M. Zeidner, *Handbook of Self-regulation* (Academic Press, 2000): 452-501.

学生自主学习具有预测作用。[1] 雷雳等对北京两所小学的问卷调查显示，目标定向对自主学习的影响通过认知策略和应对策略两个中介变量产生。[2]

（4）归因

归因是个体对自己的成功或失败所作出的因果解释。学生一般把学习成败归因于能力、努力、任务难度和运气这四类因素。[3] 研究表明，归因是影响大学生自主学习的一个重要因素，不同成绩等级的学生在归因内容、方式和特点上存在显著差异。[4] 归因对自主学习具有直接回归效应。[5] 一般来说，如果学生将成功归因于能力，将失败归因于努力不够，将有助于促进其自主学习。[6] 自主学习者倾向于把学业成功归因于自己的能力，把学业失败归于其他可弥补的原因，这种保护型的归因可以引发学习者积极的自我反应。研究发现，把学习失败归于自身内部原因的学生在学习过程中更易表现出消极、低自尊和焦虑。[7]

（5）意志力

意志力是一个人在面对多种选择时确立并坚持正确的方向，直至达到预期目的的能力。人们的学习动力系统中包含动机成分和意志成分。[8] 动

① 周炎根、桑青松、葛明贵：《大学生自主学习、成就目标定向与学业成就关系的研究》，《心理科学》2010 年第 1 期。
② 雷雳、汪玲、Culjak, T.：《目标定向在自我调节学习中的作用》，《心理学报》2001 年第 4 期。
③ Weiner, B., "An Attributional Theory of Achievement Motivation and Emotion," *Psychological Review* 92 (1985): 548–573.
④ 胡东平、施卓廷、周浩：《归因论视角下的大学英语自主学习影响因素实证研究》，《外语与外语教学》2009 年第 10 期。
⑤ 王静琼等：《大学生自主学习影响因素的中介效应模型》，《心理学报》2010 年第 2 期。
⑥ Borkowski, J. G., Carr, M., Rellinger, E., Pressley, M., "Self-regulated Cognition: Interdependence of Metacognition, Attribution, and Self-esteem," In B. F. Jones, L. Idol, *Dimensions of Thinking and Cognitive Instruction* (Hillsdale, NJ: Erlbaum, 1990).
⑦ Weiner, B., "A Theory of Motivation for Some Classroom Experiences," *Journal of Educational Psychology* 71 (1979): 3–25; Weiner, B., "An Attributional Theory of Achievement Motivation and Emotion," *Psychological Review* 92 (1985): 548–573.
⑧ Kuhl, J., "Volitional Mediators of Cognition-behaviour Consistency: Self-regulatory Processes and Action Versus State Orientation," In J. Kuhl, J. Beckmann, *Action Control: From Cognition to Behavior* (New York: Springer, 1985): 101–128.

机激励人们去学习，意志促使人们保持学习，意志对学习起直接的调节作用。[①] 在学习过程中，学生可能会受到一些分心物的干扰，如果能恰当地进行意志控制，对提高学习专注度将大有帮助；如果不能恰当使用意志控制，则可能会出现放弃既定目标而转向其他更具吸引力的目标的现象，导致做事半途而废。

(6) 学习策略

学习必须以掌握一定的学习策略作保障。[②] 如果学生缺乏学习策略，即使其具有较强的学习动机，学习也不能顺利进行。掌握科学的学习策略并能熟练应用是自主学习不可缺少的条件。

有研究者将学习策略分为认知策略和元认知策略两类。认知策略是指个体加工信息的策略；元认知策略是指个体对自己认知过程的监控和调整策略。[③] 魏因斯坦和梅耶 (Weinstein & Mayer) 将认知策略分为复述策略、精加工策略和组织策略。[④] 复述指对学习材料的重复和记忆；精加工是指通过阐释意义、补充细节和举例子等方式对学习材料进行深度加工；组织策略即通过列提纲和画结构图等方式找出学习材料之间的层次结构关系以帮助理解。有研究者将自主学习的元认知策略分为计划策略、监控策略和调节策略。[⑤] 相较于其他策略，元认知策略被发现与自主学习能力的相关性更高。[⑥] 自主学习策略的习得包含两个层次，一是策略知识的掌握，二

① Corno, L., "Volitional Aspects of Self-regulated Learning," In B. J. Zimmerman, D. H. Schunk, *Self-regulated Learning and Academic Achievement*: *Theory*, *Research and Practice* (Springer-Verlag New York Inc, 2001): 191–110.
② 庞维国：《论学生的自主学习》，《华东师范大学学报》（教育科学版）2001 年第 2 期。
③ Lenz, B. K., "Self-managed Learning Strategy Systems for Children and Youth," *School Psychology Review* 21 (1992): 3–17; Garcia, T., Pintrich, P. R., "Regulating Motivation and Cognition in the Classroom: the Role of Self-schemas and Self-regulatory Strategies," In D. H. Schunk, B. J. Zimmerman, *Self-Regulation on Learning and Performance*: *Issues and Applications* (NJ, Hillsdale, Lawrence Erlbaum Associates, 1994): 132–157.
④ Weinstein, C. E., Mayer, R. E., "The Teaching of Learning Strategies," In M. Wittrock, *Handbook of Research on Teaching* (New York, NY: Macmilla, 1986): 315–327.
⑤ Flavell, J. H., "Speculations About the Nature and Development of Metacognition," In F. E. Weinert, R. H. Kluwe, *Metacognition*, *Motivation and Understanding* (Lawrence Erlbaum Associates, Publishers, 1987): 21–29.
⑥ 倪清泉：《大学英语学习动机、学习策略与自主学习能力的相关性实证研究》，《外语界》2010 年第 3 期。

是策略的熟练运用。①

除以上影响因素外，研究者还探究了学习兴趣、学习理念、学习动机、胜任感、学习者性别、年龄、个性和情感等内部因素等对自主学习的影响。

1.3.2.2 外部因素

相较于影响自主学习的内部因素，研究者对外部因素的研究没有那么系统和深入。有研究者对影响大学生自主学习的社会文化因素、学校因素和家庭因素进行了研究。

（1）社会文化因素

不同社会文化背景下成长的学生在学习上呈现出不同的特征。珀蒂和哈提（Purdie & Hattie）认为，西方国家学生更多采用主动学习的方式，而亚洲国家的学生则更多采用机械学习方式。② 有西方学者认为自主学习的概念诞生于西方文化，不适合在中国文化中推行。他们指出中国学生具有依赖性强、③ 习惯于记忆背诵、④ 关注考试成绩、⑤ 视教科书和教师为权威⑥等特点。有国内学者认识到我国教师权威和尊师重道的观念较深，并指出集体主义观念对个体自主学习的抑制和应试教育导致工具型学习动机

① Brown, A. L., "Metacognition, Executive Control, Self-regulation, and Other More Mysterious Mechanisms.," In F. E. Weinert, R. H. Kluwe, *Metacognition, Motivation, and Understanding* (Lawrence Erlbaum Associates, Publishers, 1987): 65-113.

② Purdie, N., Hattie, J., "Student Conception of Learning and Their Use of Self-regulated Learning Strategies: A Corss-cultural Comparison," *Journal of Educational Psychology* 88 (1996): 87-100.

③ Cortazzi, M. Jin, L., "Cultural Mirrors: Materials and Methods in the EFL Class", In Hinkel E., *Culture in Second Language Teaching and Learning* (Cambridge: Cambridge University Press, 1999): 196-219.

④ Harvey, P., "A Lesson to be Learned: Chinese Approaches to Language Learning," *ELT Journal* 39 (1985): 183-186.

⑤ Scollen, S., "Not to Waste Words or Students: Confucian and Socratic Discourse in the Tertiary Classroom," In Hinkel E., *Culture in Second Language Teaching and Learning* (Cambridge: Cambridge University Press, 1999): 181-195.

⑥ Cortazzi, M. Jin, L., "Cultural Mirrors: Materials and Methods in the EFL class," In Hinkel E., *Culture in Second Language Teaching and Learning* (Cambridge: Cambridge University Press, 1999): 196-219.

等问题。[①] 但另有研究发现中国传统文化中有促进自主学习的因素。例如，对勤奋和学习精力投入的重视和推崇。研究发现，亚洲移民家庭的孩子每天的学习时间远远超过美国家庭的孩子，并且亚洲学生表现出更高的学习成功承诺和更强烈的自我效能感。郝钦海认为，从表面上看集体主义似乎不利于自主学习，但实际上集体主义精神可以是小组合作学习的有利因素，可以为自主学习提供理想的促进环境。[②] 李特伍德（Littlewood）指出东方文化传统对自主学习产生影响的主要方面有集体主义导向、对勤奋的坚定信念、基于权力与权威的教与学关系。[③]

（2）学校因素

研究者主要对教学模式、教师角色、教学管理、网络技术和朋辈群体进行了研究。

关于教学模式，目前讨论较多的是"以教师为中心"的教学和"以学生为中心"的教学。较多研究认为，以教师为中心的讲授式教学不利于促进学生自主学习。在这种教学模式下，学生处于被动地位，缺少学习的主动权。[④] 相反，"以学生为中心"的教学模式被认为有利于促进学生自主学习。[⑤] 研究提倡将教学模式从"以教师为中心"转向"以学生为中心"。[⑥]

有研究者探索实践"以学生为中心"的课程教学。例如：参与式教学、合作学习、探究式学习、以问题为中心的教学和以项目为中心的教学等被应用于课堂，促进教学模式向"以学生为中心"转变。阿黎戈拉多等采用参与式教学指导学生进行自我管理，以演示代替讲授帮助学生理解所

---

① 林虹：《文化因素对大学英语自主学习能力的影响》，硕士学位论文，黑龙江大学，2010。

② 郝钦海：《影响学习者自主的社会文化因素及其启示》，《外语界》2005 年第 6 期。

③ Littlewood, W., "Defining and Developing Autonomy in East Asian Context," *Applied Linguistics* 01 (1999): 71-74.

④ 李嘉曾：《"以学生为中心"教育理念的理论意义与实践启示》，《中国大学教学》2008 年第 4 期；陈新忠：《以学生为中心 深化本科教学改革》，《中国高等教育》2013 年第 13 期。

⑤ 刘献君：《论"以学生为中心"》，《高等教育研究》2012 年第 8 期。Alfassi, M., "Effects of Learner Centered Environment on The Academic Competence and Motivation of Students at Risk," *Learning Environment Research* 7 (2004): 1-22.

⑥ Barr, R.B., Tagg, J., "From Teaching to Learning-A New Paradigm for Undergraduate Education," *Change* 27 (1995): 12-25.

学内容，取得了较好的效果。[①] 徐锦芬采用合作学习的教学模式，设计了一项为期 14 周的课外学习实验，发现同伴课外合作学习是促进学生英语自主学习能力发展的一种有效途径。[②]

教师的角色定位会对学生学习产生影响。齐莫曼等指出，教师在学生自主学习能力形成过程中发挥着重要的作用。如果教师过于注重自己"教"的角色，过于强调课程的既定内容和控制学生的学习进程，将不利于促进学生自主学习；如果教师更注重学生的"学"，让学生掌控学习，则有利于促进学生自主学习。[③] 有研究证明，教师的角色定位直接影响学生自主学习能力的形成，学生对教师在咨询、鼓励、培训和教材编写上的作用尤为期待。[④]

教学管理方式影响学生的学习方式。古德和布洛妃（Good & Brophy）把课堂教学管理分为不能应对型、贿赂学生型、铁腕统治型和与学生合作型，并认为，在这些方式中，与学生合作型的管理最利于促进学生自主学习。[⑤] 在课堂教学管理中，给学生学习评价和反馈是重要的一环。有研究发现，形成性评价促进学生学习的作用明显，[⑥] 形成性评价有助于学生习得有效的学习策略和技能。[⑦]

近年来较多研究者关注网络技术对自主学习的影响。有研究证明，技术环境能很好地支持自主学习。网络技术改变了传统的黑板加粉笔的教学媒体环境，取而代之的是多媒体课堂、在线学习、网络精品课程和慕课平台等。有不少研究专注网络自主平台的构建和应用，例如云课堂平台[⑧]、

① Areglado, R. J., Bradley R. C., Lane, P. S., *Learning for Life: Creating Classrooms for Self-directed Learning* (Crown Press, Inc, 1996): 19.
② 徐锦芬：《课外合作学习对大学生英语自主学习能力影响的实证研究》，《解放军外国语学院学报》2013 第 5 期。
③ Zimmerman, B. J., Schunk, D. H., *Self-regulated Learning and Academic Achievement: Theory, Research, and Practice* (2ed ed.) (Lawrence Erlbaum Associates, Inc, 2001).
④ 王艳：《自主学习者对教师角色的期待》，《外语界》2007 年第 4 期。
⑤ Good, T. L., Brophy, J. E., *Looking in Classroom* (8th ed.) (Prentice Hall, Inc, 2000).
⑥ 章玮：《用多元评价模式培养学生自主性》，《中国大学教学》2009 年第 2 期。
⑦ 任欢欢：《形成性评价在英语教学中对自主学习的影响》，硕士学位论文，大连理工大学，2008。
⑧ 刘美娟：《云课堂环境下 APT 教学模型对大学生自主学习能力的影响研究——以〈教育技术学研究方法〉课程为例》，硕士学位论文，华中师范大学，2015。

MOOC（Massive Open Online Courses）① 和 SPOC（Small Private Online Course）② 等。此外，许多学校建立了语言学习中心，依托网络科技设备优化语言学习环境。实证研究发现，数字化教学资源平台的应用有助于提高学习者的学习动机，促进学生自主学习。③

朋辈群体是年龄相同或相近的个体由于某种关系组织起来的团体，它具有易沟通、有同感和有安全感等特点。④ 朋辈群体对大学生自主学习能产生较大影响。例如，朋辈群体的学习行为和学习成绩影响学生对自身能力的评价。詹尼斯（Janice）对 297 名学生进行了研究，发现学生对自我学习能力的知觉主要来源于朋辈之间的社会性比较。⑤ 朋辈还对学生产生榜样示范的作用，个体学习的重要途径之一是观察学习。⑥

（3）家庭因素

家庭作为个体成长的第一环境，会给个体成长带来深远的影响。已有研究集中于家庭教养模式对自主学习的影响。斯特瑞奇（Strage）发现，在感情亲密型和权威型家庭教养模式下成长起来的孩子自我效能感更高，具有更积极的学习目标定向、更强的时间管理能力和自控能力，在学习中的投入度更高；在专制型、一味指责型和担忧型模式下成长起来的孩子，对学习往往缺乏规划，时间管理能力较差，付出额外的学习努力的意愿更低。⑦ 格洛尔尼克和莱恩（Grolnick & Ryan）的研究表明，父母对孩子是否采用民主管理的方式与孩子的自主学习水平高度相关，鼓励孩子独立并

① 黎小妮:《基于 MOOC 资源的大学生自主学习平台建设探索与实践——以华南农业大学图书馆为例》,《图书馆工作与研究》2016 年第 4 期。
② 陈然、杨成:《SPOC 混合学习模式设计研究》,《中国远程教育》2015 年第 5 期。
③ 吕婷婷、张虹、王娜:《基于数字化写作资源平台的自动反馈对大学生英语写作影响研究》,《电化教育研究》2015 年第 6 期。
④ 许燕平、郝程光:《试论朋辈群体对大学生价值观的影响》,《学校党建与思想教育》2009 年第 10 期。
⑤ Janice, W. M., "Exploring the Source of Self-regulated Learning: The Influence of Internal and External Comparisons," *Journal of Instructional Psychology* 27 (2000): 47-52.
⑥ Bandura, A., *Social Foundations of Thought and Action: A Social Cognitive Theory* (Englewood Cliffs, NJ: Prentice-Hall, 1986).
⑦ Strage, A. A., "Family Context Variables and the Development of Self-regulation in College Students," *Adolescence* 33 (1998): 17-31.

较少采用控制的方式培养孩子，孩子在学习中将表现出较高的自主水平。[1]
鲍姆林特的研究揭示了专制型教养模式下培养的儿童自主性发展受到限制
的原因。[2]

针对影响自主学习的因素，除了将其划分为内部因素和外部因素外，还
有研究者进行了其他方式的分类。例如，社会认知理论的代表人物班杜拉认
为，个体的自主性是个体、行为和环境交互作用的产物（见图1-1）。[3]

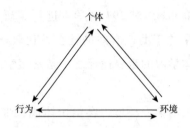

图 1-1　班杜拉的三元交互框架

资料来源：笔者基于班杜拉的三元交互论自制。

1.3.3　自主学习水平提升路径研究

关于自主学习水平提升的路径，已有研究主要围绕以下几方面开展：
基于资源的路径、基于技术的路径、基于学习者的路径和基于教师的
路径。

1.3.3.1　基于资源的路径

基于资源的路径是指通过为学生提供学习资源支持来促进其自主学
习。已有研究重点围绕网络信息资源创设和自主学习中心构建。

信息技术的发展为学生自主学习提供了更多便利和可能。调查显示，

---

[1] Grolnick, W. S., Ryan, R. M., "Parent Styles Associated with Children's Self-regulation and Competence in School," *Journal of Educational Psychology* 81 (1989): 143–154.

[2] Baumrind, D., "Parental Disciplinary Patterns and Social Competence in Children," *Youth and Society* 9 (1978): 239–276.

[3] Bandura A., *Social Foundations of Thought and Action: A Social Cognitive Theory* (Englewood Cliffs, NJ: Prentice-Hall, 1986).

大学生对以网络为基础的学习环境和资源较为重视，他们希望学校能提供便利的网络学习环境和丰富的网络学习资源。① Warschauer 等证明了网络学习模式有助于提高学生学习的自主性、促进学生之间的平等交流和学习技巧的掌握。② Murray 发现在运用互动式法语电脑软件后，学生表现出更高的自主性。③ MOOC 也被证实有助于促进学生学习，MOOC 游戏有助于学生保持学习动力。④ 目前，大多学校都运用网络和多媒体进行辅助教学。如何将游戏理念引入学习引起了诸多研究者的关注。研究发现，游戏可以被有效地用于促进自主学习。⑤ 教学游戏以数字化的方式呈现学习内容，游戏的内容及环境与学科知识相联系，学生在游戏中快乐地应用知识完成任务，最后获得胜利的成就感。建立何种形式的学习资源中心促进学生自主学习是许多高校正在探索的。目前，许多高校建立了英语自主学习中心，研究显示，英语自主学习中心的建设有利于促进学生自主学习。⑥

1.3.3.2 基于技术的路径

技术路径与资源路径相辅相成，共同作用于学生自主学习。技术路径主要指教学模式和教学方法。对自主学习能力的培养，国内外学者一致认为教学是重要的路径。例如，操作主义学派、信息加工学派、言语指导学派、人本主义学派和社会认知学派都强调教学方法的重要性。操作主义学派认为强化是很重要的方法；人本主义学派强调要尊重和信任学生，提供适合学生需求的学习材料，启迪学生自主探索；社会认知学派强调提升学生的自我效能感、提供学生榜样示范和体验成功的机会。

① Shih C. C., Chin C. T., "Preferences Toward the Constructivist Internet-based Learning Environments Among High School Students in Taiwan," *Computer in Human Behavior* 21 (2005): 255-272.
② Warschauer M., Turbee L., Robers B., "Computer Learning Networks and Student Empowerment," *System*, 24 (1996): 1-14.
③ Murray G. L., "Autonomy and Language Learning in A Situated Environment," *System* 27 (1999): 295-308.
④ Tan, C. T., "Towards a MOOC Game," *In Proceedings of the 9th Australasian Conference on Interactive Entertainment: Matters of Life and Death* (Melbourne, 2013).
⑤ 田爱奎：《支持自主学习的数字化教学游戏研究》，博士学位论文，华东师范大学，2007。
⑥ 华维芬：《自主学习中心——一种新型的语言学习环境》，《外语界》2001 年第 5 期；华维芬：《关于建立英语自主学习中心的调查报告》，《外语界》2003 年第 6 期。

有研究证明，基于问题的学习、小组合作学习和案例教学等方式对促进自主学习有显著效果。① 思维导图和讨论式教学被证明是促进学生自主学习的有效方式。② 多项研究验证了学习档案对促进自主学习的有效性。加德纳和米勒建议将学习档案作为培养学生学习自主性的工具。③ 研究发现，学习档案的形成性教学评估机制能有效促进学生自主学习，④ 对不同学习环境下各年龄段学生的自主能力培养均有助益，⑤ 大学英语教学中借助学习档案可以有效地提高学生的学习自主性。⑥

1.3.3.3　基于学习者的路径

基于学习者的路径是通过专门的策略培训或者通过学科教学的方式直接作用于学习者，促进学习者自主学习。教学是培养学生自主学习能力的一个主要路径。⑦ 帕里斯和维诺格拉德（Paris & Winograd）认为，外在的教学（Explicit Instruction）、直接的反思（Directed Reflection）、元认知讨论（Metacognition Discussions）以及与专家一起实践（Participation in

---

① 王新：《基于问题的学习——学生自主学习能力的有效途径探讨》，《外语与外语教学》2007 年第 2 期；王笃勤：《小组合作学习行动研究》，《国外外语教学》2004 年第 1 期；顾志华：《案例学习法对学生自主学习能力影响的研究》，《护理研究》2009 年第 2 期。

② 董盼盼：《思维导图在高中生地理自主学习中的应用研究》，硕士学位论文，河南大学，2015；伏荣超、徐武汉：《新课程理念下的讨论式教学与主体参与》，《中国教育学刊》2004 年第 11 期。

③ Gardner, D, Miller, L., *Establishing Self-access from Theory to Practice* (Cambridge：Cambridge University Press, 2002).

④ 王蓓蕾：《基于学习档案的英语学习者自主能力培养研究》，博士学位论文，上海外国语大学，2012。

⑤ 马娟：《学习档案评价在高中生英语自主能力培养中的有效性研究》，硕士学位论文，陕西师范大学，2014；胡健：《档案袋在学生自主学习能力培养中的应用》，《山西师范大学学报》（自然科学版）2014 年第 2 期。

⑥ 肖武云、曹群英：《运用学习档案提高学生英语学习自主性和学习成绩的实证研究》，《外语教学》2009 年第 5 期。

⑦ Zimmerman, B. J., "Attaining Self-regulation：A Social Cognitive Perspective," In M. Boekaerts, P. R. Pintrich, M. Zeidner, *Handbook of Self-regulation* (San Diego, CA：Academic Press, 2000)：13-39.

Practices with Experts）有助于促进学生自主学习。①

　　基于学习者的路径在国外研究中开展得较为系统。研究者通过实验考察了如何将某一/些自主学习策略教授给学习者以及这一/些学习策略的使用与学习成果的关系。国外这一主题研究大致经历了三个阶段：相关研究阶段、干预研究阶段和因果研究阶段。②

　　在相关研究阶段，研究的重点是确定自主学习的策略以及探讨自主学习的策略使用与学习成果之间的相关关系。早期的研究通常使用自陈报告工具（如问卷）来考察学生使用了哪些自主学习策略、使用的频繁度和在何种场合中使用以及策略的使用与学习成果是否具有相关性。广泛使用的测量工具有：学习动机策略问卷 Motivated Strategies for Learning Questionnaire（MSLQ）③、学习策略量表 Learning and Study Strategies Inventory（LASSI）④ 和自主学习访谈表 Self-Regulated Learning Interview Scale（SRLIS）⑤。这一阶段的研究发现了许多自主学习的有效策略并验证了它们的使用与学生的课业成绩之间的相关关系。⑥

　　在干预研究阶段，研究关注如何将某一/些自主学习的策略教授给学

① Paris S. G, Winograd P., "The Role of Self-Regulated Learning in Contextual Teaching: Principals and Practices for Teacher Preparation," *A Commissioned Paper for the U. S. Department of Education Project: Preparing Teachers to Use Contextual Teaching and Learning Strategies To Improve Student Success In and Beyond School* (2001).

② Schunk, D. H., "Self-regulated Learning: Where We are and Where We Might Go," *Paper Presented at the Annual Meeting of the American Educational Research Association* (San Francisco, 2013).

③ Pintrich, P. R., Smith, D. A. F., Garcia, T., McKeachie, W. J., *A Manual for the Use of the Motivated Strategies for Learning Questionnaire (MSLQ)* (Ann Arbor: University of Michigan, National Center for Research to Improve Postsecondary Teaching and Learning, 1991).

④ Weinstein, C. E., Schulte, A., Palmer, D. R., *The Learning and Study Strategies Inventory* (Clearwater, FL: H & H Publishing, 1987).

⑤ Zimmerman, B. J., Martinez-Pons, M., "Development of a Structured Interview for Assessing Students' Use of Self-regulated Learning Strategies," *American Educational Research Journal* 23 (1986): 614-628.

⑥ Pintrich, P. R., Smith, D. A. F., Garcia, T., McKeachie, W. J., "Reliability and Predictive Validity of the Motivated Strategies for Learning Questionnaire (MSLQ)," *Educational and Psychological Measurement* 53 (1993): 801-813; Zimmerman, B. J., Martinez-Pons, M., "Development of A Structured Interview for Assessing Students' Use of Self-regulated Learning Strategies," *American Educational Research Journal* 23 (1986): 614-628.

生并探究这一/些策略的使用对学生的学习成果产生了怎样的影响。研究者在实验中对学生学习实施干预，关注干预怎样影响了学生的学习成果以及自主学习策略的使用是否会受其他变量的影响。干预研究反映出这样一种序列：干预活动→自主学习→学习成果。一般情况下，研究者会通过前测来评估学生的现有能力以及自主学习策略的使用情况，然后实施干预，教授学生某一/些自主学习的策略并让学生有机会进行实践演练，然后再进行后测，检测学生在学习中是否会运用这一/些学习策略以及这一/些策略的运用对他们的学习成果产生了什么样的影响。

在因果研究阶段，研究者分析实验中某一/些自主学习策略的使用与学习成果之间的因果关系，采用日记、观察、出声思维和痕迹考察等方法考察自主学习策略的使用及学生的学习成果发生的实时变化。因果研究的研究模型假定自主学习与学习成果之间是一种相互关系（自主学习↔学习成果），即学生自主学习策略的使用会助力其学习成果的形成，学习成果的形成又进一步激励学生使用相应的自主学习策略。这些研究抓住了自主学习的动态性和周期性的特征。

国内目前对基于学习者的路径研究较少。现有的研究以如何结合学科教学教授学生自主学习方法为主，且集中于英语学科。例如，王笃勤在英语教学中贯穿策略培养，发现这种方式对提升学生的自主学习水平是有帮助的，接受策略培养的实验班学生在阅读、听力和写作方面明显优于未接受策略培养的控制班学生，学习的自主性也明显高于控制班学生。[①] 也有其他一些学科对学生进行了自主学习策略的指导，验证了学科教学中教授学生自主学习策略对提高学生自主学习水平的有效性。但极少有学者研究如何以专门的自主学习策略指导的方式促进学生自主学习水平的提升。

1.3.3.4 基于教师的路径

利特（Little）指出，教师在促进学生自主学习中起着不可替代的作用。[②] 教师的角色观念及自身的自主水平对学生自主学习具有影响。

---

① 王笃勤：《大学英语自主学习能力的培养》，《外语界》2002 年第 5 期。
② Little, D., *Learner Autonomy: Definitions, Issues and Problems* (Dublin: Authentik, 1991).

研究者对教师在自主学习模式下的角色定位进行了研究。海格斯（Higgs）认为，教师应该是一个管理者，为学生创建积极的学习情境并提供有利的学习资源，助力学生领会学习要求，激发学生潜能。[1] 齐莫曼和莱森博格（Zimmerman & Risemberg）主张教师从四个方面促进学生自主学习：激发学生内在学习动机、指导学生学习策略、指导学生自我监控、指导学生利用社会性和物质性学习资源。[2]

教师自主学习水平对学生自主学习水平也有重要影响。研究发现，教师自主教学能力与学生自主学习能力之间存在相关性。[3] 利特认为学生自主和教师自主是互相依存的，在教师培训中需要努力实现教师自主。[4]

1.3.4 文献分析

从总体看，国内外自主学习研究在集中领域与发展层次上存在较大差别。

国外对自主学习的系统研究主要发轫并集中于心理学领域。通过心理学实验，研究者从不同角度发现有效的自主学习策略及自主学习规律，并开展干预实验。研究经过了对"自主学习是什么?"、"为什么开展自主学习?"和"学生自主学习的状态如何?"等基础问题的研究，在20个世纪80年代就形成了诸多理论体系成熟的自主学习流派。目前，在理论研究上，国外自主学习研究重在探讨影响自主学习的因素，在此基础上建构自主学习的理论模式、解释自主学习的内在心理机制。在应用研究上，国外自主学习研究主要着重于具体微观层面，探索具体自主学习策略的干预对学生的自主学习水平以及学习成果的影响。此外，国外自主学习研究从20世纪80年代的各派纷争开始转向整合，注重从其他自主学习理论中吸收合

---

① Higgs, J., "Planning Learning Experiences Topromote Autonomous Learning," In Boud, D., *Developing Student Autonomy in Learning* (2nd ed) (London: Kogan Page, 1988).

② Zimmerman, B. J., Risemberg, R., "Self-regulated Dimensions of Academic Learning and Motivation", *Handbook of Academic Learning* (Academic Press, 1997).

③ 安琦:《教师自主教学对学生自主学习能力的影响》，博士学位论文，上海外国语大学，2010。

④ Little, D., "Learning as Dialogue: the Dependence of Learner Autonomy," *System* 23 (1995): 175-181.

理的成分。

国内关于自主学习较为系统的研究开展得比国外晚，发展路径与国外有所不同。国内自主学习研究主要起源于教育学领域，研究者从教的角度探索如何促进学生自主学习，研究重点关注运用何种教学方法促进学生自主。真正系统的研究起步较晚，早期发展缓慢、成果少，而且偏向于经验总结和对国外研究的介绍。21世纪后研究成果逐渐增多，研究范围明显拓宽，更多的心理学研究者加入这个领域。近年来，实证研究逐渐增加，研究者除了对促进自主学习的教学法进行总结和思考外，也开始借鉴国外研究的路径，通过定量研究的方法（主要是问卷）调查学生的自主学习状态并尝试分析影响我国学生自主学习的因素。尽管我国教育学界和心理学界越来越重视自主学习研究，发表了大量的研究论文，但与国外相比，目前无论在研究内容、研究方法，还是在研究成果方面都还有差距。国内还尚未形成较为系统的自主学习理论体系。

具体而言，我国关于自主学习和大学生自主学习的研究，主要存在以下几方面的问题。

一是简单重复的研究较多，缺乏深入、系统的研究。许多研究在研究视角、研究对象和研究方法等方面相似，研究结果也大同小异。例如，针对大学生自主学习现状进行了大量相似的研究，研究普遍采用自编问卷进行调查，结果发现大学生自主学习水平不高。对于影响大学生自主学习的因素和提升路径，研究论文虽然多，却大多以思辨方式泛泛而谈，大量论文停留于经验的总结和应然状态的陈述，缺乏实证研究和深入分析。

二是模仿国外研究多，缺乏本土化和情境化研究。大量研究模仿国外做法且得出同质化的结果。许多探讨大学生自主学习影响因素的研究忽略了我国本土教育情境，对我国本土情境下影响大学生自主学习的特征性因素、我国大学生缺乏自主学习意识与能力的关键原因、如何结合我国大学生的具体状况和我国教育体制来提高大学生自主学习的意识与能力等基本问题尚未有系统和科学的研究。

三是影响自主学习的因素研究单一化。对自主学习的影响因素，国内研究集中于归因、目标定向和自我效能感等几个方面，忽略了对自主学习构成影响的其他因素。

　　四是对自主学习一般能力提升的干预研究少。学习能力分为具体学科能力和一般能力。具体学科能力指某一具体学科学习的能力，一般能力是指能够在各学科迁移的能力。目前，我国的干预研究集中于提升具体学科的学习能力，重在教授具有学科特色的学习方法。然而，大学生自主学习能力低的问题不单是某一学科的问题，而是关系到学习态度、价值、知识、能力和方法等更广义方面的问题。每一个进入大学学习的学生都基本形成了一套隐性的学习观念与行为系统，而且具有较强的稳定性。因此，大学生自主学习水平的提升一方面需要结合具体学科、专业和课程进行，另一方面需要对大学生自主学习的一般观念与能力进行培养。大学生一般自主学习能力的获得需要系统且专业的策略指导，但目前这方面的研究较少。

　　五是缺乏长期动态性的研究。自主学习水平的提升是一个长期动态的过程。目前，我国多数大学生自主学习干预研究周期较短，通常为一学期。短周期的干预，效果往往难以保障，何况许多教学改革或干预研究采用的是即时评价，即在干预后立即进行效果测量，缺乏后续跟踪，其有效性有待检验。此外，现有的干预研究大多为静态研究。研究者往往只是干预前通过问卷调查了解基本情况，然后实施干预，在干预后通过再次问卷调查看成效。被干预的大学生自主学习水平的变化过程则犹如一个"黑匣子"，没有人知道它是怎么变化的以及在过程中受到了哪些因素的影响。因此，亟须从动态视角跟踪并记录学生自主学习水平发展和变化的具体过程。

　　六是根据学生需求设计的、科学的行动研究少。首先，已有干预研究大多是预设的，较多以实验方式开展，而不是根据学生需求设计。研究者选取一定的研究对象，要么教授这些对象某一/些预设好的策略，要么在教学组织中执行某项预设好的干预方式，然后观察干预的效果。这些研究更多为实验研究，而真正从学生需要出发、对学生生命个体进行整体考量的行动研究少。其次，基于科学理论开发的自主学习指导项目少。我国现有的自主学习干预大多忽略了丰富的前人研究成果和科学理论，仅凭个人经验开展，直接将经验性的教学法/教学模式运用到各学科教学，干预方法随意性较大。

1.3.5 本研究的开展思路

本研究希望在前人研究的基础上有所发展和突破。具体而言，本研究将采用行动研究法对我国 W 大学学生的自主学习状态和问题进行深入调查，了解学生的学习需求，在此基础上以科学理论为指导开发大学生学业指导工作坊，通过对学生自主学习策略的指导和教学组织干预促进大学生自主学习水平提升。本研究的研究对象是处于大学学习第一关键期的大一学生。研究将为每位学生建立成长档案，观测学生的实时成长变化。同时，研究将在工作坊开展前、中、后对学生进行问卷调查、访谈和观察。在工作坊结束后，研究还将实施对学生的追踪调查。最后，研究将在所收集的丰富的一手资料基础上，归纳出本土情境下影响大学生自主学习的因素以及有效提升大学生自主学习水平的路径。

本研究具有以下特点。

本土化情境化：在我国具体教育情境下探索影响大学生自主学习的因素和有效的干预策略。

科学理论指导：在已有教育学和心理学科学成果的指导下构建大学生学业指导工作坊，将前人自主学习研究的成果进行创造性应用。

动态研究：进行实时数据收集，观测学生自主学习水平动态性的变化。

现实环境下而非实验环境下的行动研究：对提升大学生自主学习水平的干预基于现实环境下学生的需求而进行。

一般性学习策略指导：针对大学生一般性、可迁移的学习策略指导，而非具体学科学习策略指导。

长时段追踪研究：在干预后进行长期追踪。

本研究将努力实现三大功能。成事：大学生学业指导工作坊的开发。成人：通过工作坊的干预促进学生自主学习水平提升。成道：基于工作坊实践归纳和凝练本土大学生自主学习的影响因素和水平提升路径。

1.4 核心概念界定

无论是表述问题还是检验假设，概念的清晰界定是基本前提。没有清晰的概念界定，就不可能对事物有清晰的认识。[①] 本研究涉及的核心概念是自主学习。

1.4.1 自主学习

国外较早系统研究自主学习，在20世纪80年代就已形成自主学习研究的多个学派，学派间研究视角、理论立场和研究方法各有不同，对自主学习的概念界定也有所区别。80年代后，各学派逐渐由百家争鸣转向理论整合，研究者们不再固守自己的派系阵脚，转向注重吸收各派理论中的合理成分，对自主学习的概念理解也发生了一些变化。

以下自主学习的定义在国外自主学习研究中的认可度较高。

在语言学习领域，霍利克（Holec）提出的关于自主学习的界定被广泛认可。他认为，自主学习（Learner Autonomy）是学习者在学习过程中能够对自己的学习负责并具有决策的能力，决策主要体现在五个方面：确定学习目标、决定学习内容和进度、选择学习方法、监控学习过程、评估学习效果。[②]

另一位著名学者诺尔斯（Knowles）认为，自主学习（Self-Directed Learning）是个体在有或没有别人的帮助下，主动分析自己的学习需要、形成学习目标、确定学习资源、选择和运用学习策略、评价学习结果的过程。[③]

宾特里奇认为自主学习（Self-Regulated Learning）是一种主动的、建构性的学习过程，在这个过程中，学生首先为自己确定学习目标，然后监

---

① 沃尔夫冈·布列钦卡：《教育科学的基本概念：分析、批判和建议》，胡劲松译，华东师范大学出版社，2001，第11页。

② Holec, H., *Autonomy and Foreign Language Learning* (Pergamon Press, 1981).

③ Knowles, M. S., *Self-Directed Learning: A Guide for Learners and Teachers* (Chicago: Folett Publishing Company, 1975).

督、调节、控制由目标和情境引导及约束的认知、动机和行为。①

齐莫曼综合了多方的定义，认为自主学习（Self-Regulated Learning）是学习者系统地引导自己的思维、情感和行为，使它们指向目标实现的过程。如果学习者在学习动机、方法、时间、环境、结果和社会性等方面均能自己做出选择或控制，那么其学习就是充分自主的；反之，如果学习者在这六个方面均不能由自己选择或控制，则其学习就无自主性可言。他认为学习者的自主水平没有完全自主或完全不自主的情况，而是处于这两者之间，有程度区别。

"自主学习"的英文表述通常是 Autonomous Learning/Learner Autonomy、Self-Directed Learning 和 Self-Regulated Learning，它们核心是一致的，但又各有侧重：Autonomous Learning/Learner Autonomy 强调学习者对自己学习负责的态度，Self-Directed Learning 强调学习者对学习的自我导向，Self-Regulated Learning 强调学习者对学习过程的自我调节。

由以上关于自主学习的界定可以看出，研究者们对自主学习的理解还存在一定的分歧，但这些界定为我们揭示自主学习的实质提供了重要参照。

自主学习概念的清晰界定对本研究探索影响大学生自主学习的因素和对大学生自主学习水平提升的干预非常重要。结合前人对自主学习的理解，本研究认为，自主学习是学习者确立清晰的学习需求、设立适宜的学习目标、制定合理的学习规划、选择合适的学习内容、科学地进行时间管理、积极寻求学习资源和创设学习环境并科学有效地对学习进行监控和调整的过程/能力。自主学习可以被视为一个过程，也可以被视为一种能力。

自主学习者通常具有以下特点。有意识：学习者清楚学习的重要性，具备对自我学习负责的意识。有意愿：学习者具备较强的学习动机。有目标：目标对于自主学习具有重要的牵引作用，自主学习者往往具有适宜的学习目标。有策略：自主学习的顺利进行需要科学的学习策略作为保障。有行动：自主学习行动是一切的落脚点。此外，值得注意的是，学习者的自主水平不

---

① Pintrich, P. R., "The Role of Goal Orientation in Self-regulated Learning," In M. Boekaert, P. R. Pintrich, M. Zeidner, *Handbook of Self-regulation* (Academic Press, 2000): 452-501.

是一种固定的状态，它会随着学习者的学习进展发生变化。

1.4.2 自主学习与相关概念的辨析

自主学习与自学：自主学习和自学有共通的地方，但又不是同一概念。两者的共通之处在于自主学习和自学都强调学习者对学习的自我负责和独立性。不同之处在于，自学强调学习过程中学习者的完全独立，即学生从学习的最开始到结束都由自己完成。而自主学习并不强调学生从头到尾一个人进行，相反，它鼓励学生在需要的时候主动寻求教师和同伴的指导帮助。

自主学习与"学习自觉"：自主学习与人们平日所说的某学生"学习自觉"不是一个概念。虽然两者都强调学习的自觉性，但前者比后者涵盖意义更广。有学者把自主学习分为前瞻性自主（Proactive Automny）和反应性自主（Reactive Automny）[①]。前瞻性自主指学习者参与学习方向的制定并组织相应资源从事学习活动，反应性自主指学习者在教师确立学习方向之后组织相应资源从事学习活动。前瞻性自主是真正的自主学习，学习者对自己的学习能够自我导向、自我安排、自我监控和调整；而反应性自主则是日常人们所说的学习自觉，即学习者在他人的导向下组织资源进行学习。

自主学习与研究性学习：研究性学习是指在对某一专题/问题的研究过程中获取知识、应用知识和解决问题，它的本质在于让学生亲历知识产生与形成的过程，它与接受学习是相对的。而自主学习则强调个体对学习的自我导向和控制，它与被动学习是相对的。两者的相似之处在于都强调学习的主动性。

自主学习与个性化教育：个性化教育与自主学习是一个事物的两个面。从教育者的角度出发，教育者指导学习者分析自身实际情况（学习兴趣、特长和爱好等）、设立目标、选择学习内容、制订学习计划、管理学习时间和作出学习评价，这是在实施个性化教育；从学习者的角度出发，学习者在教育者的帮助下基于自己的实际情况（学习兴趣、特长和爱好

---

① Littlewood, W., "Defining and Developing Autonomy in East Asian Contexts," *Applied Linguistics* 01（1999）.

等）自主设立目标、选择学习内容、制订学习计划、管理学习时间和作出学习评价，这是在开展自主学习。

1.5 内容框架

第1章绪论介绍本研究的研究背景、研究问题、文献综述、研究思路和研究意义。

第2章为行动研究的理论基础与研究方法。本研究在建构主义与人本主义理论指导下进行，采用的研究方法是行动研究法。

第3章为行动研究过程。介绍"你我同行·学会学习"学业指导工作坊的构建、运行及成效。"你我同行·学会学习"学业指导工作坊经历了入场—第一期干预—第二期干预—效果追踪等过程，有效促进了大学生自主学习水平的提升。

第4章到第6章分别介绍影响大学生自主学习的动机性因素、环境性因素和策略性因素，以及工作坊针对这些因素所做的干预。第4章主要介绍动机性因素。本研究发现，影响大学生自主学习的三大动机性因素是学业自我效能感、学习目标和学习价值认同。本章分析这些因素对工作坊学生自主学习的影响，并呈现工作坊针对这些因素的干预以及干预成效。

第5章为环境性因素及干预。重点介绍影响大学生自主学习的三大学校环境性因素，分析这些因素对学生自主学习的影响，描述工作坊针对这些因素的干预及干预成效。研究发现，影响大学生自主学习的三大学校环境性因素分别是参与和交流平台、自主空间和教师的积极关注。

第6章为策略性因素及干预。重点介绍大学生开展自主学习所欠缺的学习策略及工作坊对大学生进行的策略指导。研究发现，大学生缺乏的策略主要有自我认知、目标设立、时间管理、学习资源和环境管理、学习监控与调整等。针对学生所欠缺的自主学习策略，工作坊进行了重点指导。本章详细呈现工作坊对大学生就时间管理、学习环境与资源管理、学习监控与调整等三大策略的指导及其成效。

第7章为结语。概括影响大学生自主学习水平的因素和促进大学生自主学习的原则，并对本研究的创新点和不足进行陈述。

2 行动研究

行动研究要以科学理论为指导、以严谨方法为保障。因此，本研究单列一章重点介绍行动研究所依据的理论及具体的研究方法。

2.1 理论基础

本研究以人本主义学习理论和建构主义学习理论为指导。在这两大理论指导下，本研究形成了"以学生为中心"的核心理念，并在具体行动干预中吸收和创造性地应用多个自主学习流派的研究成果。

2.1.1 人本主义学习理论

2.1.1.1 人本主义学习理论概述

20 世纪六七十年代，美国兴起了一股有别于行为主义与精神分析的心理学思潮——人本主义心理学思潮。人本主义既反对行为主义机械的环境论，又反对精神分析的生物决定论。人本主义坚持研究人的本性和潜能、尊严和价值，强调促进人的潜能发挥。此后，人本主义心理学以其对人性的精彩解释、对人的价值和潜能的重视引起了教育界的广泛关注。

在教育方面，人本主义旗帜鲜明地倡导全人教育，关注学习者作为完整生命个体的发展；它研究如何为学习者创造良好的环境，让其从自己的角度去感知世界，发展出对世界的理解；它注重启发学习者认识和发挥自己的潜能；提倡自由学习和内在学习；强调对学习者的尊重和良好的师生关系。在充分尊重人的自主性的基础上，人本主义提出了"自我实现"教育观和"以学生为中心"教育观。

2.1.1.2 人本主义学习理论代表人物及观点

（1）康布斯（A. W. Combs）的学习理论

认知心理学家认为知觉是理性的，而人本主义心理学家则认为它是感性的，是个体对所知觉到的对象产生的一种感受。人本主义理论代表人物康布斯认为，个人的知觉与其行为有着密切的关系，学生对学习的知觉影响其学习行为。对学生而言，学习的意义有两种：学到一种新知识；新知识对个人产生新意义。[①] 康布斯认为，成功的教学并不在于能教给学生多少知识，而在于能启迪学生，使学生获得知识对个人的意义。康布斯还主张，教育的目的绝不仅限于教会学生知识或谋生技能，而在于使学生能够在认知和情感方面均衡发展，培养健全人格。

（2）马斯洛（Abraham H. Maslow）的学习理论

美国心理学家马斯洛被公认为是人本主义心理学的领导人物之一，他以潜能论和动机论为基础，创建了自我实现心理学。

马斯洛认为，教育的目标在于促进学生潜能的发挥，促进学生的自我实现；理想的教育制度培养出来的自我实现者具有明确的成长目标、信仰的事业和愿意为之奋斗的使命；理想学校应倡导内在学习，让学生在内在驱力的作用下自觉、主动和富有创造性地学习。[②]

马斯洛提出了著名的需要层次理论。他认为，人有多种需要，例如生理需要、安全需要、归属和爱的需要、尊重的需要和自我实现的需要。[③] 这些需要可以从低到高进行排列。生理需要是人类最原始、最基础的需要，如食物充饥和衣物保暖等。安全需要指物质上和精神上防止威胁和危险的需要。归属和爱的需要指被他人接受、与他人亲近、感觉到被爱和有归属的

① Combs, A.W., Avila, D.L., Purkey, W.W., *Helping relationship: Basic Concepts for Helping Professions* (Boston: Allyn&Beacon, 1971).
② 车文博：《人本主义心理学》，浙江教育出版社，2003，第439页。
③ 亚伯拉罕·马斯洛：《动机与人格》，许金声等译，中国人民大学出版社，2012，第19~41页。

需要。尊重的需要包括自我尊重和受到他人尊重的需要。自我实现需要是指潜能得以充分发挥、成为自己所期望的人的需要，这是最高等级的需要。一个人只有在低级需要得到了部分满足后才会寻求高级需要的满足。

（3）罗杰斯（Carl R. Rogers）的学习理论

20世纪60年代，卡尔·罗杰斯将他的"来访者中心疗法"迁移到教育领域，创立了"以学生为中心"的教育理论。

罗杰斯主张，教育的目的在于促进学生的发展，使他们成为能够适应变化、知道如何学习的自由人。他认为，在信息瞬息万变的世界，只有学会如何学习和适应变化，才能在这个时代立得住脚。罗杰斯倡导的学习原则是让学生自由学习。罗杰斯认为，每个人都有学习的潜能，都有学习的渴望；教师要信任学生，相信学生的潜能。教师的任务不是教给学生知识，也不是教给学生学习方法，而是作为一个促进者为学生提供各种学习资源以及营造促进学习的条件，让学生能够自由地学习。

罗杰斯认为，学习分为两类，分别处于意义连续体的两端。一类是无意义学习。例如，学习无意义音节，内容学起来困难且容易遗忘，这类学习只涉及心智，是一个发生"在颈部以上"的、不涉及感情或个人意义的、与完整的人无关的学习。另一类是意义学习。它是一种完整的、将学习者各种经验融合在一起的、将新知识与学习者认知结构中已有概念联系在一起的学习。

罗杰斯提出以学生为中心的思想，强调将学生视为教育的中心，学校为学生而设，教师为学生而教。罗杰斯认为，传统教育只是培养能复制某些知识或从事某些特定智力活动的学生，其本质上是一种消极教育。他指出，每个学生都具有求知和向上的潜能，教师只需创设一个良好的学习环境，学生就会积极学习。罗杰斯还认为，积极的人际关系可以促进人的成长，只要师生关系良好、观念共享、坦诚沟通，学生就会对自己的学习负责。教育是具有整合目的的、不断充实的、具有生活意义的成长历程。教师和学生是一起成长的，他们都需要在学习中不断获得新的意义。

2.1.2 建构主义学习理论

2.1.2.1 建构主义学习理论概述

20世纪80年代以来，建构主义在教育领域产生了非常广泛的影响。建构主义强调知识是个体主动建构的结果，而非独立于个体客观存在。这与行为主义和信息加工等学习理论所持观点不同。行为主义学习理论把知识和意义看作存在于个体之外的东西，认为学习是要把外在的、客观的内容转移到学习者身上。信息加工理论虽然看到了人对信息的选择，但也假定知识是事先以某种形式客观存在的。建构主义则强调知识并非独立于个体而存在，个体以原有的知识和经验为基础建构自己对世界的理解，从而产生知识。知识不是对现实的准确表征，它是解释性的、动态性的，会随着人类的进步而不断地被"革命"掉，继而出现新的假设和新的知识。

建构主义强调学习的主动建构性。在传统教学中，学生的主要任务是对各种事实性信息、概念和原理的记忆及简单应用。建构主义的教学则要求学生主动建构知识，通过高水平的思维活动来学习。[①] 高水平思维需要学生付出较高的认知努力，它需要学生对知识进行分析、综合、评价和创造，需要学生解决具有一定复杂性和不确定性的问题，而且解决问题的方案通常是多元的，评价的标准也是多元的。[②] 学生需要不断地思考，对各种信息进行加工转换，基于新旧知识进行综合和概括，形成假设和推论，并对自己的想法进行反思性的推敲和检验。建构主义反对教师对知识的预设或让学生被动接受，认为教师一方面应关注学生建构理解的基础，另一方面应给学生创设广阔的建构空间。

建构主义强调学生在学习中的参与和交流。传统观点把学习看作个体单独在头脑中进行的活动。建构主义者强调，学习是通过对社会文化的参与来内化相关知识和掌握相关技能的，这一过程常常需要人与人之间的交流、合作和互动。学生之间合作解决学习问题，并分享自己学习的过程和

---

① 张建伟：《基于问题解决的知识建构》，《教育研究》2000年第10期。

② Resnick, L., *Education and Learning to Think* (Washington, DC: National Academy Press, 1987): 3.

成果。

建构主义者强调学习的情境性，认为知识不可能脱离情境而抽象存在，学习应该与情境化的社会实践活动相结合。传统教学对学习持"去情境"的观点，认为概括化的知识是学习的核心内容，这些知识可以从具体情境中抽象出来，因此，持这种观念的教师常让学生脱离具体情境学习。[①]人的学习应该与情境化的社会实践活动联系在一起，通过社会实践的参与逐渐掌握相关的社会规则、工具和活动程序，形成相应的知识。

2.1.2.2　建构主义学习理论早期代表人物及观点

（1）皮亚杰（Jean Piaget）的自我建构理论

皮亚杰是建构主义的开创者。他认为，儿童在与外在环境的互动中逐步建构起对外部世界的认知。儿童与外部的相互作用涉及两个基本过程：同化与顺应。皮亚杰还认为，所有有机体都有适应和建构的倾向，适应和建构是认知发展的两种机能。一方面，由于环境的影响，生物有机体的行为会产生适应性的变化；另一方面，这种适应性的变化不是消极被动的过程，而是一种积极的建构。

（2）维果斯基（Lev Vygotsky）的社会建构主义理论

维果斯基认为学习是一种"社会构建"。他强调社会性互动对人的影响，认为环境中人的互动（如合作关系）能够激发认知过程，促进人的认知发展。

维果斯基还提出了最近发展区（Zone of Proximal Development）的概念。他认为，教师在教学时，必须考虑儿童的两种发展水平，一种是儿童已有的水平，另一种是在他人指导下方可达到的较高水平，这两种水平之间的差距就叫最近发展区。最近发展区为学生提供了发展的可能。维果斯基认为，儿童的发展主要是通过尝试那些在最近发展区里的任务来实现的。是生活中的挑战，而不是能够轻易取得的成功，促进了儿童的发展。[②]

---

① Brown, J.S., Collins, A. Duguid, P., "Situated Cognition and the Culture of Learning," *Educational Researcher* 18（1989）：32–48.

② 陈琦、刘儒德主编《教育心理学》，高等教育出版社，2011，第47页。

2.1.3 工作坊建设理念

在人本主义学习理论和建构主义学习理论的指导下，本研究构建"你我同行·学会学习"学业指导工作坊，工作坊以"以学生为中心"为核心理念，并以下列功能理念为支撑。

全人教育，关注学生作为独立生命个体的成长。

相信学生的潜能，创设良好氛围并提供资源促进学生发展。

有意义学习，将学习的内容与学生需求、学生经验相结合。

尊重、理解和信任学生，关注学生的学习体验。

鼓励做中学，解决真实的问题。

鼓励学习交流和合作。

内在学习，激发学生内在学习动机，鼓励学生自我管理。

自由学习，给予学生自由的空间。

教师角色：学习前的引导者（引路和情境创设）、学习中的解惑者（注意不愤不启，不悱不发）和反馈者（给学生提供及时有效的反馈）。

这些理念是工作坊的精神，指导整个工作坊的建设。

本着最有效提升大学生自主学习水平的原则，工作坊广泛吸收各学习流派的精华。每种理论都有各自的优点和缺点，最好的做法就是根据研究和实践的需要进行选择和应用。[1] 因此，除了借鉴人本主义和建构主义对工作坊进行核心指导外，工作坊在具体做法上还借鉴了脑科学、教育学和心理学的其他理论，如强化理论、社会互动理论、意志论、控制理论、自我效能感理论、交往理论、目标理论、模仿理论和自我主导理论等。这些理论对学生的自主学习实践具有指导作用，在后面的章节中将进行具体的介绍。

---

① 戴尔·H. 申克：《学习理论》，何一希、钱冬梅、古海波译，江苏教育出版社，2012，第219页。

2.2　研究方法：行动研究

本研究采用行动研究法。

行动研究（Action Research）的概念最早出现在美国，1946 年美国社会心理学家勒温（Kurt Lewin）在《行动研究与少数民族问题》中正式提出。50 年代，在哥伦比亚大学教育学院院长科里（Stephen Corry）的推动下，行动研究开始应用于教育领域。科里鼓励校长、教师、辅导人员、行政人员、家长、学生和社区所有支持教育的人都参与到教育研究中，运用行动研究的方式来改进学校的管理和教学。

行动研究，顾名思义，就是行动和研究活动合二为一。勒温认为："没有行动就没有研究，没有研究便没有行动。如果没有行动，那我们所做的事就会是我们一直力求避免的事，即仅仅为了自身利益而进行研究；如果没有研究，那我们的行动就是同水平的重复。"[1] 在教育理论与教育实践的关系上，行动研究强调两者的结合。行动研究的目标是改善现实。[2] 目前，研究界越来越重视行动研究，因为它可以有效地纠正传统研究的弊端，改变研究与实践分离的状态。

行动研究具有四个特点：实践者为研究者（Practitioner as Researcher）；为行动而研究（Research for Action），研究者基于实际工作的需要，将实际问题发展为研究课题，目的在于解决问题；对行动进行研究（Research the Action），研究过程和行动过程相结合；在行动中研究（Research in Action），研究发生在行动过程中。

行动研究强调研究视每个具体课题的情境而定，每一项行动研究在设计、实施和结果上都带有情境性特征，没有统一的模式。但行动研究过程在整体上存在一定的框架，遵循一定的螺旋式上升的发展趋势。它的每个螺旋发展圈包含四个相互联系、相互依赖的环节，即计划—行动—观察—反思。行动者采用"逐步改进"的方法，把最初的设计付诸

---

[1] Lewin, K., "Action Research and Minority Problems," *Journal of Social Jssues* 4 (1946): 34–36.

[2] 克里斯韦尔：《质的研究及其设计》，余东升译，中国海洋大学出版社，2007。

实践，观察效果如何，然后根据来自实践的反馈不断地反思和改进（见图 2-1）。

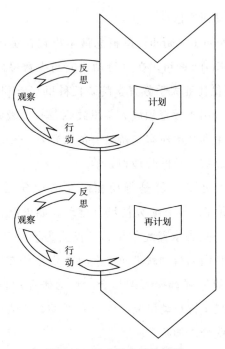

图 2-1　行动研究螺旋框架

资料来源：McNiff, J., *Action Research：Principles and Practice* (London：Macmillan Education Ltd, 1988)。

行动研究与实验研究有所区别。传统教育研究旨在"解释、预测和控制教育现象"，[1] 因此在实验研究中研究者会努力控制一些变量。在行动研究中，研究者不会试图控制变量，而是承认不能控制所有影响因素的事实，在自然环境中致力于采取行动改善情境。

行动研究对推动教育改革具有重要作用。在我国，行动研究在中小学中的应用较为广泛，许多校本研究都属于行动研究范畴，在教学和管理上推动着学校发展。在大学，目前行动研究应用较少。行动研究可作为促进高校教学和管理的有益尝试。

---

[1]　Gay, L. R., Mills, G. E., Airasian, P., *Educational Research：Competencies for Analysis and Application* (8*th ed.*) (Upper Saddle River, NJ：Merrill/Prentice Hall, 2006)。

本研究采用行动研究法，联系理论与实际，将教育研究成果尤其是学习科学成果应用于实践，指导学生掌握自主学习策略，促进学生发展。同时，在实践的基础上，从鲜活的教育世界中归纳出本土的教育理论。

2.3 研究抽样

本研究采用目的性抽样，选择在适合本研究开展的 W 大学进行，样本是 40 名大一学生。

W 大学是一所民办高校，创办于 2003 年，前身是 H 大学的独立学院，2014 年学校转制为民办大学并定位为应用型高校。工作坊刚开展时，该校为第三批次本科录取院校。2015 年，该校获得第二批次本科录取资格。2014~2015 学年该校有普通全日制在校学生 14000 余人，本科专业 37 个、专科专业 10 个，涵盖工、管、文、法、经、艺术 6 大学科门类。校园占地面积约 1348 亩，校园不大但很精致。

选择在 W 大学开展这项研究主要基于以下几方面的考虑。

第一，学校教育理念与本研究理念契合。W 大学推崇个性化教育。学校诸多制度如潜能导师制、周日晚点评和一人一课表制等都在努力践行对学生的个性化教育。个性化教育与自主学习实际上是一个事物的两个方面。站在教育者的角度，根据学生的特点与需求制定教育目标、选择教育内容、执行教育计划并开展教育互动，是个性化教育；站在学习者的角度，学生根据自己的特点与实际需求设立学习目标、制定学习规划、进行时间管理、自我监控学习进展并适时调整，这个过程是自主学习。

第二，学生具有提高自主学习水平的迫切需求。研究者曾对 W 大学教学工作坊的 60 余位教师进行调查，结果发现，在这些教师授课的班级，超过 60% 的学生学习呈现被动状态。W 大学学情调查也显示一定比例的学生存在比较突出的自主学习问题，学生学习目标模糊，69% 的学生感到自己无所事事，学习投入度低。在 W 大学教学研讨会上，教师经常对学生学习不自主进行"控诉"："我估计我班上 1/3 学生的心都不在学习上。""依赖性很强，一遇到什么问题，不是自己去解决，而是指望别人去解决。""从不主动预习和复习。"[①]

第三，学校对本研究表示大力支持。行动研究的开展离不开所在学校领导和老师的支持，包括物质上和精神上的。本研究在开展前与学校相关部门进行了良好沟通，得到了学校开展研究的许可与支持。

第四，研究的便利性。W 大学离笔者的住所仅 10 分钟车程，交通和人员联络比较方便，有利于我深入观察和长期追踪，更方便我到 W 大学"驻扎"。2014 年 2 月至 2015 年 1 月是工作坊的核心开展时间，这期间我每周至少有完整的 3 天在 W 大学。2015 年 1 月到 2016 年 1 月是研究追踪期，我经常到该校参加一些活动并进行相关的观察。

第五，学校具有一定的代表性。像 W 大学这样的独立学院或由独立学院转为民办大学的大学在全国占比大，但少有研究关注到这类高校的学生自主学习水平的提升。在 W 大学的研究和实践将给予这类高校较大的借鉴意义。

在工作坊成员选择上，我主要采取了目的性抽样方法。我在 W 大学两位辅导员所带的班级进行了宣讲，然后对报名的学生进行筛选。工作坊成员的筛选标准主要有三条：具有提升自主学习水平的需求；参加学习的时间有保障，每周一晚上六点半到九点半为集中学习，除此之外，每周大约需要 6 小时完成工作坊布置的任务；学生的学习目标与工作坊目标相契合。最后，确立了 36 名学生作为工作坊第一期成员（见表 2-1）。这 36 名成员都是大一学生，信息学部 17 人，主要分布于电科（电子科学与技术）、光信（光电信息工程）和自动化等工科专业；人文学部 19 人，主要分布于汉语言（汉语言文学）、汉教（对外汉语）和广告等文科专业。选择在两个不同的学部而不是一个学部进行招募，是考虑到专业过于集中不利于学生间的互相学习，希望学生的专业、学习背景、性别构成（信息学部男生比例高、人文学部女生比例高）等方面更加多元，以促进学生互相之间的学习与交流。但在个体学生筛选时，专业、学习背景和性别构成等方面不作为考虑的因素。

---

① W 大学 2013 年 11 月开展的某教学研讨会。

表 2-1 工作坊第一期成员基本特征

		人数	百分比
性别	男	17	47.2%
	女	19	52.8%
	合计	36	100.0%
专业	电子科学与技术	5	13.9%
	光电信息工程	7	19.4%
	自动化	5	13.9%
	对外汉语	10	27.8%
	汉语言文学	7	19.4%
	广告	2	5.6%
	合计	36	100.0%

资料来源：笔者自制。

工作坊第二期在第一期的基础上进行，由第一期的 16 名老成员加上 4 名新成员组成。这 20 名成员此时已升至大学二年级，其中信息学部 10 人，主要分布于电科、光信和自动化等工科专业；人文学部 10 人，主要分布于汉语言和汉教等文科专业（见表 2-2）。

表 2-2 工作坊第二期成员基本特征

		人数	百分比
性别	男	7	35%
	女	13	65%
	合计	20	100.0%
专业	电子科学与技术	3	15%
	光电信息工程	4	20%
	自动化	3	15%
	对外汉语	5	25%
	汉语言文学	5	25%
	合计	20	100.0%

资料来源：笔者自制。

2.4 资料收集

本研究收集了丰富的一手资料。其中，工作坊学习活动录音约 110 小时，学生访谈录音约 150 小时，录音文字整理约 150 万字，工作坊干预记录约 30 万字，观察记录约 10 万字，还有大量的学生的作业、笔记、论文、成绩单、课程表、学习记录、照片和日志等实物。

本研究采用多种方法收集资料，主要包括观察法、访谈法、问卷法和实物分析法。采用观察法，对学生的学习行为（阅读、写作业和参与活动等）和学习表现（提问、发表评论和回答问题等）进行直接观察或录像观看；采用访谈法，对学生进行个体访谈和团体访谈，还对学生的同伴和辅导员进行了访谈；采用问卷法，对学生的自主学习状态及其在项目过程中的发展进行了调查；采用实物分析法，对学生的作业、试卷、笔记、论文、教师评价、学生日志、学生成长档案以及与学生学习相关的学校档案进行了收集、整理和分析。

2.4.1 观察法

观察（Observation）是指研究者凭感官或一定的科学仪器，在一定时间内有目的、有计划地记录和描述客观对象的表现来收集研究资料的一种方法。[①] 本研究采用了自然观察法，即在自然条件下对对象的行为进行观察。

本研究对工作坊的学习活动进行了认真观察。工作坊建立初期，相关学习活动主要由我组织开展，很多时候需要边组织边观察；工作坊框架搭建好和学习模式比较成熟后，学生承担了工作坊主要的组织工作，我转为边参与边观察。平日里，我还针对性地参加了学生的其他课堂，以获得学生在其他课堂环境下的信息。

当由我组织教学活动时，因为要专注于正在进行的工作，我请研究助理进行录音、录像和辅助观察记录。因担心学生对录音和录像心有顾虑，

---

① 陈向明：《质的研究方法与社会科学研究》，教育科学出版社，2000，第 228 页。

我在打消学生顾虑上做了一些努力。第一，在工作坊宣讲和对学生进行第一次访谈时，坦诚地和学生交流录音和录像的事宜，确保了学生在确定加入工作坊前对录音和录像事项的知悉和接受。第二，向学生承诺，录音和录像仅作研究用，只有研究者才能获取这些材料。第三，遵照对学生的承诺行事。第四，每次集中学习时都进行正常的录音和录像，帮助学生建立习以为常的感觉。第五，录音和录像的动作尽量小，不对学生学习造成干扰。有了这些努力，学生对录音和录像很快就接近"忽略"状态了。除了对活动进行录音和录像，在每次教学活动结束后，我会立即对活动进行补充记录（见附录1），将活动的情形、过程以及重点观察对象的表现记录下来。

除了观察工作坊活动中学生的表现，我还到学生的其他课堂和活动现场进行观察（观察记录示例见附录2）。整个行动研究期间，我参与观察了约50个课堂，参加了近百项学校活动，如学生的社团活动、运动会、升旗仪式、毕业生答辩、教学座谈会、教学工作坊和暑期座谈等。通过对这些活动现场的观察，本研究可以从多个角度考察和验证学生的真正状态，从更广的范围了解学生的情况。

2.4.2　访谈法

访谈法（Interview）是研究者通过与研究对象进行口头交谈来收集资料的方法。访谈法有利于研究者更深入地了解研究对象的思想、态度和情感。[1]

访谈通常以开放式和半开放式的方式进行。开放式和半开放式的结构可以给被访者用自己的语言表达想法的机会。本研究的访谈大多是开放式访谈。除第一次访谈对每一位成员遵循同一提纲外，其余的访谈都是根据每位成员具体的情况而进行的重点不同的访谈。

本研究中的访谈除了起获取资料的作用，还是教师与学生交流的重要方式，是工作坊干预的主要方式之一。本研究中所进行的访谈有个体访谈和小组访谈。行动研究的性质决定了本研究中的个体访谈常与个体辅导相

---

[1]　陈向明：《质的研究方法与社会科学研究》，教育科学出版社，2000，第165~170页。

结合；而小组访谈常与团体辅导相结合。

2.4.2.1 个体访谈

我要求自己每周至少访谈三名学生，因为教师对学生的指导/了解首先要有数量保障，在保障数量的基础上才有实现质量的可能。鉴于前期需要与学生建立良好的师生关系以及后期已经与学生建立的亲密的师生关系，过于正式的谈话（学生认为是谈话而不是访谈）不合适，会让学生感觉别扭，从而不利于真正的师生交流。因此，工作坊师生之间的谈话/访谈大多不是"一板一眼"的，而是根据实际情况进行变通的。

我让学生选择他们方便的时间和感觉舒服的地点进行访谈。学校的"勤人坡"/"情人坡"是学生比较喜欢的一个地方，许多学生选择在那里接受我的访谈，也有部分选择在室内进行。

行动研究重在行动的效果，相比于获得研究资料，达到真正的交流实效是更重要的。如果行动研究中研究者将关注点放在收集和记录信息而不是倾听和交流，学生容易产生"被利用"的感觉，行动研究的价值将大打折扣。因此，在与学生访谈时，我会把笔记本放下，100%倾听学生的困惑并给学生提供指导，在访谈结束后，再补上访谈场景、内容和重点等信息，并结合录音内容进行整理。

除了"辅导和交流"性质的访谈外，本研究也开展了"纯访谈"。例如，在每一期工作坊开展之前的期初访谈、每一期工作坊结束后的成效访谈和工作坊结束一年后的追踪访谈等。

整个研究下来，工作坊成员人均接受了约 5 次个体访谈，最多的 12 次，最少的 3 次。为了对学生有更多的了解并在了解的基础上给学生作出恰当的指导，我还对影响学生发展的"关键人物"进行了访谈。这些"关键人物"包括学生的任课教师、辅导员、朋友、室友、同班同学和社团团友等。从"关键人物"那里多角度地了解学生，获得从学生那里无法直接了解的信息。

2.4.2.2 小组访谈

除个体访谈外，本研究还进行了小组访谈。个体访谈有个体访谈的优势，被访谈者在私人化的环境里可以畅所欲言；小组访谈有小组访谈的好处，成员间的发言可以构成相互的信息刺激，有利于小组成员间的信息交流。

小组辅导/访谈是工作坊经常进行的工作。在"你我同行·学会学习"学业指导工作坊中，学生组成了多个学习小组。在对学生进行访谈时，我有时将"同质"的学生召集在一起，大家针对相似的问题进行探讨，头脑风暴出解决方案。有时将"异质"的学生召集在一起，大家取长补短，交流自己好的做法并向他人学习。通过小组访谈，我可以观察到学生在与其他学生交流时的自然流露，补充个体访谈所缺的信息。

本研究对所有正式和非正式访谈都进行了录音。我将它们逐字转为电子书面文本，对受访者的语气变化、动作和表情等以括号的形式加以标注。这是一项花费大量时间和精力的工作。

对于访谈的记录方式，有学者建议采用三种方式：观察型记录，记录访谈时看到的东西；方法型记录，记录使用的方法以及这些方法对访谈者的作用；内省型记录，记录访谈者个人因素对访谈的影响，如言谈举止和态度等。[①] 进行访谈记录时，我会提示自己尽量全面地记录，以备后期使用。除此之外，笔者在每次访谈记录后会对访谈结果进行简要分析。

2.4.3 问卷法

问卷法是以问卷量表为工具来收集资料的方法。本研究主要采用了朱祖德等编制的大学生自主学习量表对工作坊学生的自主学习状态发展进行测量。该量表由动机分量表和策略分量表两部分组成，包括了自我效能感、内在目标、学习控制感、外在目标、学习意义感、学习焦虑，以及一般方法、学习求助、学习计划安排、学习总结、学习评价、学习管理等 12 个维度。[②] 每一题均以六点形式作答，从"非常不符合"、"不符合"、"比较不符合"、"比较符合"、"符合"到"非常符合"，依次记为 1~6 分。量表通过一系列表述考察学生在这 12 个方面的表现。经量表设计者检验，该

---

① 陈向明：《质的研究方法与社会科学研究》，教育科学出版社，2000，第 178 页。
② 朱祖德、王静琼、张卫、叶青青：《大学生自主学习量表的编制》，《心理发展与教育》2005 年第 3 期。

量表具有良好的信效度，符合正式施测量表要求。

本研究在工作坊第一期和第二期分别进行了前测和后测。前测可以了解学生最初的水平及存在的问题，根据收集的数据有侧重点地安排工作坊的学习活动。通过后测与前测的对比，可以看到学生的发展情况以及在哪些方面仍然存在问题并需要进一步干预。在干预结束一年后，我再次使用量表对学生的自主学习状态进行了追踪调查。因此，本研究五次采用大学生自主学习量表对学生进行调查，分别在第一期干预前、第一期干预后、第二期干预前、第二期干预后和工作坊干预结束后的一年进行。干预期间的问卷填答采用的是当场发放当场回收的方式。干预结束后的问卷填答采用网上填答的方式。

除了大学生自主学习量表外，工作坊干预过程中还根据信息收集的需要请学生填写了其他自编问卷。这些问卷有助于及时地了解学生的更多信息。

2.4.4 实物分析法

收集实物（包括与研究问题相关的图片、文字和物品等）并进行分析是有效的研究技术，它可以对访谈和观察所获得的信息进行补充。访谈、观察、问卷调查和实物分析有助于研究者从不同角度对研究结果进行检验。

在工作坊进行中，我有意识地对学生的作业、试卷、笔记、论文、日志、课程表、成绩单和活动照片进行收集，并为每位学生建立了个人成长档案。此外，我还收集了辅导员及任课教师对工作坊学生的学习评定。学生的微博、微信和QQ空间也为我了解学生的动态提供了一些信息。我对工作坊每位学生从工作坊开始时到工作坊结束后一年的实物进行了收集，并及时归档在他们的成长档案里。这样，可以很清晰地看到每位学生发生的变化（示例见附录3）。

除此之外，我通过学校校办、院校研究所、教务处、教师教学发展中心和心理中心等部门收集了与学生学习相关的文件。

本研究收集的实物资料中，仅文字性的资料就有100余万字。

2.5 资料分析

本研究遵循"行动干预—理论建构—行动干预—理论建构"的循环上升路径开展资料分析，从实践到理论再到实践再到理论。在首轮行动开始前，对学生存在的学习问题进行了调查，基于调查结果设计干预活动；在干预中注重收集和分析研究资料，根据新的信息对干预活动作出实时调整；在第一轮干预结束后，专门用两个月时间对第一轮收集的所有资料进行再次整理和分析，在此基础上尝试归纳建构出关于大学生自主学习的主要问题、大学生缺乏的自主学习策略、影响大学生自主学习的主要因素、促进大学生自主学习的有效教学组织原则等初步的理论。接着，对第二轮干预活动进行设计。在第二轮干预活动中进一步收集和分析资料，根据新的信息对干预活动进行实时调整；第二轮干预结束后，用近一年时间对所有收集的资料进行分析；干预结束一年后对工作坊成员进行追踪调查，并将追踪调查的数据进行分析；基于所有的资料分析，对大学生自主学习存在的主要问题、大学生缺乏的自主学习策略、影响大学生自主学习的主要因素和提高大学生自主学习水平的路径进行了"实质理论"建构，并在此基础上建构了提升大学生自主学习水平的核心理论。

本研究中在资料分析上具有以下特点。

2.5.1 资料分析与资料收集既同步又独立

行动干预、资料收集、资料整理和资料分析是一个相互交叉、同步进行的过程。如前所述，对资料的及时分析有助于我对学生的学习问题、学习状态进行准确的把握，在这基础上开展"对症下药"的干预。干预过程中我对收集的资料进行了及时的分析，并基于分析调整干预的内容和形式。

资料及时分析对干预工作具有重要意义，它有助于我及时发现问题、分析原因并作出有效的调整。例如，第一期前三次集中学习采用的是教师讲学生听的传统方式组织教学。根据观察及学生访谈反馈的情况，发现学生在这种方式下能获得的新知不多。在课前预习中，学生对大多数内容已有所掌握，他们在集中学习时需要的是交流，通过讨论进一步明晰在预习中接触的新知识点及解决自己在课前预习中遇到的问题。于是，从第四次集中学习开始，我调整了教学形式，采用学生课前自学、课中小组组织知识讲解与全班讨论的方式，给予学生更多交流机会。事实证明，这种转变是成功的，充分调动了学生学习的积极性。学生课前预习的压力使他们更认真地完成课前功课；由小组负责组织给了学生课外交流的载体；对组织学习活动辛劳的切身体会，让学生更加尊重组织者的劳动；学生组织者的"亲民"让平日拘谨的学生逐渐敢于开口表达自己的想法。转变形式后，学生的学习交流更加充分，学习参与度明显提升。

工作坊在发现问题、分析问题和解决问题中逐步发展。例如，在促进学生对所学学习策略的应用上就经历了这样的过程。在第一期干预的前半段，学生领会了掌握自主学习策略需要靠实践的道理，并有意识地将所学的方法运用到日常学习中，但在中后段，有些学生开始疏于实践。这些学生往往每周参加集中学习，也会就新学的内容与同学进行讨论交流，但在日常疏于应用。我尝试了一些方法，例如，对坚持实践的学生进行公开表扬，对没有坚持的学生私下提醒，在集中学习时强调实践的重要性等。这些做法虽然起到了一定效果，对部分学生起到了作用，但对另一部分学生效果甚微。于是，我对学生进行了重点观察和访谈，并对收集的材料进行了分析，发现了学生在后期疏于实践的原因：临近期末考试，学生将更多的精力放在了迫在眉睫并关乎自己近期利益的期末考试突击复习上；工作坊学习的新鲜期已过；学生之前习惯于在他人监督下学习，在还没有完全建立自我监控能力时，我当时的"放手"为时过早；工作坊学生之间的互相支持和督促的机制不够完善。基于分析，我在第二期对工作坊进行了调整。首先是时间的调整，在临近学校期末考试的时间不再安排集中学习。此外，工作坊采用新的共同构建的方式保证学生间横向和纵向的互相支持和监督。在这些调整后，工作坊第二期学生在实践和交流上明显比第一期好。因此，整个工作坊干预就是在不断地收集资料、分析资料和调整行动中一步步完善的。

虽说行动干预、资料整理与分析是密不可分的过程，但也必须腾出一个整段的、持续的、不受到其他事情干扰的时间段来分析资料。在每一期工作坊结束后，我都特意安排了一段专门的时间将自己从干预的场景中抽离出来进行资料分析。例如，第一期干预后，我把资料悬置了一个月，让自己转换一下思路，然后利用两个月时间对第一期的资料进行了集中分析；整个工作坊干预结束后，我悬置了一段时间，再花近一年的时间对资料进行梳理和分析。这段时间，我从干预的琐碎事务中抽身出来，沉浸在资料中，对资料有了更清晰的把握。

2.5.2 自下而上从原始资料中归纳出实质理论

本研究借鉴扎根理论的做法。扎根理论的主要宗旨是在系统收集资料的基础上，寻找反映社会现象的核心概念，然后通过在这些概念之间建立联系而形成理论。[①] 扎根理论可以建立实质理论，这种理论介于宏观大理论和微观操作性的假设之间，具有一定的地域性和时间性。理论的建构采用自下而上的路线，从原始的资料出发，通过编码、归类和分析等过程逐步产生。

本研究理论建构经历了资料文本的产生、资料分类和资料分析等过程。

资料文本的产生。资料分析的第一步是产生一个可以分析的文本。本研究收集了大量资料，尤其是大量的活动和访谈录音，对录音进行转录后将音频变成文字。

资料分类。对研究资料进行分类是一项需要及时完成的重要工作。平时对资料收集和整理时，我对每一份资料都进行了标注（如：晓健第一次访谈 20140411 教学楼 2104）并分类编入相应的文件夹中。

资料分析。资料分析是一个将资料打散、重组和浓缩的过程。我大致分了三个步骤循环进行。

第一步，阅读和熟悉原始资料。认真阅读原始资料、熟悉资料内容并对场景进行回顾。在阅读资料的过程中，我将反复出现的词或觉得比较重要的词圈起来或在电子文档中标注。本土概念是被研究者具有个性特色的概念。这些概念通常可以比较真切有力地反映出被研究者的个性和感情色

---

① 陈向明：《质的研究方法与社会科学研究》，教育科学出版社，2000 年第 327 期。

彩。我对学生使用的本土概念进行了标注。我在给工作坊每位学生准备的分析本中，记录了他们使用的本土概念，每当看到这些词语，学生的形象立马浮现在我眼前。例如，晓思的"一个看见苹果不敢去吃的人""自己不是那聪明的一拨""我很嫩""假装大人"、晓良的"忙忙忙，盲盲盲""现在身边的人都挺看重我的"、晓涵的"勿忘初心""蜗牛精神""自己的路自己选"等。

第二步，提炼枝干。通过持续的比较并将适当的资料归为一类，在不同概念和事物间建立起联系，将具体、零散的资料变为具有一定意义关联的资料。在提炼影响大学生自主学习的因素过程中，通过无数遍阅读和推敲，我发现自己逐渐可以用一些上位概念来统领一些内容。例如，晓思的"一个看见苹果不敢去吃的人""自己不是那聪明的一拨""我很嫩""假装大人"其实反映的是他背后的自我效能感低的问题，我用"低自我效能感"来统领这些内容。

第三步，回到现实中验证（干预检验）并进行核心提炼。我在实践中对自己提炼出的概念和理论（影响大学生自主学习的因素、大学生缺乏的主要自主学习策略和激发大学生自主学习的教学组织原则等）进一步考证。在进一步实践的基础上，尝试找到更核心的线条将之前提炼的一系列概念关联起来。

2.5.3　研究日志和备忘录及时性经常性撰写

在研究干预过程中，我保持着每日撰写研究日志的习惯，有的记录当天发生的事情，有的记录我的一些思考（示例见附录4）。每次教学活动、访谈或观察后，我敦促自己及时撰写备忘录，将自己对活动的感想、对有关问题的思考、对资料概念的提炼和对后续干预的计划写下来。这些研究日志及备忘录对我厘清干预思路和后期进行资料分析很有帮助。此外，我的包里携带记事本，随时随地记下自己对研究的一些思考。

在资料分析过程中，我也会撰写分析备忘录，它们能促进我对研究的深入思考。这些备忘录有长有短，有随感式的，也有比较正式的。

2.5.4　研究者直觉与程序方法并用

本研究将严格的程序分析和研究者的直觉进行合理的利用。第一，在资料分析上遵循严格的程序，自下而上提炼概念。第二，合理地利用直觉感知。

资料分析遵循严格的程序。如前所述，本研究自下而上遵循产生文本、三级编码、二级编码和核心编码的程序，而且将提炼的理论在现实中进行了反复考证。

合理利用研究者的直觉。研究者的直觉对研究是有价值的，直觉判断在资料分析中也具有重要作用。直觉是基于处于潜意识的先前经验、对理论的前期学习以及对现场情境、笔记、观察和访谈的记忆形成的，它是饱含智慧的。

尽管肯定直觉的价值，但在资料分析中我努力降低思维定式的负面影响。思维定式容易影响研究者对一项事物的判断，这一点，我在研究刚开始不久就体会到了。W大学是所三本民办院校，在很多人的潜意识里，会把这类学校的学生想象成不爱学习、经常荒废时间逛街和打游戏的学生。在没有深入了解之前，我也是这么认为的。而当我真正接触了W大学的学生以后，我深刻地认识到自己错了。庆幸的是，我在行动干预前给自己留了较长的时间去深入了解这些学生，而不是根据自己刻板的看法就开始行动干预。此外，在研究刚开始时，我对影响大学生自主学习的因素有着模糊的感受，这些感受是基于我自己的学习经验和平日的观察。我意识到自己结束大学学习生涯已经很长时间了，很多事物发生了变化，学校的教育环境和学生的特征都不一样了。因此，研究所有的干预和结论一定要基于目前所在的环境和学生群体，要悬置自己的前设，放开自己的偏见，尽可能多地从不同层面获取和解读信息。

2.6　研究检测

行动研究在方法上与传统实证研究有很大不同，适用于传统研究检测标准的效度、信度和推广度等概念对行动研究不完全适用。下面介绍本研究的质量检测。

行动效果是行动研究最主要的检测标准。行动研究中，行动和研究是相互渗透的，研究的过程就是行动的过程，行动的过程也就是建构和检验理论的过程，行动的效果在很大程度上代表了对研究所建构的理论的检验。① 行动研究的严谨性表现在行动者是否可以敏锐地感觉到自己在实践和理论上存在的错误，并进行经常性的反思，然后将反思结果用于实践，通过实践进一步考证。行动与反思之间持续的互动，会使得理论中的弱点逐步被检验出来，而有用的行动策略也会被识别并得到发展。所以，行动效果实际上印证了研究所建构的理论的质量。本研究对学生的自主学习指导、助力学生明确自主学习动机、掌握自主学习策略方面，取得了非常好的效果，这种行动的效果在很大程度上证明了所构建的理论的质量。

社会科学家经常使用"效度"这一概念来衡量研究的可靠性，即研究结果是否反映了研究对象的真实情况。本研究通过以下方式来保障研究效度。

一是建立信任关系。与学生建立信任关系可以保障收集资料的"真"。在研究中，我真诚对待每位学生，在学生面前从不"带着面具"或"端着"。学生感受到我发自内心的真诚，他们对我也敞开心扉，呈现自己真实的状态。

二是及时准确记录信息。研究中，我敦促自己"今日事今日毕"，尽量在活动的当时当地进行信息记录，如果不能实现当时当地，也一定在当日完成。

三是延长研究时间。研究时间的延长可克服偶尔收集数据导致的数据"失真"。本研究在 W 大学进行了长达一年的干预，笔者在这一年的时间里扎根于该校，每周有三天以上时间与工作坊学生进行交流、观察或访谈，深入地掌握学生的情况。在干预结束后，笔者对学生进行了一年的追踪。长时间的深入研究有利于保障数据的真实可靠。

四是三角互证。三角互证是运用多种资料来源或多种资料收集方法，对资料进行交叉验证的方法。三角检验有助于确保数据的可靠性。它基于

---

① 陈向明：《什么是"行动研究"》，《教育研究与实验》1999 年第 2 期。

这样一个前提：每种方法只能揭示事实的一个面，不同的方法有互补的优势，在几种方法得到相同的结论时，研究者对结论的信赖可以大大增加。[①]在资料收集时，我通过观察法、访谈法、问卷法和实物分析法对资料进行了互证。在资料分析时，我通过与合作者、与前人研究者和与研究对象的信息交流实现"合议"。第一，与合作者合议。人总是倾向于选择那些自己熟悉的或感兴趣的信息，而漏掉其他信息。在研究过程中，我"聘请"了一位研究助理，研究助理对每次活动进行观察，这让我的观察多了一个视角。工作坊干预活动邀请了 W 大学校内外的教师和"学长学姐"，我将自己的观察分析结果与这些参与干预的"合作教师"分享，从多方视角考察分析结果。第二，与前人研究者合议。与前人研究者交流即通过阅读文献的方式，了解前人得出了哪些结论以及如何得出这些结论。例如，已有研究对影响学生自主学习的因素有了一定的发现，这些发现是基于他们所处情境的，对我所研究的群体可能有一定的借鉴价值。我尝试观察这些已有的发现（学习归因、结果预期、自我效能感、目标定向和意志控制等）是否对本研究群体适用。同时，我也明白已有的研究理论在某种程度上可以帮助我理解和分析某些材料，但不能给我带来"新奇"的发现。我需要不断地在本研究所收集的材料、相关文献和自己的反思与经验中来回穿梭，探索新的发现。第三，与研究对象合议。在研究分析初步得出结果后，我与研究对象（工作坊成员）共享了这些结果，听取他们从当事人的角度对研究分析提出的意见。

五是反复检验理论。本研究在实践中不断反思，探索影响大学生自主学习的因素和有效的干预路径，得出"实质理论"，然后在实践中验证，在进一步实践的基础上对"实质理论"进行修正，如此反复循环，最终探索出影响大学生自主学习的因素及有效干预路径。

六是真实详细描述。本研究开发出自主学习指导工作坊，它是基于 W 大学的情况开发的，适用于 W 大学。一项事物具有个体特征，但同时具有类特征。本研究的很多做法对其他同类院校具有启示作用。为了帮助读者"理解"和"验证"本研究的结论，我会对研究的过程和结果进行详细描述。

---

① 陈向明：《质的研究方法与社会科学研究》，教育科学出版社，2000，第 403~405 页。

3 学业指导工作坊的构建

学生的自主学习能力不会随着年龄的增长而自然提升，学校需要开展相应的活动助力学生提升，并在教学组织上遵循促进学生自主学习的原则。本章呈现的是"你我同行·学会学习"学业指导工作坊的建设过程，即对大学生进行学业指导干预的过程。

"你我同行·学会学习"学业指导工作坊经历了入场、第一期干预、第二期干预和效果追踪等过程，历时两年。

3.1 入场

工作坊的建设呈半开放式格局，它没有遵循事先设计完美的干预方案并严格执行的模式，而是具有一定的计划性但根据实际情况进行调整。整个工作坊的运行是循环上升的（见图3-1）。

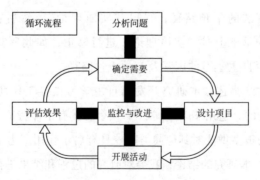

图 3-1 工作坊工作流程

资料来源：笔者自制。

3.1.1 入场

工作坊开展前最关键的一步是入场。入场的主要功能是增加对实地学校及工作坊学生的了解，并以此为基础对工作坊进行设计。

本研究在入场期间的主要工作包括以下几方面。

一是与学校相关人员建立联系并理顺关系、争取资源。陈向明认为，在与样本取得联系之前，研究者必须要知道应事先取得哪些机构和人员［在质的研究中被称为"守门员"（Gate Keepers）］的同意以后才能合法地进行研究。[①] "守门员"的认可和支持有利于研究的顺利开展。本研究正式开展前努力争取到了"守门员"的同意与支持。例如：就研究的设计与该校校长进行交流，获得校长对研究的高度认可和支持；与学校分管教学的副校长、院校研究所所长、相关学部的领导和辅导员进行充分沟通，得到了他们对工作坊项目的理解与认可。

二是全方位了解学校情况。在干预正式开始前，对学校各方面情况，特别是与学生学习相关的情况进行全面了解。我用一个月时间走遍了全校所有的楼栋、查阅了学校官网的信息，通过滚雪球的方式找学校教师进行咨询、在操场/食堂/教室/草坪找学生了解情况，同时，加入学校的各种交流平台、参加学生的社团活动、进课堂听课……入场期间，我通过近可能多的方式接触学校的人和事，了解学校的情况，特别是学生学习情况。因为，只有从各个角度和层面获取信息，才能了解真实情况，进而基于真实的情况设计出有效的干预方案。

三是工作坊招募宣讲。招募宣讲前结合学校实地情况确定了以下基本事项。其一，学生样本在 30 人左右。考虑到研究的深度，工作坊首次开设人数过多将难以顾及每一位学生，人数过少则对学生之间的交流互动不利，因此，确定预期人数为 30 人。其二，学习时间。集中学习时间安排在每周一的晚上，周一进行"自主学习策略"的学习，有助于学生在接下来的一周对所学知识进行应用。其三，学习地点。集中学习的地点初步安排在 W 大学信息学部 B115 会议室。该会议室约 70 平方米，桌子和椅子可随

---

① 陈向明：《"质的研究中"研究者如何进入研究现场》，《高等教育研究》1997 年第 4 期。

意移动组合，空间布局较为自由，这一点对工作坊多元学习方式的实现尤为重要。其四，建立合作关系。要想真正建设好学业指导工作坊，不能单凭一己之力，需要借助学校其他教师的资源和力量。合作可以让工作坊对学生的教育发挥最大化效用。因此，我主动联系了 W 大学在学生学习指导方面有经验的教师，以及对如何促进大学生自主学习问题感兴趣的教师，探求合作可能。其五，工作坊命名。学业指导工作坊命名为"你我同行·学会学习"。"你我同行"旨在鼓励学生之间、师生之间、老师之间的互相支持、互助合作和共同提高。

学生的招募遵循了目的性兼方便性的原则。2014 年 3 月底 4 月初，我在两位熟识的辅导员带教的班级进行了宣讲介绍。内容包括：工作坊目标、主要学习内容及方式、工作坊报名表事项。学生有一周的时间对工作坊进行更深入的了解，然后根据自身情况自愿报名。报名表上除学生的基本信息外，另包括三个开放式问题：请谈谈您的学习经历与感受；为什么参加"你我同行·学会学习"项目？谈谈您参加此项目的预期/目标；您有/愿意付出多少时间和精力在"你我同行·学会学习"项目上等（项目报名表见附录5）。这些问题的回答有助于我对报名学生进行筛选。

四是访谈报名学生，确定工作坊成员。宣讲后的几天，学生陆续提交了报名表。通过访谈的方式，我对报名的学生进行了解（访谈提纲见附录6），在了解的基础上筛选工作坊成员。工作坊成员的筛选标准主要有：具有提升自主学习水平的需求；参加学习的时间有保障，每周一晚上六点半到九点半为集中学习，除此之外，每周大约需要 6 小时完成工作坊布置的学习任务；学生的学习目标与工作坊目标相契合。我与学生提前预约了访谈时间和地点，让学生选择自己方便的时间和地点进行。会谈后，两方进行再次选择，最后确定"你我同行·学会学习"学业指导工作坊第一期的36 名成员。

五是分析成员情况，调整干预方案。学习是学生在原有知识经验的基础上建构新的知识经验的过程。在以往的学习经历中，学生对自主学习可能有一定的了解和看法，对自主学习的策略也有不同程度的掌握；所以，不能忽略已有基础另起炉灶，而应以此为生长点，以此出发去引导学生获得他们所需要的、更丰富有效的自主学习知识和经验。因此，基于对学生的个人基本情况、先前的学习经历与知识基础、学习方法、兴趣、家庭情况、学习问题、学习需要、学业志向和学习风格等方面的了解，我对干预方案进行了设计和调整。

3.1.2 工作坊成员基本特征分析

入场期对样本学生的问卷调查和访谈帮助我实现了以下目标：了解每位学生的基本情况，把握每位学生在自主学习方面存在的问题，通过交谈加深学生对工作坊的了解，了解每位学生对工作坊的期待，与学生建立初步的感情。通过问卷调查和一对一访谈，我对每位学生的成长背景、爱好、专业、性格和家庭等方面都有了一定了解，对成员的"类特征"情况也有了一定的感受。

一是多数成员以二本线左右的分数考入 W 大学。这些学生中，有的对高考成绩心有不甘，进入大学后仍"耿耿于怀"，他们用"毁掉了我所有的骄傲""掉入""落入"等词语表达了自己的无奈。"从小学到高中接受的都是当地最好的教育。而高考，毁掉了我所有的骄傲。我以一个高出二本三十分的成绩进入 W 大。"（晓欣）也有的在经过大一上学期的调整后能够接受现实，站在新的起点开始努力。"正视现实，做好我自己能做的。"（晓霞）

二是来自农村的成员居多。36 名成员中有 26 名来自农村。尽管同来自于农村，但学生个人状态却呈现出较大差异：有的学生为自己家在农村或家境不好而自卑，害怕尝试新事物；有的学生认识到农村相比于城市在教育上的薄弱，进入大学后有意识地去锻炼自己各方面的能力。

> 感觉农村的孩子和城里的还是有差距，就是我们上前说话都很羞涩。（晓飞）
>
> 我大学以前没用过电脑，连敲字都不会，团支书工作刚开始的时候我带着大家做特团，好多都要用到电脑，真的是一个特别艰巨的任务，所以那个时候累得跟狗一样，但我最后做好了，做好后真的好开心。以前不会不要紧，我可以一个一个学。（晓霞）

三是多数成员在选择专业时未对专业进行深入了解。学校的选择尤其是专业的选择会对学生学习产生重大影响，但成员中经过慎重比较和考虑后选择专业的不多。在专业选择时，学生倾向于听从父母及身边人的意见以及对专业进行望文生义的理解。

> 我的专业是汉语国际教育，感觉对这个名称很陌生，似乎没有听说过，不过里面有"教育"二字，应该就是当老师吧，和我父母本来的想法也没多大区别，所以还是抱着很美好的愿望进了大学。（晓倩）

四是计划毕业后考研的学生居多。谈到将来的打算，很多学生的想法是考研，他们希望通过考研的方式让自己"提高一个档次"。

> 因为本科学历不优秀，我产生了考研的想法。（晓茹）

五是有特长的学生不多。当我问到学生的兴趣爱好时，有的学生需要思考较长一段时间才能回答，更多的学生回答了相似的答案，例如，近半学生表示自己平时的兴趣爱好是听歌、旅游、看书和看电影。当我问到特长时，许多学生表示难以作出回答。

3.1.3 工作坊成员学习情况分析

工作坊采用朱祖德等编制的大学生自主学习量表[①]对成员的自主学习水平进行调查，发现学生在外在目标、自我效能、学习求助、学习计划和学习总结等维度得分较低，在学习评价、学习焦虑和学习控制等维度得分中等，在学习意义、一般方法、学习管理和内在目标维度得分较高。

大学生自主学习量表中得分最低的十个表述从低到高依次是：我经常和老师交流学习问题；课前我会有选择地预习；我努力取得好成绩是为了获得奖学金；我觉得自己的自我控制能力很强；我能安排我的学习时间；

[①] 朱祖德、王静琼、张卫、叶青青：《大学生自主学习量表的编制》，《心理发展与教育》2005 年第 3 期。

我对每个星期要做的事都有一个安排；我经常会将不会做或做错的题目进行归类，并及时补缺补漏；对设定的目标，我经过努力总能实现；每学期我都会有一个大致的学习计划；我现在的时间安排对我的学习帮助很大。这些回答体现出学生在师生交流、学业投入、学习监控、自我效能感和时间管理等方面的问题比较突出。

相比于通过问卷方式发现问题，访谈能使研究者对问题的理解更加深刻。通过对学生的一对一访谈，我对每个学生个性化的情况有了深度了解。访谈发现，学生普遍存在的困惑和问题是：目标缺失，在高考这个目标完成后，许多学生失去了努力的方向；学习交流缺乏，多数学生习惯闷头一个人学习，与老师同学交流少；学习投入度低，学生用在学习上的时间少，手机、游戏、小说、电视剧占用大量的时间；时间管理能力弱，不明白如何安排自己的生活，较多学生的学习呈现出无计划状态；缺乏学习自信，学生在进入大学前在应试科目学习中遭受过打击，对自己大学学业持悲观态度；学习策略欠科学，学生普遍掌握了一定的学习策略，但较多学生反映自己的学习策略无助于学习，学习效率低。

综合问卷调查和访谈的情况，工作坊学生学习的主要问题可以归纳为：目标缺失、学习交流缺乏、学业自我效能感低、时间管理能力弱、学习求助主动性差和学习投入度低等。工作坊学生学习策略的情况可以总结为：认知策略掌握较好，元认知策略缺乏。

"入场"过程除了有助于建立对学生的了解外，也给学生提供了了解教师的机会。通过访谈，学生感受到我是一个爱学生、有激情和有责任感的老师，这给我们后续的教学打下了良好的基础。

3.2　工作坊第一期干预：
意识建立和策略初步学习

大学生自主学习能力的培养起于知识、止于境界。首先，大学生需要了解什么是自主学习、为何要自主学习、哪些是有效的自主学习策略等知识。其次，大学生需要在日常学习生活中对策略进行练习。再次，培养大学生自主学习意愿。思维的改变牵一发而动全身，只有具备了自主学习的意愿，学生才会应用这些策略，其所学的自主学习知识和技能才能变"活"，对学生的学习才能产生作用。最后，让大学生自主学习成为一种"习惯"，达到不用刻意努力就存在的境界。

3.2.1　工作坊第一期目标

基于成员的现实情况，工作坊第一期预定要实现的目标是：帮助学生建立起对自主学习更多的了解，培养其基本的自主学习意识；帮助学生掌握基本的自主学习策略，尤其是学生目前缺乏但又对学习起关键作用的元认知策略；通过行为矫正，学生可以在某一学习行为上实现优质的改变。

3.2.2　工作坊第一期内容

工作坊第一期的内容主要由三方面构成：元认知策略学习、自主学习经验分享和学习行为矫正。

3.2.2.1　元认知策略学习

每周三小时、为期十周，工作坊学生学习了自主学习的元认知知识与技能。

学习不仅是对所学材料的感知、理解、加工和记忆等的认知过程，也是对认知过程进行计划、监控和调节的元认知过程。入场期对学生的问卷和访谈发现，目前学生缺乏的主要是元认知策略而非认知策略。因此，本期学习采用以元认知策略学习为主、认知策略穿插的做法。主要学习议题包括自主学习总览、自我认知、目标设立、时间管理、学习交流、学习环境创设和自我调节。

自主学习总览。工作坊讨论的第一议题是"关于自主学习"。通过案例学习和对自我经历的反思与讨论，学生了解自主学习并认识它的重要性。

自我认知。为帮助学生形成对自己更清晰的认识，工作坊开展了"我是谁""我的生命线""我的过去、现在和未来""我的学习风格"等活动。在"我是谁"活动中，学生思考自己的特征、自己的长处与爱好，并向同伴进行介绍。在"我的生命线"活动中，学生回顾了自己过去的求学、生活和感情经历，绘画了坐标轴，通过坐标轴清晰地看到自己成长史中的重要"节点"以及自己走过的历程，加深对自己的思考。"我的过去、现在和未来"是继"我的生命线"之后的写作作业，学生进一步对自己的人生路线进行回顾和展望。此外，工作坊成员进行了自我认知的问卷测试，在工作坊邀请的专业教师引导下进行自我分析。

目标设立。工作坊开设"我的理想""为何读大学""大学，学什么""什么是我的生活重心"等主题活动，促进学生的思考和讨论。学生在交流中明晰自己的发展方向、学习的意义与路径。在"我的毕业季"和"十年后我们相聚"活动中，学生用话剧的方式呈现自己对未来的想象。此外，学生学习了目标分解和设置"跳一跳能够着"目标的科学方法，尝试了怎样基于自己的实际情况设立科学的学习和发展目标。

时间管理。工作坊指导学生学习了星期天惯例、50分钟时间段、每日安排、长期任务立刻着手、二八原则和日程本应用等帮助学生建立基本时间管理习惯的方法，这些方法具有较强的操作性且易于掌握。

学习交流。工作坊给学生介绍了关于学习交流的研究发现，通过数据，学生明确了学习交流的重要性。此外，欧美高校优秀学生在与教师交流、与同伴交流方面的做法给学生以接地气的学习参照。针对一些学生视野局限于所在班级及专业、学习内容局限于学校安排的课本和课堂的问题，工作坊鼓励学生主动创设和获取学习资源，主动与他人交流。

学习环境创设。学生为自己创设适合的学习环境的意识薄弱，工作坊引导学生学习如何主动创设适合自己学习的环境，组织学生一起更为深入地走进图书馆和学习室，接触更广泛的学习空间。此外，学生学习了如何回避诱惑情境，针对普遍存在的手机控、淘宝控、游戏控和电视剧控，工作坊进行了控制方法的探讨和实践。

自我调节。许多学生对自己的学习能力感到不自信。工作坊开展了"上一周有哪些进步""上周有价值的事情回顾""自己与他人的长处发现""列出三项今日满意之处"等活动，学习了"想象预演"和"自我强化"等提升自信水平的方法。

除了以上元认知主题的学习外，工作坊对干预中发现的认知需求也作出了回应。例如，指导学生学习了科学记忆方法和康奈尔笔记法等。

3.2.2.2 自主学习经验分享

"见贤思齐焉，见不贤而内自省也。"[1] 学习发生的途径有两种，一是实际去做的行动性学习，二是通过观察榜样行为的替代性学习。[2] 工作坊邀请"榜样"给学生进行经历分享和经验介绍，学生从中实现替代性学习。

来自武汉大学的青年教师李教授的成长经历在一些方面与工作坊学生相似：成长于农村，经历过高考失败，本科就读三本高校，最初对所学专业不感兴趣。不同的是，李教授后期靠自己的努力获得了许多成长，对所学专业兴趣日益浓厚，扎扎实实做科研，取得了丰硕的研究成果。李教授的经历让工作坊学生看到了自己通过努力也可能达到的高度。在工作坊，李教授详细地介绍了自己在学习、工作和生活上的经验，每一点都是他的真切体悟（而非高高在上的大话、空话），学生在交流后很受启发。

墨尔本大学毕业、在澳洲学习工作十多年的教育学者徐老师到工作坊进行了经验分享。她提倡学生进行高阶学习，注重批判性思维培养和综合学习。通过 KWL Chart、日程本应用等的介绍，工作坊学生了解了有效的自我管理方法。

来自美国一流的小型文理学院 Bryn Mawr College 的大三学生汪学姐给工作坊带来了国外就读的学习经历介绍。汪学姐的学习强度、阅读量和写作量给学生留下了深刻印象，让学生反思自己的学习投入。汪学姐也迷茫过，但她没有封闭自己，而是大胆尝试和探索，这段经历的分享给工作坊学生如何走出迷茫带来了启发。汪学姐的"为自己争取一堂课"、"追逐梦想"、"做个独立思考的快乐人"、"与自己竞争"、"典型的一天"和"大胆表现自己"让学生获得了更广阔的视野，感受了不一样的学习状态。来自 W 大学的学长学姐们也给工作坊成员带来了他们的成长经历。这些经历的分享为工作坊学生带来了思考和启发。

---

① 《论语译注》，杨伯峻译注，中华书局，2020，第 55 页。

② Bandura, A., *Social Foundations of Thought and Action: A Social Cognitive Theory* (Englewood Cliffs, NJ: Prentice-Hall, 1986).

3.2.2.3 学习行为矫正

工作坊开展"自我纠正"活动助力学生改变自己的不良学习行为。自我矫正策略应用了行为主义的研究发现。斯金纳认为教育就是塑造行为,[①]复杂的行为可以通过强化等方式塑造。工作坊每位学生都开展了自我矫正行动。自我矫正行动的过程如下:确立自己要纠正或培养的学习行为(目标行为);观察自己目前所处的状态(起点状态),明确自己期望达到的状态(终点状态),测量这之间的距离是多少;计划通过哪些小步子达成矫正目标(分解目标);对矫正过程进行自我观察记录;调整矫正进程与方法。在自我矫正过程中,学生运用了一系列自我观察记录、前提创设和结果强化等策略。

3.2.3 工作坊第一期组织

"你我同行·学会学习"学业指导工作坊不仅指导学生学习自主学习的策略,工作坊本身在组织上也致力于促进自主学习。第一期工作坊在组织上体现了以下几个特征。

3.2.3.1 真诚、安全、平等、自由和愉悦的氛围营造

养鱼贵在养水,养花贵在养土,教育贵在氛围营造。[②] 工作坊注重学习氛围的营造。

(1)真诚

罗杰斯认为,当人们敞开心扉时,人与人之间就容易形成助益性的人际关系,只有在这种情况下真正的交流才成为可能。[③] 在工作坊中,我给学生呈现真诚的自己,接纳和欣赏学生,尽可能站在学生的角度理解学生的需求和情感。作为主要组织者,我的真诚给工作坊其他合作教师和成员都带来了一定的积极影响。学生感受到教师的真诚后,逐渐会开放自己的内心,这有助于实现工作坊师生、生生的真诚相待。

---

① Skinner, B. F., *About Behaviorism* (New York, 1974).
② 刘献君:《大学之思与大学之建》,华中科技大学出版社,2013,第167页。
③ 卡尔·R. 罗杰斯:《个人形成论》,杨广学等译,中国人民大学出版社,2004,第31页。

（2）安全

一个安全的氛围对学生的自由学习很重要。学生感受到工作坊的每一项活动都真正从他们的成长（而不是研究利益）出发，师生之间建立了良好的信任关系。我向学生承诺对他们个人信息保密，也强调工作坊成员不在团体外泄露其他成员的秘密。学生感受到在工作坊他们是安全的，不必害怕犯错或丢面子，是可以抛开顾虑讨论任何困惑和寻求帮助的。

（3）平等

工作坊强调每一个人都同时具有教师和学生的身份，每个人的背景和成长经历不同，人人都可以作为学习源。此外，在工作坊每位学生都有平等的发展机会。有的学生个性活泼，有的学生个性内敛，工作坊注意到给每位学生平等的"发声"及成长的机会。

（4）自由

学习需要在交流和碰撞中才能产生，自由的氛围至关重要。自由首先是学生作为一个生命个体的自由，工作坊强调每位成员都能够以自己舒服的方式"存在"。"你觉得怎么舒服，站着，趴着，坐着，歪着都可以。"在这种方式下，学生可以放松自己紧绷的神经，将更多注意力放在真正的学习上。此外，工作坊尊重学生的选择。最后，工作坊努力实现去中心化的开放互动而非教师权威控制的互动。

（5）愉悦

一个不愉悦的工作坊肯定不是一个"活"的工作坊。工作坊注重愉悦的体验。不仅有自主学习策略的学习，也有学生情感的交流。注意到青年学生头脑与身体同时被激活时带来的"奇迹"，工作坊每次集中学习均安排了热身活动，调动学生投入学习。

3.2.3.2　集中学习、团体辅导和个体辅导有机结合

工作坊采用集中学习、团体辅导和个体辅导相结合的形式。集中学习的参与者是所有工作坊成员。在集中学习前，每位学生会收到"课前准备"工作，如：阅读学习材料、撰写阅读心得和实践新学的策略等。在集中学习时，学生对相关主题进行重点学习和讨论（以讨论为主）。在集中学习后，学生对新学的自主学习策略进行应用和观察记录。团体辅导指的

是小组辅导，工作坊将具有同样困惑或问题的学生组织在一起，有针对性地进行辅导。个体辅导是针对每个学生实施一对一的辅导。

集中学习、团体辅导和个体辅导相结合的方式使工作坊既能满足学生"大众"的需要，又能关照每位学生的发展需求。我国著名教育学者刘献君教授提倡个性化教育，他认为学生的"个性＝共性+特性"。工作坊通过三者合一的方式，既帮助学生解决共性的问题，又针对特性的问题特性地对待。

3.2.3.3 支架式教学的灵活应用

工作坊在组织上实施支架式教学。程序大致如下。首先，就工作坊学习给学生描绘概览图景，将开展自主学习所需的策略给学生做大致说明。其次，作为先行组织者，我组织了工作坊前几次的学习，在组织中注重氛围的营造、学习模式的确立和文化的形成。最后，当工作坊氛围基本形成以及学习模式基本确立后，学生以小组形式参与到工作坊的组织中。工作坊实现从教师主讲，到师生共建脚手架，再到学生成员互助学习的转变。

3.2.3.4 学术融合与社交融合

学术融合（Academic Integration）与社交融合（Social Integration）共同促进学生学业成功。[①] 工作坊学术型活动有集中学习、小组讨论和讲座等，社交型活动有游戏、歌曲唱赏和美食汇等。在交流的主题上，工作坊既有自主学习相关主题，也有青年学生关注的友情、爱情、婚姻和健康等主题；学术型活动与社交型活动的结合让工作坊的学习富有生机，让学生"乐学"。

3.2.4 工作坊第一期干预成效

评估学习成效的方法可以有直接观察（学习行为）、书面回应（测验、

---

① Tinto, V., "Dropout from Higher Education: A Theoretical Synthesis of Recent Research," *Review of Educational Research* 45 (1975): 89-125.

家庭作业等）、口头回应（学习过程中提出问题、发表评论和回答问题）、他人评价、自我报告、问卷和访谈等。[①] 这些方法都为工作坊所用。评估结果显示，经过为期十周的集中学习和一学期的团体辅导与个体辅导，工作坊学生在诸多方面获得了进步。

第一，通过大学生自主学习量表的调查，可以发现学生在自主学习各维度的变化。从第一期干预前后的数据对比中可以发现，学生整体自主学习水平有所提升，尤其在工作坊重点干预的自我效能、学习求助、学习计划、学习总结和学习评价维度提高幅度较大，在内在目标、学习控制和一般方法维度有小幅度提高，在学习焦虑和学习意义维度有小幅度下降。

第二，通过对学生的坊内观察，可以发现学生在工作坊学习中呈现了较高自主性。团体治疗的人口统计学调查表明，不管治疗师怎样努力，总有相当数目的来访者会过早地离开团体。[②] 但"你我同行·学会学习"学业指导工作坊第一期实现了较高的保持率（97%），36 名成员中除一名成员在第一次集中学习后退出外，其他 35 名成员都从始至终坚持了第一期的学习。工作坊对成员既不具备任何学校行政压力（自愿参加），也不存在任何学分奖励。成员能够从始至终参加，一方面体现了工作坊的吸引力，另一方面体现了学生学习的自主性和意志力。此外，前期反映的学生学习参与度低的问题在工作坊学习中也不成立。对工作坊布置的学习任务，学生基本能按时按量完成，有的不仅能保质保量完成布置的功课，还主动结成学习伙伴开展扩展性学习，呈现出非常主动和积极的学习状态。

第三，通过访谈和对学生坊外学习行为观察，可以发现学生自主学习意识有明显提升，在部分学习行为上有好的转变。

例如，自主学习意识明显提升。访谈中，学生反映学习目标更加清晰、学业规划更加明确。有的学生转变了一些固有的观念，对学习的目的、老师和学生在学习中的角色给予了重新定位，更加明确了对自己的学习负责的意识。中学时代把获得高分当作学习的唯一目的的学生懂得了分

---

① 戴尔·H. 申克：《学习理论》，何一希、钱冬梅、古海波译，江苏教育出版社，2012，第 14~17 页。

② 亚隆等：《团体心理治疗——理论与实践》，李敏、李鸣译，中国轻工业出版社，2010，第 281 页。

数并不是唯一。学生理解了学习交流和合作的重要性。

> 我知道，要有长远的眼光，这样才能根据长远的目标有计划有方向地培养自己！我有了更明确的规划。（晓淳）
>
> "你才是自己学习的负责人"，这句话把我惊醒了，一直以来我总是生活在抱怨中，抱怨学校不好、老师不好、身边的人不好，却没有行动起来去改变一些东西，去为自己的学习营造属于自己的好环境。（晓培）
>
> 大学的学习不仅是书本知识和专业知识的学习，更需要开阔自己的视野。考试分数不该成为我在大学里努力的唯一目标。（晓健）
>
> 在这个学习过程中，不管是从身边的同学、来作讲座的学长学姐还是从老师提供的资源中，我都看到了很多原来我不知道的东西，经过自己的体悟之后，（这些东西）促使我更加努力去奋斗。（晓海）

除了自主学习意识的提升，学生在学习行为上也有好的转变。在工作坊重点干预的几个方面，学生出现了积极的变化。

学习环境和学习资源创设主动性增强。大多数学生第一期干预后意识到学习环境和学习资源对自身学习的影响，开始主动营造适合自己学习的环境，努力获取自己学习所需的资源。学生还意识到同伴学习的重要性，主动组建了同伴互助学习组织，如晓良和晓瑞组织的读书会及晓莉等组织的全校性的读书蹭课沙龙等。

> 我明白了人的习惯和行为和他所处的环境是有关的，特定的环境里人会有特定的反应，因此，我会有意识地到适合的环境里学习。（晓淳）

学习计划性增强。过去，很多学生完全没有计划意识，学校安排了上课的时间就去上课，没有课的时间就无计划，许多时间在游戏和电视剧中被浪废了。在学习了多项操作性强的学习计划方法后，学生明白了"学校没课的时间要自己安排"（晓桐），并且逐步养成了每日计划和回顾的习

惯。"让我养成了一个好习惯，每天早上都会规划自己当天的生活。"（晓健）

积极调整学习状态。第一期期初我发现许多成员对自己不自信，工作坊一方面在教学组织上帮助学生建立学习自信，另一方面指导学生对自我状态进行调整。学生在最后一次集中学习后陈述了自己的进步："我对'理智的重建'感触很深。以前一有不开心的，我总是归结在自己身上，找自己的麻烦，这一度让我很失落沮丧，但现在我看得开一些了，遇到不好的事，理性地想想原因，解决问题。"（晓君）

在其他方面，学生也出现一些进步。例如，"学会了自我观察与记录"（晓汉），"更专注听讲"（晓玫），"养成睡前阅读的习惯"（晓莉），"学习任务能够独立完成"（晓晨），"明白了合作及团队的重要性"（晓君）等。

总之，第一期工作坊基本实现了预设的目标。首先（也是最重要的），学生建立起了基本的自主学习意识；其次，学生掌握了一定的自主学习策略知识；最后，在几个重点干预方面学生形成了一定的自主行为。

虽然成效分析显示第一期工作坊基本实现了预设的目标，但还存在以下几点尚未解决的问题。

一是学习交流主动性和积极性不够。在第一期期初对学生的访谈中发现，学生缺乏学习交流（师生交流和朋辈交流）是他们最严重的问题之一。经过第一期工作坊的干预，学生建立了对学习交流重要性的认识并且在工作坊内实现了深度的交流。遗憾的是，当学生离开工作坊的环境回到日常学习环境后，积极主动交流的状态大部分消失了。第一期后测结果显示：对"我经常与老师交流学习问题"的表述，相较于第一期期初的89%的学生不认同，依然有67%的学生不认同。这一方面说明了环境确实对学生的自主学习行为产生很大影响，另一方面说明工作坊对学生学习交流的意识和行为要进一步干预和"加固"。

二是时间科学管理水平不高。第一期工作坊干预后，学生在学习计划性上有所增强，基本养成了日计划日总结的习惯。但短期的日程安排只是时间管理的冰山一角，要实现科学有效的自我管理，学生还需掌握更长远、更高阶的时间管理策略。

三是学习价值认同度低。第一期问卷调查前后测对比显示，学生在学习意义维度出现了小幅下降。实际上，第一期期初访谈时，学生也谈到了学习意义的迷茫，有的对某一课程开设的意义感到不解，有的对整个大学学习的价值感到困惑。第一期工作坊组织了一些干预活动。有的学生对这些问题的思考变清晰了，但仍有不少学生感到困惑，甚至有的学生因为对这一问题更加关注而出现了困惑加深的情况。这也许是学生对一个问题从无知到关注再到已知的必经阶段，学生需要进一步探索，以走出"黎明前的黑暗"。

四是自主学习策略掌握水平不一。第一期干预后，工作坊成员在"大面上"呈现了进步，但仔细分析后发现学生对自主学习策略掌握的水平不一，不同的学生在不同的方面依然存在需要解决的问题。

3.3　工作坊第二期干预：
策略应用与新问题解决

大学生自主学习水平的提升需要努力累积。从无自主意识到建立意识，从建立意识到出现自主行为，从出现自主行动到行为自动化，每一次转变都需要努力累积。学生在第一期虽实现了自主学习意识的形成，有的学生在学习行为上也出现了好的变化，但自主学习行为要达到自动化的程度仍需时日。第一期工作坊学习结束后，部分学生向我表达了希望继续工作坊第二期学习的想法。认真分析后，我决定创设第二期工作坊。

3.3.1　工作坊第二期前期工作

考虑到每位学生第一期工作坊学习的成效及个人新学期学习安排的不同，工作坊第二期邀请了完整进行第一期学习的35人重新报名。再次报名的学生大致有四类：第一期工作坊学习有所进步，但认为自己目前仍存在较多问题待解决（晓清、晓涵、晓良、晓莉4人）；第一期工作坊学习有进步，渴望更大进步（晓君、晓霞、晓海、晓健、晓欣、晓玫、晓薇、晓芝8人）；希望巩固第一期所学（晓雨、晓希2人）；因对工作坊建立了深厚感情，希望继续共同学习（晓芬、晓凯 2 人）。未再次报名的学生也可分为四类：已经具备较强自主学习能力，不需要"巩固期"（晓淳、晓晨、晓念、晓茹 4 人）；基本掌握了自主学习策略，希望在日常学习中有更多应用（晓涛、晓科、晓桐、晓权、晓瑞、晓聪 6人）；第一期工作坊学习收获不大，不愿意继续参加（晓祥、晓飞、晓谦、晓汉 4 人）；第二期工作坊时间安排与自身学业时间安排有冲突（晓钰、晓念、晓倩、晓玲、晓思 5 人）。关于学生是否继续第二期学习及其原因的详细情况可见附录 7。

第一期工作坊成员中的 16 名学生，加上在第一期报了名但因时间冲突未成行的 4 名学生，共同组成了第二期工作坊的成员。在第二期工作坊开始之前，我对这 20 位成员进行了问卷调查和一对一访谈，以及时了解情况，开展具有针对性的干预。

第二期期初的问卷调查显示，学生的自主学习水平相较于第一期后测有所降低，但仍然明显高于第一期前测。对于这一点，可能的原因是：工作坊第一期与第二期之间有三个月的"空窗期"，学生在这段时间未获得干预，因此自主学习水平有所回落；继续参加第二期工作坊的学生相对于参加了第一期未报名第二期的学生自主学习水平偏低。第二期期初问卷调查显示，学生在自我效能、学习求助、学习计划、学习总结和学习评价等方面需要着重干预。第二期期初访谈显示，学生的自主学习问题主要在学业交流和求助、时间管理、学习价值认同和理性选择等方面。基于这 20 位成员的现实情况，工作坊进行了第二期设计。

3.3.2　工作坊第二期干预目标

第二期干预在第一期基础上进行，目标是巩固第一期所学内容，重点关注学生自主学习行为的形成并解决第二期期初学生呈现的主要问题。

3.3.3　工作坊第二期干预内容

第二期工作坊除了巩固第一期所学内容外，还重点探究了时间管理的高阶方法、理性选择和学习价值认识等主题。

3.3.3.1　时间管理的高阶方法

在第二期期初访谈中，约80%的学生认为时间管理是他/她目前最困惑的也是最想学习的主题。这与第一期期末的评估是一致的。工作坊第一期教授了学生一些较为简单的具有操作性的时间管理策略。通过第一期干预，学生在学习计划上有所提升，但更高阶的时间管理策略还未涉及，学生依然出现很多因时间管理不科学而产生的问题。

第二期工作坊循序渐进地指导学生掌握时间管理的策略。辨别吞噬时间的黑洞，学生以15分钟为单位，对自己的时间连续记录一周，回答"我的时间去哪儿了"的问题；安排每日日程，这是第一期工作坊中学习过的，学生在第二期继续进行；做好每周计划，周计划会让学生对自己生活的安排"看得更远一点"；分清轻重缓急，要事先行，工作坊学生学习了时间管理四象限法，将重要又紧急的事项列为要事；时间管理与成长目标相联系，时间管理的最高境界是个人管理，即明晰自己的目标并让所有的努力指向终极目标的实现。工作坊还指导学生学习了一些简单可行的时间管理技巧，例如将时间细分；一个时间段集中精力做一件事情；给自己的任务一个时间限制；逆向安排法和专门的时间给专门的事等。

3.3.3.2　理性选择

选择是人们常发生的行为，能够自主选择是一个人成熟的标志。选择因为伴随放弃而让许多学生犯难。第二期工作坊中，学生经常在讨论中提到如何做选择的问题。

工作坊中，学生学习了理性选择的程序和原则。第一步是比较，将两者/多者的利弊或优劣势进行梳理。第二步是判断，根据比较的结果及对自己个体情况的分析（如我注重什么、我的能力是否允许等）进行判断。第三步是做出决定。人的一生有很多应该做的事情，但不一定都能做成。选择自己应该做又能够做的事情。工作坊学生对这几条原则进行了体会和实践，帮助自己和同伴进行选择分析。

工作坊还鼓励学生对自己的选择负责并执行到位，"既然理性考虑后选择了做某件事情，就坚持下去""一年可能办不成任何事，但十年可能办成任何事"，学生对此讨论后深受启发，他们懂得了朝着一个方向努力的重要性。

3.3.3.3 学习价值认识

无论在第一期还是在第二期工作坊中，学生都谈到自己对大学学习的迷茫。迷茫的一个重要原因是未认清其价值所在。第一期工作坊开展了一些干预活动，助力学生分析自我、认识大学学习的价值和树立大学学习目标，但不少学生依然存在困惑。第二期工作坊继续组织学生对大学学习、专业学习和课程学习等主题进行探讨。邀请有经验的教师和高年级学生进行经验分享，帮助学生认识大学学习的核心价值和多元价值，调适"在三本大学学习"的心理；工作坊还邀请了专业教师进行专业解析，助力学生了解专业前景，理解专业学习与生活的联系以及明确专业学习的方向；鼓励学生"钻进去"建立兴趣，"走出来"主动应用所学，培养对专业和课程学习的积极情感。

3.3.4 工作坊第二期组织

第二期工作坊除了延续第一期的氛围营造、学术融合与社交融合和支架式教学外，还加强了工作坊的共同建构、合作学习及网状互动交流。

3.3.4.1 共同建构

工作坊成员在经过一学期的相处之后，对项目的理念、目标和学习方式已熟知，成员彼此熟识且建立了良好的信任关系。因此，第二期工作坊拥有非常好的共同构建基础。第二期工作坊的师生共同建构体现在以下方面。

共同讨论和确定本期学习的主题、内容、方式和规则。第二期学习活动正式开展前，学生对目前学习上仍存在的问题和困惑进行了讨论，基于此确立了第二期工作坊学习的核心主题，也就是重点解决的问题；学生对上一期工作坊进行了回顾，总结了自己在工作坊的收获并反思了自己上一期学习的不足；讨论了第一期工作坊的优点与不足，确定了第二期采用的方式；共同商定了工作坊的规则，每位成员签署了学习合约。

成长团制度确保每位学生的共同建构权。所有学生共同推举主席 1 名（对工作坊负总责）、副主席 1 名（协助主席工作）、成长提示官 1 名（对工作坊议案具有一票否决权）。这三名学生为工作坊的组织服务者。另外，每周秘书两名，1 名负责秘书和 1 名辅助秘书，由工作坊学生轮流担任，负责每次集中学习的组织。负责秘书承担该周的活动组织工作并带领培养辅助秘书，辅助秘书在下一周则成为负责秘书，并带领一名新的辅助秘书。三名组织服务者和两名秘书共同构成了成长团，负责工作坊的整体运行。成长团每次活动前会对工作坊成员的学习情况进行了解，设计活动方案，将活动方案发至工作坊 QQ 群进行讨论，最后确定方案并实施。通过以上方式，每位学生都参与了工作坊的组织，实现了"人人做坊主，人人当建设者"。

资源多元化、本土化和共享性。工作坊学习资源不限于期初设定的基本教材，在工作坊进展过程中，来自书本、网络和个人经验的有利于学生自主学习水平提升的学习资源不断地加入。此外，个体间的差异是工作坊重要的学习资源，工作坊强调每位学生都有自己的知识、专长、技能和经验，鼓励大家将这些资源进行共享。

3.3.4.2　合作学习

第二期的合作学习主要体现在各小组的合作学习上。工作坊两期都采用了小组合作的方式，但具体操作不一样，效果也呈现出较大差异。第二期工作坊的小组合作特点有三：自由组合、小组自治和多元形式。

自由组合。第一期工作坊中，成员通过随机的方式组成小组，每个小组 9 人。这种方式导致了一些问题：小组成员期待解决的问题不同，合作学习的机会较少；小组成员过多，增加了成员交流的难度；交流大多只发生在集中学习时，课外主动交流的情况较少。第二期改变了原有的小组组合方式，成员根据自己希望解决的问题及空间情感就近原则组成小组，每个小组 2~5 人不等。在这种组合方式下，共同的问题、共同的努力方向增加了合作和交流的可能；因为空间和情感的"就近"，小组成员间"气味相投"，合作学习也便利，增强了合作学习的意愿；2~5 人的小组规模也保证了成员间交流的频繁度及亲密度。

小组自治。第二期工作坊学习中，每个小组都制定了各自的"盟约"，实行"小组自治"。每个小组根据自己小组的问题，查找资料，形成解决方案，然后执行。成员间每周有网络和实体碰面交流。这些做法使得小组成为一个实质共同体而不是形式共同体。所有成员拥有一个共同的关注点，共同致力于解决一组问题；每隔几周，各个小组在工作坊汇报近期小组学习的进展情况。各小组间的交流给每个小组的组织实践带来了一定的压力，促进了成员的投入，也使小组间的学习成为可能。

多元形式。各小组合作学习的形式各异，有的采用"紧凑型"，有的采用"松散型"。紧凑型的小组面对面交流的频率高，有的甚至每天见面沟通，大家在一起学习、实践和讨论；而松散型的小组每周只见一两次，见面的主要事务是对学习进行某种安排，然后各成员分别按照自己的方式努力完成这些学习安排，学习过程中通过网络交流，碰面时对学习任务进行情况考查。在第二期小组合作学习中，组员彼此相互负责，对同一问题进行研究（分析问题、设计解决方案），一起进行解决问题的实践（执行方案），一起交流（回顾反思），实现了"研究+实践+反思+交流＝成长"。

3.3.4.3　网状互动交流

第二期工作坊实现了从二元型互动交流到网状互动交流的转变。第一期工作坊通过理论介绍和案例分享促使学生明白了互动交流对学习成效的作用，形成了基本的互动交流意识，逐步形成了主动与工作坊教师交流的习惯，师生交往频繁且深入，但生生互动交流的生动场面在课外尚未形成。第一期工作坊结束时，工作坊主要呈现的还是二元型的交流：学生与教师交流较多，但学生组内、组间和学生个体之间的交流较少。

第二期工作坊对学习交流互动的重要性与现实性进行了深入讨论，强化学生与他人交流的意识，更重要的是，第二期工作坊通过共同构建、小组新模式和"每周一贴"（工作坊学生每周发布一条 QQ 论坛帖，将自己的学习心得、体会、生活事件和感受与成员分享）等实践让互动模式发生了根本性的转变。共同构建让工作坊每位学生都"动"起来，小组新模式让组员之间密切交往，"每周一贴"让成员间交流加强。第二期工作坊交流不仅实现了教师和学生间的双向互动，还在工作坊学生个体之间、小组内学生个体之间、小组之间、教师和学生个体之间、教师和小组之间形成了网状的交流互动。

3.3.5　工作坊第二期干预成效

第二期工作坊一方面强化了第一期的效果，另一方面使学生获得了新的成长。对于连续参加两期的学生，如果说第一期工作坊和第二期工作坊加在一起是 100% 的功效，那么第一期工作坊贡献率约为 30%，第二期工作坊贡献率约为 70%。第二期起了"事半功倍"的效果。在第二期结束时，学生的学习状态出现了明显改变。

第二期期末问卷调查显示，成员在参加第二期工作坊后在自我效能、内在目标、学习控制、外在目标、学习意义、一般方法、学习求助、学习计划、学习总结和学习评价方面相较第二期期初有明显进步。但学生学习焦虑水平略有上升，学习管理略有下降。

对学生的观察和访谈发现，工作坊成员第二期学习投入度（不仅包括工作坊学习，还包含其他课业学习）明显增加，在时间管理、学习交流、学习评估和学习行动力上有较明显的积极转变。

学习投入度增加。首先，学习时间增多。第二期工作坊 20 名成员中，19 名成员表示自己有意识地增加了学习投入。其次，作业拖延情况减少，作业质量提高。再次，学习专注度提高，学生逐渐有意识地提高自己的注意力。

> 每天早上 6 点就和晓欣起来了，一起去考研自习室那边晨读，努力的感觉真好。（晓薇）
> 我现在基本上是老师布置作业的当天就开始动手，而且我发现一旦开动后就不会那么拖了。（晓玫）
> 坐第一排是提高注意力的一个不错的方法，我现在上课基本都坐第一排。（晓莉）

时间管理能力增强。工作坊 20 名成员一致认为自己在时间管理上有所进步，其中，15名学生表示自己"明显进步"，5名表示"有些进步"。第一，学生认为自己最大的收获是学会了根据目标进行时间管理（在总目标引领下，将总目标分成子目标，然后设定完成的时间及自己需要作出的努力）。第二，明白了需要设置优先事项。第三，更多学生掌握了将短期与长期计划相结合的策略。第四，主动探索了时间管理的其他有效做法，例如，有的学生会将自己的计划公之于众，借助他人的监督促进计划的完成；有的学生借助"高效to do"等时间管理软件进行时间管理；有的学生开始注重对目标和计划的考核。

> 我觉得四象限法很不错，我现在会有意识地从重要又紧急的事情做起。（晓莉）
> 定目标的时候要跟自己的长期目标有个结合点，要是零零散散做的话，就很难有什么成效。（晓海）
> 每周日我会设定自己下一周主要的事情，每天也会有一个更细的安排。（晓玫）

学习交流和求助主动性提高。亲身体验了在工作坊与其他成员"头脑风暴"和互帮互助的"甜头"后，学生开始更加主动地走出自己生活的小圈子，探索在更大的空间与"志同道合者"的合作与交流。学生在学习上遇到问题时更积极主动进行学业求助，学生之间的学习互助频率提高。

> 很多东西光自己想，想不通，跟别人一交流就通了。就好像我今天要写剧本，想了好久没有想出来，但我跟别人一交流，诶，这样就可以了。还有我要写论文，我一个人想了很久很久，写不出来，无从下手，后来，我又去跟别人交流，然后我又写出来了，就是需要交流。（晓欣）
> 遇到难以处理的问题时我会主动找老师指导。（晓凯）
> 四级考试前一个多月，我和晓玫每天都在一起复习、刷题、背单词、讨论，成效很高。（晓君）

行动力增强。本期学习后，工作坊学生行动力增强，20 名成员中 18 名认为自己行动力明显增强。顺利尝试新事物可以带来滚雪球似的良性反应，在成功了一次后又会有第二次尝试，学生逐渐变得更加敢想敢做。

> 之前想过学跳舞，学吉他，但都只是想想，没有付出行动，这学期我终于鼓起勇气去挑战舞蹈了。（晓雨）
>
> 人还是需要不断去尝试一些新的东西，经历一些不一样的内容，而不是按部就班去做一些事情。以前我总是像等待着小姐绣球砸到我身上来那种，不是说自己去争取一些东西，很被动，现在就会主动地去争取，去行动。不再像以前那样因害怕失败而只敢"远观"不敢行动。（晓霞）

此外，第二期学生在自我需求了解、目标清晰度、人际交往和团队领导等方面都有积极表现。

第一期、第二期工作坊干预概要见表 3-1。

表 3-1　工作坊干预概要

	第一期	第二期
主要学习问题	目标缺失 学习交流缺乏 学业自我效能感低 时间管理能力弱 学习求助主动性差 学习投入度低 元认知策略缺乏	学业交流和求助主动性差 时间管理科学水平低 学习价值认同度低 理性选择策略缺乏
主要干预目标	1. 建立对自主学习的了解，培养自主学习的意识 2. 掌握基本的自主学习策略，尤其是元认知策略 3. 通过行为矫正，学生在某一学习行为上有优质改变，形成一定自主学习行为	1. 巩固第一期所学内容 2. 进一步提升自主意识 3. 重点关注学生自主学习行为的形成 4. 指导解决第二期期初提出的主要问题：学业交流和求助、时间管理、学习价值认同和理性选择

续表

	第一期	第二期
主要干预内容	"一体三翼"内容设置：元认知策略学习、自主学习经验分享和学习行为矫正 自主学习概览 自我认知 目标设立 时间管理 学习交流 学习环境创设 自我调节	对第一期学习内容加强巩固与实践，并重点指导： 时间管理的高阶方法 理性选择 学习价值认识
主要干预组织	1. 构建真诚、安全、平等、自由和愉悦的氛围 2. 集中学习、团体辅导和个体辅导结合 3. 支架式教学 4. 学术融合与社交融合	延续第一期的氛围营造、支架式教学和学术与社交融合，并且实现： 1. 共同建构 2. 合作学习 3. 网状互动交流
主要干预成效	1. 问卷调查发现，学生整体自主学习水平有所提升，特别体现在自我效能、学习求助、学习计划、学习总结、学习评价等5维度 2. 课内观察发现，在工作坊学习中学生呈现较高自主性 3. 访谈和课外观察发现，学生自主学习意识上有明显提高，一部分学习行为改善，体现在学习环境和学习资源创设主动性明显增强；学习计划性增强和积极调整学习状态	1. 问卷调查显示，学生在自我效能、内在目标、学习控制、外在目标、学习意义、一般方法、学习求助、学习计划、学习总结和学习评价等10维度相较第二期期初有显著提升 2. 对学生的观察和访谈发现，工作坊成员第二期学习投入度（不仅包括工作坊学习，还包括其他课业学习）明显增加、时间管理能力增强、学习交流和求助主动性提高、行动力也有所增强。
遗留问题	学习交流主动性和积极性不够 时间管理科学性不高 学习价值认同度低 自主学习策略掌握水平不一	焦虑水平略有上升

资料来源：笔者自制。

3.4 工作坊干预效果追踪

工作坊干预结束一年后，本研究对学生进行了问卷追踪调查和访谈，以考察干预效果的持续性。数据显示，学生学习的自主状态在干预一年后比在第二期后测略有下降，但与第一期前测、第一期后测和第二期前测相比，整体上较高。这表明干预成效在一定程度上具有持续性。为提高结果验证的科学性，本研究对共同参加了第一期和第二期工作坊的学生进行了配对样本 T 检验。将这些学生第一期前测数据和工作坊结束一年后追踪数据进行配对样本 T 检验，结果显示，工作坊结束一年后的测量结果与第一期前测测量结果差异显著，工作坊对学生干预有效。将这些学生第二期后测和工作坊结束一年后追踪数据进行配对样本 T 检验，结果显示，工作坊结束一年后的测量结果与第二期后测测量结果差异不显著，即工作坊结束一年后学生的自主学习水平与第二期干预后学生的自主学习水平基本相同，工作坊干预效果维持至干预结束一年后。

工作坊对学生在干预结束一年后进行的访谈也验证了工作坊的效果。一年后学生回顾工作坊，75%的学生（30 位）认为工作坊对自己帮助作用大或很大；15%的学生（6 位）认为工作坊对自己的帮助作用一般；10%的学生（4 位）认为工作坊对自己帮助作用小或无。

3.5 工作坊干预反思与影响大学生 自主学习的主要因素

对大学生自主学习水平提升的干预是一个不断发现问题、分析问题和解决问题的过程。在"你我同行·学会学习"学业指导工作坊建设中，本研究遵循"发现问题—分析因素—实施干预—成效评估"的研究路径，对影响工作坊成员自主学习的因素进行重点且深入的分析，得出一系列本土原创性的发现。

本研究发现，影响大学生自主学习的因素是多元的。例如，影响工作坊大学生自主学习的因素包括自我认知策略、学业自我效能感、学习理念、目标设立、学业期待、学习价值认同、学习兴趣、专业认同、意志力、朋辈关系、大学的文化环境、参与和交流平台、学业挑战度、学习氛围、教学模式、师生关系、自主空间、积极关注、社会评价、家庭期望、关键人物影响、对父母的依赖程度、时间管理、学习环境与资源管理、归因方式、学习监控与调整等。影响因素的多元化程度之高甚至使得列出影响因素一览表成为一件有挑战的事。

但从工作坊整体情况看，以下因素对工作坊成员自主学习水平有主要影响：学业自我效能感、学习目标、学习价值认同、参与和交流平台、自主空间、积极关注、自我认知策略、目标设立策略、时间管理策略、学习环境与资源管理策略、学习监控与调整策略。对学生的调查、访谈和观察发现，在这些方面存在的问题严重阻碍了学生学习的自主水平的提高。

借鉴班杜拉的三元交互框架，本研究将所提炼的自主学习主要影响因素进行了归类，提出中国本土的关于大学生自主学习影响因素的三元交互模型：大学生自主学习受到动机性因素（M）、环境性因素（E）和策略性因素（S）的影响。这些因素共同作用于大学生自主学习水平。学业自我效能感、学习目标和学习价值认同，是影响大学生自主学习主要的动机性因素；参与和交流平台、自主空间和积极关注，是影响大学生自主学习主要的环境性因素；自我认知、目标设立、时间管理、学习环境与资源管理、学习监控与调整，是影响大学生自主学习主要的策略性因素。动机、环境和策略三类因素中每两类因素之间都具有双向的相互影响关系，即每类因素既受其他两类因素的影响，也对其他两类因素产生作用，从而形成三元交互系统（见图3-2）。

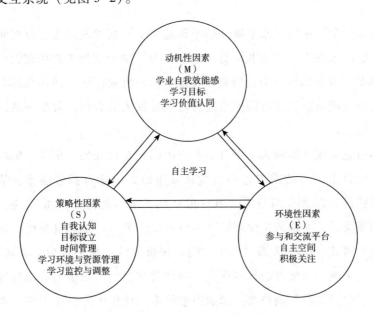

图 3-2 MES 三元交互模型

资料来源：笔者自制。

三元交互模型中，M 代表动机性因素（Motivational Factors，简称 M），S 代表策略性因素（Strategical Factors，简称 S），E 代表环境性因素（Environmental Factors，简称 E），箭头代表关系的作用方向。

M ↔ S 代表个体的动机与行为策略之间的相互作用关系。其中，M → S 表示个体的动机因素能够对其行为策略产生较强的支配与引导作用。例如，当个体学习价值认同度较高时，他倾向于在学习活动中采取积极行动，主动学习和应用自主学习策略。S → M 表示个体的行为策略及其结果会对其学习动机产生影响。例如，个体在主动获取和利用学习资源方面取得了成功，他会产生喜悦和自豪等愉快体验，其学业自我效能感提升，进而激发其产生更强的学习动机。

E ↔ M 代表环境与个体动机之间的相互作用关系。其中，E → M 表示环境因素能够对个体的动机产生一定影响。例如，在一个注重给予学生积极关注的环境中，学生学业自我效能感较高；在一个鼓励参与交流和自主探索的环境下学习的学生，往往对自己的学业目标更加明晰。M → E 表示个体的动机性因素对环境产生影响。例如，个体认为在某个环境中自己可能顺利学习，他就倾向于为自己营造这样的环境。

S ↔ E 代表了个体的行为策略与环境因素之间的相互作用关系。其中，S → E 表示个体的行为策略能够创造或者改造环境。例如，掌握了科学的学习环境管理策略的个体通常能够为自己营造适宜的学习环境。E → S 表示环境能够影响行为策略的应用。例如，处于传统课堂学习环境中的个体会倾向于被动学习，较少使用自主学习策略。

必须要注意的是，在三元交互系统中，动机性、环境性和策略性因素并非具有同等的影响力，其作用模式也并非一成不变，它们在不同的情境、不同的个体与活动中具有不同的表现形式。例如，这些因素对每个成员发挥的作用不同。某一因素可能对成员 A 的影响很大，而对成员 B 的影响却很小；另一因素可能对成员 A 影响很小，但对成员 B 影响很大。这些因素在不同情境下发挥的作用也有差异。某一因素可能在一定的时间和一定的条件下发挥主要作用，但在其他情境下则发挥次要作用甚至不发挥作用。

　　第 4 章、第 5 章和第 6 章将分别介绍本研究发现和提炼的影响大学生自主学习的主要因素和工作坊为针对这些因素所做的干预，在每章最后将对干预的成效进行呈现并对提升大学生自主学习水平的有效路径进行反思。

4 动机性因素及干预

动机是引发、维持并使个体的行为指向特定目标的力量。大学生的学习动机对其学习行为的发生、维持以及学业目标的实现具有重要意义。本章重点介绍在"你我同行·学会学习"学业指导工作坊发现和归纳的影响大学生自主学习的动机性因素以及工作坊为提升大学生自主学习水平针对动机性因素所进行的干预。

对"你我同行·学会学习"学业指导工作坊成员的观察、访谈和问卷调查显示，影响大学生自主学习的动机性因素主要有学业自我效能感、学习目标和学习价值认同。工作坊针对这三大因素进行了干预，干预结果显示，工作坊成员的自主学习动机有所增强，学生在学业自我效能感、学习目标清晰度和对学习的价值认同等方面具有不同程度的提升。

4.1 学业自我效能感

自我效能感（Self Efficacy）亦称自我效能，是指个体对自己是否具备能力完成某项工作的感知。[①] 20世纪70年代，美国心理学家班杜拉首次提出了自我效能感理论。此后，许多学者对自我效能感进行了研究，主要涉及自我效能感与学习动机、学习适应、学习倦怠、学业拖延、学习成绩、学业成就等的关系以及自我效能感的影响因素等。学业自我效能感（Academic Self-Efficacy）是自我效能感在学习领域的表现，它是个体对自

---

① Bandura, A., "Self-efficacy: Toward A Unifying Theory of Behavioral Change," *Psychological Review* 84 (1977): 191–215.

己是否具备能力完成学习任务的感知与评价。本研究通过对工作坊学生的问卷调查、访谈和观察发现，学业自我效能感低是工作坊学生普遍存在的问题，这一问题严重影响了学生的学习。

4.1.1 学业自我效能感问题

工作坊成立之初对学生进行了问卷调查、访谈和观察，结果发现，"学业自我效能感低"的问题在学生中表现明显。采用朱祖德等编制的大学生自主学习量表对学生进行调查，结果发现，学生自我效能感维度的得分偏低，在12个维度中仅略高于"外在目标"一项。

大学生自主学习量表内容中针对自我效能感维度的"如果我付出必要的努力，我一定能解决大多数问题"、"如果我付出足够的努力，就能理解学习的内容"、"对设定的目标，我经过努力总能实现"、"如果我尽力去做的话，我总是能解决难题的"、"凭我的能力，我能够掌握要求掌握的知识"和"我通常能把握学习的难点和重点"等表述分别有约34%、37%、89%、50%、53%、34%的学生表示不赞同（回答为非常不符合、不符合、比较不符合）。这体现出工作坊学生学业自我效能感低并非个例，而是普遍现象。

对学生的访谈进一步证实了其学业自我效能感低的情况。工作坊中有超过一半的学生认为自己的学习能力不强，75%的学生对自己目前的学习状态不满意。学生多用"灰色"的词语表达自己的学习状态。例如"从来没有自豪过""一片灰色的天空""学习上没有色彩""很没用""什么都不行""对不起他们（父母）"。工作坊中许多学生高考成绩不理想。有的以前成绩很好，但高考发挥失常。"从小学到高中接受的都是当地最好的教育。而高考，毁掉了我所有的骄傲。"有的学生在学业上一直表现不出色，他们在成长过程中持续遭受过打击，因此对自己的学习能力非常不自信。"学习就是我的痛。""我的初中和高中都葬送在考试中，生活在牢笼中。"当笔者问到"成长中你感觉最有成就感的事情是什么"，有的学生回答"没有让我有成就感的事"。当被询问擅长的事物是什么时，有的学生回答"要我说我擅长什么还不如说我不擅长什么""我感觉自己就是那种没有专长的人"。

工作坊开展期间学生的行为表现更是让笔者真切地感受到学生学业自我效能感低以及这一问题给学生所带来的困扰——见附录 8（一个看见苹果不敢去吃的人）。附录 8 案例中，晓思因为对自己学业能力严重不自信，在学习上一再选择放弃。他曾经成绩优秀，是中小学老师的"掌上明珠"，但高中进入"火箭班"后一段挫败的经历让他从此陷入了对自己的怀疑。进入大学后，他一再给自己制定学业目标和计划，却总是在制定目标和计划后不久就主动放弃。他说，自己脑海中总是出现"吃不到苹果"的失败场景，所以"在去吃苹果的路上就停下了"。半途放弃让他避免了最后的尴尬，但从此他就成了"一个看见苹果不敢去吃的人。"

4.1.2　工作坊提高学生学业自我效能感的干预

认识到学业自我效能感低这一问题给学生学习带来的阻碍，工作坊实施了提高学生学业自我效能感的干预。

班杜拉的社会学习理论认为，自我效能感主要通过四种渠道获得：成功经验（Mastery Experience），个体亲身经历和体验成功是提升自我效能感最有效的途径；替代性经验（Vicarious Experiences），看到与自己特征相似的人从事某种活动取得成功，于是相信自己如果有这样的机会也会成功，从而增强自我效能感；言语劝导（Social Persuasions），鼓励性的言语能使受鼓励者自我效能感增强；生理和情绪唤醒（Somatic and Emotional Stimuli），个体可能依赖生理状态方面的信息来评价自己的效能，例如，在痛苦或疲惫的情形下个体可能对自我效能产生不良信念。[①]

工作坊借鉴前人的研究成果开创性地对学生实施干预，助力学生进行"希望重塑"，增强学业自我效能感。干预活动主要围绕四个方面展开：学业自我效能感调节策略指导、期望与鼓励表达、创造成功机会、榜样示范和学习。

4.1.2.1　学业自我效能感调节策略指导

"你我同行·学会学习"学业指导工作坊对学生开展了学业自我效能

---

① Bandura, A., "Self-efficacy Mechanism in Human Agency," *American Psychologist* 37 (1982).

感调节策略指导，旨在让学生掌握学业自我效能感调节策略，实现在学业自我效能感重塑上的自助。工作坊主要指导学生掌握以下调节策略：观念矫正、理性归因、积极征兆探寻、乐观解释风格和专长培养。

（1）观念矫正

对工作坊学生的调查发现，许多学生对学习和自我观念存在偏颇，这些不正确的观念影响了学生的学业自我效能感。工作坊指导学生对这些观念进行了纠正。例如，有的学生持有狭隘的学习观，认为大学学习就是对学校指定科目和教材的学习，学习的目标在于考试获得高分。这种学习观的存在不仅使学生忽略了其他众多学习资源和途径，更使得在学校规定科目上表现不佳的学生倾向于忽视自己在其他方面的潜能。工作坊组织学生对学习观进行探讨，对学生进行科学学习观的熏陶：大学学习不仅是对学校指定科目的学习，也是更全面的学习；不仅是硬技能的锻炼，也是软实力的培养；不仅是书本知识的学习，也要学会从实践中学习和从他人身上学习。科学学习观的熏陶不仅有助于工作坊学生建立正确的大学学习观，还在于让学生意识到中小学学习成绩并不对大学的学习及今后的发展起决定作用，帮助学生将过去的学习表现与大学学习分离，从而建立对大学学习和未来发展的自信。

学生学业自我效能感低跟学生对自我不合理的认识有关。工作坊指导学生采用多种方法进行自我认识。在教师带领下，学生对自己的长处、短处和潜能等进行了思考和分析。针对学生合理、积极的信念，工作坊进行了肯定；针对学生不合理的、消极的信念，工作坊通过辩论和质疑的方式，帮助学生认识到其不合理性并重拾信心。例如，工作坊成员晓希经常否定自己，认为自己的想法没价值，这一信念导致她在讨论中不轻易地表达自己的观点，在被询问时回答通常是"我没有想法"。针对她说自己"没有想法"这一点，工作坊进行了质疑，多位同伴指出了晓希在工作坊发言中的"独到"和"妙处"，帮助她认识到自己所提出观点的价值。关注到有的学生不愿意在公众面前"剖析"自我，我们还邀请了一些学生进行"私聊"。例如，晓思一直认为自己"不是聪明的一拨"、"学习能力差"。在"私聊"期间，我们对他所列的优缺点进行了逐条分析。在把握一定客观性的情况下，我们重点肯定了晓思的优点，帮助他改变对自我的负面印象。此外，工作坊还借助其他科学量表开展促进理性自我认识的活动，学生通过这些方式加深了对自己的了解，并在此基础上肯定自己、悦纳自己。

（2）理性归因

归因影响个体自我效能感的形成。韦纳（Weiner）发现，学生一般把学习成败归于四类因素：能力、努力、任务难度和运气。[①] 一般来说，学生如果将成功归因为能力，将失败归因为努力不够，就有利于建立学业自我效能感；而如果把学习成功的原因归为外部的不可控因素，把学业失败归于自身能力不足，就会影响其学业自我效能感的形成。工作坊学生学习了如何进行合理归因，掌握了恰当的归因方式。此外，工作坊重点对学生的消极归因进行了及时纠正。

（3）积极征兆探寻

成功征兆将对个人信念及行为产生积极影响。有的学生倾向于关注失败征兆，忽略成功征兆，这严重影响了他们的学业自我效能感。工作坊鼓励学生对自己的进步进行关注。例如，每周开展集中学习的第一件事通常是讨论"上周我做了哪些感觉很棒的事情"。这一举措看似简单，但它能有效帮助学生建立良好的自我感觉。学生在工作坊中学习如何关注自己的成功征兆并对自己进行肯定。对于自我效能感低的学生，工作坊建议学生做以下三件事：每天写下三件令自己满意或令自己高兴的事情；给自己开一张积极品质单，列举自己的积极品质，每天朗诵这张清单；对自己的学习进程进行记录，感受自己的进步。

（4）乐观解释风格

工作坊引导学生认识乐观解释风格的重要性，领会用积极解释代替消极解释来诠释生活事件的意义，练习当消极思想出现时如何用积极思想去替代它。例如，当众发表自己观点时，有的学生感到紧张，心里可能会不住地想："好紧张。才花几个小时准备，会搞砸吧。"此时可用积极的思想去替代它："我能行的！都准备了几个小时了，我能讲好的。"这一"略显

① Weiner, B., "A Theory of Motivation for Some Classroom Experiences," *Journal of Educational Psychology* 71 (1979): 3-25; Weiner, B., "An Attributional Theory of Cchievement Motivation and Emotion," *Psychological Review* 92 (1985): 548-573.

幼稚"的做法对学生提升自信很有帮助。此外，想象自己在一个情境中完美地完成了某件事情以及完成该事情的流程，对提升自我效能也很有帮助。例如，有的学生害怕在人多的地方完成任务，工作坊鼓励他经常进行这样的练习：闭上眼睛，想象自己在人多的地方很完美地完成了这件事情及自己完成这件事情的步骤和流程。

（5）专长培养

是否具有专长对学生自我效能感会产生影响。工作坊观察发现，有专长的学生往往比没有专长的学生更自信。要建立学业自我效能感，学生不仅要在学校强调的学业课程方面努力，而且要培养自己某一方面的专长。工作坊鼓励学生在全面发展的基础上，培养一项"自己拿得出手的"专长。做法是：寻找到一个自己感兴趣又具有现实发展可能的方向，长时间坚持努力训练，直至在这方面比大多数同学优秀。自我效能感是可以迁移的，某项专长所带来的高效能感会给学生的其他方面带来积极影响。

4.1.2.2 期望与鼓励表达

教师的期望与鼓励对增强学生的自我效能感具有重要作用，工作坊教师通过多种方式向学生表达期望与鼓励。

（1）通过言语向学生表达期望和鼓励

在工作坊创建之初，教师对所有学生表达了坚定的期望，认为所有成员都有能力掌握和应用适合的策略，都能通过工作坊的学习增强自己对学习的掌控能力。在工作坊进行中，笔者经常有意识地向学生个体表达教师的期待，如："晓淳，你具有领导力发展潜力，可以尝试社团的领导。""晓良，你有行动力，脑子活，会在自主创业上大有作为的。""晓清，你很有亲和力，当老师的话学生一定很喜欢你。""晓汉，你记忆力那么好，考试一定不成问题，好好加把劲。"教师是学生发展中的"重要人物"，如果让学生感受到教师对自己的期望，学生会激发出力量，把这些期望变成他们对自己的"自我期望"，从而获得学业自我效能感。

（2）通过行为细节向学生表达期望和鼓励

例如，在工作坊干预过程中，每当有学生举手，或是学生未举手但通过学生的表情能够感受到学生想说点什么的时候，我会走近并鼓励他：

"××，表达一下你的看法？""××，对这一点你怎么看？"通过这种方式，我希望给学生助推之力，鼓励学生发出自己的声音。当学生发表他的看法后，不管正确与否，我首先会表示感谢。虽然这不意味着我同意他的观点，但这种方式有助于促使学生迈出交流的步伐。当学生回答表述不清晰时，我不会咄咄逼人地追问，而是用自己的理解重述一遍学生的看法，并询问学生的意见。通过这些细节的处理，我更有效地让学生感受到了殷切的期望和鼓励。

（3）给学生及时的、积极的和持续的反馈，坚定学生"我能行"的信念

及时的反馈可以让学生了解自己的表现以及明白将来努力的方向。工作坊每次学习活动开展后，不管多晚，我都会在当天晚上给每一位学生发去一份 QQ 留言，肯定他/她在学习中做得好的方面。积极的反馈帮助学生建立自信。我给学生反馈常用的方法是"三明治法"，即表扬/肯定+批评/建议+支持/鼓励。首先，指出学生值得称赞的地方；其次，指出学生做得不足的地方；最后，给学生以积极的话语向学生表示支持。持续的反馈促使学生坚定对自己的信心。

（4）对学生表达期望与鼓励有公开和私下之分

如果学生确实有较大进步，我会在团体中对学生进步的方面进行肯定，这样有助于激发学生的自豪感，帮助学生在群体中进一步建立自信。如果学生只有微乎其微的进步，这一进步相较于其他学生不明显，而学生自身又心思敏感，我则采用私下鼓励的方式进行肯定，这样有助于心思敏感的学生认可自己的进步。

4.1.2.3 创造成功机会

班杜拉认为，个体亲身经历和体验成功是提升自主效能感最有效的路径。成功给学生所带来的自信及能量是不可估量的。工作坊给学生创造成功的机会，让学生能通过努力获取成功，感受自己的"能力"，从而提升学业自我效能感。

晓权是一位较突出的学生。谈到有成就感的事情，晓权骄傲地给我讲了他在学生会外联部的经历。"我们外联的任务就是拉赞助。从我第一次

出去一直到现在都没有人带过我，也就是说从我第一次出去时我就是一个人去的！我觉得我很能抓住对方的心思跟他们打交道，以至于我下次去那里的时候，我的这张脸就是一张 VIP 卡。"

晓权说他确实很想读好大学，因为真才实学对他的专业发展很重要。"我现在是一个文科性质的专业，是写广告写文案的，只有自己写出来的东西能够打动别人，人家才会接受你。"

与晓权多次交流后，我能感受到这位学生内心是希望积极进取的，他想在大学好好学习。他的特点是喜欢实践，因为他能从实践中获得成就感。但他从小对"学习"较为排斥，很少在传统学习方式下感受到学习的成功和快乐，进入大学后依然如此。要改变晓权的状态，首先要做的是帮助晓权建立对学习的亲近感。而要增加晓权对学习的亲近感，首先要让他在工作坊中有好的学习体验。

鉴于晓权外向的特点，我认为由晓权来做工作坊讨论环节的主持人是一个可行的做法，希望他在主持这项"重要工作"中感受到我作为"老师"对他的期待，更希望他能够成功主持这次活动并从中体验到学习的快乐。我非常诚恳地向晓权表达了希望由他做主持的想法，令人高兴的是，晓权欣然接受了任务。在接受任务后，他以非常认真的态度做了准备工作。当时正值端午节，晓权为了做好这一次讨论活动的主持工作，把回家的计划取消了，与同一小组的伙伴们一起对学习活动的组织分工进行了安排。在做好了基础的准备工作后，他们多次找我商讨，对学习材料、PPT、讲稿和活动流程进行了多轮修改。晓权主持得非常成功，工作坊的学生反映那一天的讨论促进了自己对许多问题的思考，学习收获很大。晓权看到大家学有所获，而且对他的主持这么肯定，他感到非常高兴。当天晚上我们在 QQ 上进行了交流。

　　　　我：今天讨论组织得相当好！

　　　　晓权：谢谢，我也这么觉得！我第一次对自己这样满意！

　　　　晓权（接着说）：不管发生什么事情，我都会感激今天的经历！

　　　　我：相信你将来会做得更好的！

　　　　晓权：谢谢！谢谢老师给我这个机会！在我们专业中，绝对不可能有个 140 分钟的时间段来给我锻炼！！

晓权（接着说）：这门课（工作坊）已经改变了我！谢谢！

经过这次成功的讨论主持后，晓权在工作坊的学习更积极了。这个以前经常旷课的学生在工作坊的学习中没有一次是迟到或缺席的。他说他喜欢工作坊的学习，因为感觉在这里不是老师讲学生听，在这里能看到其他人怎么学习，在这里多了一些欢乐时光。其实，更多的原因也许是他感受到了学习带来的成功的喜悦，体会到了自己在学习上也是有能力做好的。

4.1.2.4 榜样示范和学习

人类的多数行为都是通过观察学习到的。① 工作坊给学生提供了观察榜样、向榜样学习以及作为优秀代表给他人进行榜样示范的机会。

（1）提供向榜样学习的机会

榜样示范有助于学生学业自我效能感提升。学习发生的途径有两种，一种是实际去做的行动性学习，另一种是通过观察的替代性学习。替代性学习通常通过观察和聆听榜样的做法来实现。认识到这一点，工作坊把向榜样学习作为重要的学习渠道之一。

工作坊邀请了"榜样"给学生进行经历分享和经验介绍，学生从中实现替代性学习。看到与自己有相似特征的人从事某项活动取得了成功，学生会认为自己如果有这样的机会、经过这些努力也能成功，学业自我效能感从而得以提升。

来自美国一流的小型文理学院 Bryn Mawr College 的大三学生汪学姐给工作坊带来了国外就读的学习体验。汪学姐的学习强度、阅读量、写作量、考试强度和实验强度给学生留下了深刻印象，让学生主动反思自己的学习投入。汪学姐迷茫过，但她没有封闭自己，而是大胆尝试和探索，这段经历给学生呈现了一条走出迷茫的道路。工作坊晓晨正是因为听了汪学姐的经历而增强了对自己发展道路的自信，确立了自己的目标："通过聆

---

① 阿尔伯特·班杜拉：《社会学习理论》，陈欣银、李伯黍译，中国人民大学出版社，2015，第 18 页。

听学姐的经历，我确定了我的目标。大一的时候我在犹豫要不要考 H 大的研究生，对于本科是 W 大的我来说考 H 大的研究生似乎是很容易想到的一件事，父母也这么建议我。但说到底这不是我自己内心真正的想法。我想到国外好的大学去留学，但一直怀疑自己有没有这个能力。看到学姐的奋斗经历，学姐在大二休学考 SAT，最终实现心愿去了顶尖学府留学。这件事触动了我，经过了一段时间的思考，（我）最终决定了走留学的道路。"（工作坊结束一年后追踪时，晓晨已通过日本多所知名大学所需的日语水平考试，在学校的学业表现也非常优秀，正在准备 TOFEL 考试）

来自 W 大学的优秀学生给工作坊成员呈现了他们在 W 大学的学习经历。这些高年级学生在初入 W 大学时与工作坊学生的处境是接近的，大学前有着和工作坊学生类似的学业挫败经历，大学与工作坊学生在同一环境下成长。不同的是，经过几年努力后，他们成为优秀的学长学姐。他们是工作坊学生学习的榜样。例如，徐同学是"学术型"的女生，从大一开始就非常努力，并坚持着进入大学时给自己定下的几条学习规则，当身边同学都"堕落"时，她还在一直坚持追求自己的梦想，她的"我走得很慢，但从不后退"给同一处境的学生启发良多。温同学是一名"创业型"的学长，大学四年尝试了很多创业活动，这些创业促使他形成了敏锐的思维、灵敏的商业嗅觉和灵活的处事方式，同时，也让他深刻地体会到为自己的选择负责的重要性。"干部型"的学长郑同学经历了复读和"迷迷糊糊按照家里要求生活"的历程，他与工作坊学生交流了大学四年学生干部和社团领导经历是如何推动自己在学业和工作上进步的，他鼓励大家要"有自己的想法"，要"嚣张奋斗"，要"用 300% 的坚定信念去做一件事情"，要警惕在"温水煮青蛙的环境中忘记自己的初心"。经验分享给学生带来了丰富的"间接体验"，学生通过体悟身边人的经历更加明确了自己的人生规划和努力方向。榜样的相似性很重要。学长学姐的经历分享让工作坊学生感受了高年级朋辈的努力历程及心路发展历程，这对学生的学业自我效能感是一针增强剂："别人当初和我现在一样，但（他们）通过这些尝试努力成为那么优秀的人，那我也可以。"

（2）提供为他人做榜样示范的机会

将自己的知识教给朋辈，学生不仅有机会对自己所学的知识进一步梳理，获得更深的理解，而且能从传授的过程中获得自豪感和价值感。

工作坊为学生创造成为他人"榜样"的机会。工作坊坚持每位成员都是拥有自己专长的某一领域的"专家"，都可以成为工作坊的老师，将自己的才能教授给其他成员。每一个人都同时具有老师和学生的身份，每个人的背景和经历不同，人人都可以在一些方面成为老师，在其他方面作为学生。工作坊采用了学生互为教师的做法，鼓励学生将自己的才能教授给同伴。

4.2　学习目标

学习目标是指学习者通过学习活动想要达到的标准。研究者从不同角度对学习目标进行了划分，有的将目标分为内在目标和外在目标。[①] 内在目标是指通过学习获得自我发展、归属感和健康等，强调个人从活动本身获得的满足；外在目标是指通过学习获得形象、财富和地位等，强调学习活动的工具性，即达到活动以外的功利性目的。有的研究者将学习目标分为掌握定向和表现定向。[②] 掌握型目标关注的是知识及技能等的获得，而表现型目标关注的是自己的行为表现胜过他人，以此展现自己的能力。

对工作坊学生的观察和访谈发现，学生学习目标缺失和学习目标设置方法欠缺是普遍存在的问题，这些问题严重影响了学生自主学习活动的开展。

4.2.1　学习目标问题

虽然工作坊建立之初的问卷调查未显示学生的学习目标存在明显问题，但访谈却发现学生存在严重的目标缺失、目标空洞、目标价值取向偏颇、目标趋同和目标设置方法欠缺等问题。

目标缺失。目标缺失是工作坊成员最明显的问题之一。访谈中，超过

---

① Ryan, R.M., Deci E.L., "Self-determination Theory and the Facilitation of Intrinsic Motivation, Social Development, and Well-being," *American Psychologist* 55 (2000).

② Elliot, A.J., Church, M.A., "Hierarchical Model of Approach and Avoidance Achievement Motivation," *Journal of Personality and Social Psychology* 72 (1997): 218-232.

一半的学生表示不清楚自己的学习目标是什么。"过去的我，人生目标就只有学习和考试，初中时想考一个好一点的高中，到了高中又想考一个好一点的大学。现在，我好像没有了目标和计划，走一步看一步。"（晓晨）

目标空洞。有些学生的目标过于空洞，没有具体的要求。"我的目标是好好学习，把专业学好。"（晓健）"想我所想，做我所做，想考研就考研，想赚钱就赚钱。"（晓汉）

目标价值取向偏颇。部分学生在目标设置上出现短视和拜金。例如，有的学生在制定目标时把"挣多少钱"、"买多大的房子"和"买多好的车"视为主要的发展目标。"四年之后我希望自己有钱，到时候能够买车买房。"（晓权）

目标趋同。人们应该根据自己的需求和特点进行目标设置，但工作坊学生的目标设置却呈现趋同现象。"学好专业"和"将来找一份好工作"是学生在访谈中谈到频率最高的目标。

目标设置方法欠缺。多数学生缺乏目标设立的科学方法，导致目标和计划制定后无法实现。有的学生虽然积极进取，但找不到方向，于是用盲目的努力来填满自己的生活。"以前制定的目标都失败了，所以都不敢定了。"（晓念）"刚来大学时我发现自己无所事事，不想学习，但又觉得荒废自己的青春是非常可耻的。于是我开始到处找兼职，我去学日语、开网店、摆地摊、旅行。我努力使自己忙起来。"（晓晨）

综合工作坊学生的成长背景和所处环境，可以分析出这些问题出现的原因主要有三点。第一，学生进入大学前缺乏自主探索的机会。正如晓晨所说，考高分是大学以前不得不实现的目标，当时的学习和生活都被安排好了，他们完全没有探索理想和兴趣的机会，也被剥夺了尝试的机会。高考目标完成后，一下子不知道目标是什么了。第二，与学生的身心发展阶段相关。根据埃里克森的心理社会发展阶段理论，12~18岁这个阶段的发展危机是自我同一性及角色认同。[①] 这一时期个体开始更多考虑"我是谁"的问题，尝试把自己各方面，包括能力、信念和性格等经验和概念统合起来，形成对自我形象的整体评价。但是由于经验有限，个体难以对自己的

---

① 埃里克·H. 埃里克森：《同一性：青少年与危机》，孙名之译，中央编译出版社，2015。

各方面形成明确的认识，"迷茫"成为这个阶段的普遍现象。第三，指导欠缺。学校在立志教育、大学学业指导和职业生涯规划指导方面的工作做得不够。

4.2.2 工作坊学习目标干预——立志教育

自主学习是在明确目标的基础上，对学习内容、方式、时间、资源和环境等进行管理，将自己的行为指向目标实现的过程。学生树立学习目标的过程其实是一个立志的过程。

关于立志，古今中外有许多精辟的论述，例如："有志者，事竟成""人若有志，万事可为""朝着一定的目标走是'志'，一鼓作气中途绝不停止是'气'，两者合起来就是志气"。立志就是树立自己未来的志愿方向，对大学生成长具有重要意义。

工作坊对学生开展了立志教育，主要从以下三方面循序渐进：认识自我—掌握有效目标设立方法—理想探索与人生规划。

4.2.2.1 认识自我

认识自我是个人对自我身心活动的觉察，即自己对自己的认识，对自己的性格、能力、兴趣、人格特质、价值观和与他人关系等的认识。研究表明，自主学习在很大程度上依赖于自我意识的发展。[1] McCombs 认为，自我意识、自我意象以及自我价值对个体在自主学习情境下的认知、情感、动机和行为都起着定向和控制作用。[2] 然而，自我认识并不是自发的过程，它需要适当的刺激。教育活动能刺激学生对自我的思考，促进学生自我意识的提升。

为提高学生的自我认识，工作坊开展了多项反思活动，鼓励学生"读自己这本书"。通过"我的生命线"、"我的大一回顾"、"我的优势"、"我的困惑"、"我想要发展的专长"和"我珍惜的五样"等活动，工作坊帮

---

① 庞维国：《论学生的自主学习》，《华东师范大学学报》（教育科学版）2001 年第 2 期。

② McComb, B. L., "Self-regulated Learning and Academic Achievement: A Phenomenological View," In B. J. Zimmerman, D. H. Schunk, *Self-regulated Learning and Academic Achievement: Theory, Research, and Practice* (New York: Routledge, 2001): 51-82.

助学生更清晰地认识自我。在"我的生命线"活动中，学生在教师的引导下利用坐标轴呈现自己的经历，回顾自己的过去，思考自己的现在和计划自己的未来。坐标轴的 X 轴表示时间，Y 轴表示自身发展状态（呈现人生的重要事项），坐标可以呈现自己人生的重要节点。学生认为这样的活动对认识自我很有帮助。例如，晓薇参加了"我的生命线"活动，认为这一活动让她有机会第一次认真地梳理自己，让她对自己过去的经历、现在的努力和未来的方向都更清晰，而且，通过这一活动，她认识到自己的教师情结与经历的关系，更加坚定了自己以后做一名好老师的想法。

反思性的活动给学生提供了一个静下心回顾自己和思考未来的机会。通过这些活动，学生与自己进行深入对话，明白了自己对将来的人生具有更大的控制权，将来的人生需要自己负责。例如，晓钰在活动后说：

> 我画生命线的时候有一个很清晰的感受，发现在我过去的人生中有很多高低起伏都不是我自己能选择和控制的，比如说我家庭的事情和转学的事情等。但我也意识到上大学后情况就不一样了。我不再由其他人管着，我以后的人生线要走向哪里、我以后要做什么事情、想要和哪些人建立关系，这些都是未知的部分，也都是我可以去参与决定的部分。我明白，我现在所做的事情会决定将来这条线会往哪走。

工作坊还借助科学量表助力学生进行自我分析，例如，学习风格量表、大学生自主学习量表、多元智能曲线、霍兰德性格测评、霍兰德职业倾向测验量表、斯特朗兴趣问卷和迈尔斯-布里格斯类型指标（MBTI）等。一般来说，每个人都是通过多种学习方式来学习的，但是一些人可能对某种学习方式特别习惯和喜欢，采用这种方式时学习效率更高，另一些人可能对另一些学习方式特别习惯和喜欢，采用时学习效率更高。学习风格量表的填写让学生感知自己的学习风格并理性地采用适合的学习方式。在讨论中，有的学生发现自己主要集中于表层的学习，需要加强深层加工；有的学生发现自己是"场独立型"，需要更多地主动与人交流；有些学生发现自己属于"场依存型"，需要更多地与他人开展合作学习。学生还了解到其他同伴的学习方式，进行一些新的学习方式尝试。

除了借助问卷量表进行自我分析，学生还学习如何使用一些简单的自我分析方法进行自我分析。例如，用"当……我是……"的思考方式代替简单的"我是……"，以更加详尽、准确地理解在不同情境下自己的反应。"我是……"的思考方式容易让人以刻板的方式看待自己，而"当……我是……"的思考方式则可以帮助学生分析在不同情境下自己的不同反应，对自己有更准确的认识。

工作坊鼓励学生通过尝试和体验去发现和了解自我。"宅"是许多大学生的共同问题，"宅"在宿舍、"宅"在本班、"宅"在本校，对外面的事物缺乏尝试体验，这种状态下建立起来的自我认识是不准确的。工作坊鼓励学生利用空余时间多参加校内外活动，鼓励学生去尝试和体验，在尝试和体验的基础上形成感受并进行自我思考。这样可以让学生的思考建立在扎实的根基上，让学生完善对自己人生的规划。工作坊鼓励学生走出去，利用自由支配时间去广泛探索各种可能，去参加校内外讲座、学术会议和读书会等各种学习活动。通过体验，学生可以开阔视野，发现自己的兴趣点。

教育要从学生内部"引出"智慧内核，要创造环境让学生更深入地认识自我、倾听自我和了解自我，并在这个基础上发展自我。工作坊努力给学生营造这样的环境。

4.2.2.2 掌握有效目标设立方法

目标设立方法的科学水平较低导致了一些学生的目标和计划落空。工作坊师生探讨了有效目标的标准、如何设立有效目标以及如何对目标进行分解。通过自我矫正等实践，工作坊学生对目标设立方法进行了应用。

有效目标通常具有以下几个特征：与自己的价值观相符、具体且可量化、有时间限制、有弹性空间、"跳一跳能够着"和立体。

有效目标要与自己的价值观相符。目标与自己的价值观相符，才会发自内心地想要追求。每个人都需要去探寻自己内心渴求的理想，要让当前的目标与更远的人生理想建立关联。如果设立的目标与自己的价值观相符并与自己的理想相关联，那么这些目标之间会形成联系，努力的方向就可以统一。

有效目标要具体且可量化。与设置笼统的学习目标（如尽力就好）相比，具体的学习目标对学生的自主学习具有更大的推动作用，因为这样的目标能够更明确地告诉学生该做什么和怎么做。[1] 有效的目标要尽量具体且可量化。例如，将"我会花更多的时间学习"这一目标换成"我每星期至少自主学习 20 小时"。可量化的目标能促使人更主动地进行自我评估。[2] 在这样的目标下学生可以对学习进展作出更直接有效的评估。

有效目标要有完成的时间限制。工作坊让学生了解到，不设时限的目标是无效的，因为它的实现可能遥遥无期。同一个目标，达成的时间是 1 个月或 1 年，人们的行动计划是完全不同的。没有时间限制的情况下，人们很容易为自己的不行动或拖延寻找借口。

有效目标需要具有一定的弹性空间。作为目标，"我要每周学习 20 小时"比"我要每天晚上从 6 点 10 分到 8 点 15 分学习"更佳，因为前者比后者具有弹性空间。如果目标限制得太死，当这一特定的目标没有达成时，很可能会导致人们对目标和计划的怀疑，形成挫败心理。

有效目标需要"跳一跳能够着"。"跳一跳能够着"意味着目标具有实现的可能性且有一定的挑战性。它不是学生站着就能够着的那种，也不是学生搬了梯子也够不着的，而是"跳一跳能够着"的。如果目标太容易达成，那么它就无法激励人们前进；如果目标不具备实现性，那人们可能不愿意去尝试，反复尝试后的失败也会严重挫伤人的积极性。

有效目标是立体的。立体目标的形象犹如一棵大树。大树有树干，有分支，每个分支还会有更小的树枝，树枝上还有叶子。目标的设置与大树相似，人们可以将大树想象成自己的理想，把树干想象成大目标，每个分支代表小目标，而叶子就是现在要做的事情。工作坊用立体的大树法提醒学生在设立目标时要考虑每个小目标和大目标的关系：小目标的实现是否指向大目标？小目标的实现是否有助于大目标的实现？如果答案是肯定的，那么把当下的每件小事做好，小目标就可能实现，每个小目标实现后

---

[1] Schunk, D. H., "Social Self Interaction and Achievement Behavior," *Educational Psychologist* 34 (1999): 219-227.

[2] Locke. E., Latham, G. P., *A Theory of Goal Setting and Task Performance* (Engle-wood Cliffs, NJ: Prentice-Hall, 1990).

大目标也自然实现，更大的理想也能实现。短期目标给人们行动的起点，而长期目标引领人们坚持前行。[1] 工作坊鼓励学生在设立目标时，不仅要有长期的目标，更需要将长期的目标分割成能逐项完成的短期目标。

学生还了解了不同目标类型对学习的影响，工作坊鼓励学生设置掌握型、追求型的目标，关注自己的成长，多与自己进行纵向对比。

学生对自己的近期目标（时、日、周）、短期目标（月、学期）、中期目标（学年）、长期目标（大学学业目标）、总体目标（人生核心目标）进行了设立。

4.2.2.3 理想探索与人生规划

志向水平对学生行为的影响是深远的。谈到理想时，许多学生把买一套房子、找一份好工作、多挣钱和能考上研等作为自己的理想。愁莫大于无志，理想是终身追求的，没有远大理想牵引的人生不会是一个丰硕的人生。学生要认识自己人生的追求和应围绕什么核心去努力。一年只能收获小麦、玉米，十年才能收获参天大树。[2] 工作坊鼓励学生树立更高远的理想并坚持自己的理想追求。

首先，工作坊鼓励学生正确看待"房子"与理想的问题，"房子"代表了个体对物质的追求，而理想则是更高层次的追求，面对二者的关系时，工作坊引导学生进行辨析。

> 房子可能是追求理想过程中的附加成果，但是不能成为理想本身。我们需要考虑一些现实的问题，但这些东西不能作为你的理想。当你一步步追求理想，朝目标努力的时候，收获房子和金钱等物质可能是很自然的事情。它们是你努力追求理想的过程中的伴随品。但是如果仅仅把目标盯在房子和金钱上面，也许反而获取不到这些。

其次，工作坊借助故事让学生去感受自己应有的远大理想。例如，师

---

① Locke, E. A., Latham, G. P., "Building a Practically Useful Theory of Goal Setting and Task Motivation," *American Psychologist* 57 (2002): 705–717.

② 刘献君:《大学之思与大学之治》，华中科技大学出版社，2000，第56页。

生讨论了"鹰的故事"。故事讲述了一只长期生活在鸡群里的幼鹰始终无法成为猎鹰，直到临近掉落悬崖、生命受到威胁时才学会飞翔的故事。工作坊设计"鹰的故事"的初心是观察到一些学生受周围不良学风的影响较大，为了警醒这些生活在"鸡群"里的"鹰"们，鼓励大家树立自己"鹰"的理想。不同的人基于不同的角度有不同的体会。工作坊学生联想到自己的处境，从故事中看到了自己的影子。

> 鹰没有认识到自己是只鹰，它一直以为自己跟鸡生活在一起，自己就是一只鸡。我们身边也有很多不怎么学习的人，也许我对自己的角色定位要经常性地思考思考。（晓涵）
>
> 动力从哪来？后面鹰不是飞了吗？它的求生欲望就是它的动力。人在一个安逸的环境中需要给自己一点逼迫才能激发自己的潜能。我目前的环境就太安逸了，得给自己一点压力。（晓桐）
>
> 生于忧患，死于安乐，它的主人把它直接摔下去，从我自己的经历来说，我要让自己狠下心来破釜沉舟。（晓霞）
>
> 就像我们前面学到的一样，要做自己这个阶段该做的和能做的事。鹰的羽翼已经慢慢地丰满了，它已经有飞的能力了。如果说它还是一只幼鹰，你把它扔下去可能就摔死了，或者它只是一只鸡你把它扔下去它也摔死了。也就是说只有鹰本来就具备飞的潜在能力，把它训练得能飞这个目标才定对了，我们确立目标时也要选这个阶段自己该做的和能做的。（晓淳）

从鹰的故事里，学生看到了自己，思考了自己作为"鹰"的理想，而且很自觉地联想和结合了工作坊所学的理念与方法，如创造合适的学习环境、结交志同道合的伙伴、做自己该做的和能做的事情、学习行为调整和激发学习动力等。

在与学生访谈时，笔者发现部分学生尚未具备对自己的人生负责的意识，他们习惯于在遇到问题时听从父母或他人的意见，在事情失败时倾向将原因归于他人的过错或环境的阻碍。"我还不是一个大人"这种想法存在于部分学生的潜意识中，他们未意识到自己是成年人，要为自己的人生负责。工作坊着力培养学生自己做选择、对自己的选择负责、坚定自己的选择和为自己的选择努力的意识。首先，自己做选择。做选择时有自己的想法，他人只是给出意见和建议，而最终作出选择的一定是自己。其次，对自己的选择负责。具有"我选择的路即使跪着我也要把它走完"的魄力。再次，坚定自己的选择。坚定自己的内心，坚定自己的行为，不人云亦云。最后，为自己的选择努力，一年可能办不成什么事，但十年可能办成任何事。① 长时间专注地做一件事情才能出大的成果。

除了明晰理想，人们还需对实现理想进行规划。工作坊开设了人生与学业规划专题，分享了关于人生与学业规划的案例，通过这些案例启发学生去规划学业与人生。"三年后的毕业季""一个词表达你期望的大学""大学四年""什么是你生活的重心""十年后的我们""2015 规划"……这些和学业相关的规划活动贯穿工作坊实践过程，促进学生思考。

如利用大四学生毕业离校的契机，我们在 QQ 群里讨论了毕业的话题。下面截取的是与学生的一段聊天记录：

> 我：这两天在校园里看到很多大四学生拍毕业照，感触很深。大四的学生中，有不少人在大学四年收获很多，毕业时找到了很好的出路，但也有很多人是荒废过来的，至今工作学习都无着落。我想每个同学毕业季的心情可能不是一样的，有人欢喜有人悲。
>
> 晓健：嗯嗯，这也让我想起了去年的毕业时光。
>
> 晓强：确实，不知不觉都过了整整一年了啊，光阴似箭！
>
> 晓莉：有点。亲们，咱好好珍惜大学的时光。
>
> 我：前天和一个大四的同学聊天，他班上依然有大约一半的同学工作没有着落，在宿舍待着。找工作碰壁几次后也不再努力了，看着一些找到了好出路的同学奔向自己的前程，他们却依然没有作为，等待着一个月后学校清宿舍，然后卷铺盖打包行李回家。回到家又能干什么呢？原来，毕业并非都是欢喜的啊。不过，几年后的我们应该都是欢喜的哈。

---

① 刘献君：《大学之思与大学之建》，华中科技大学出版社，2013，第 191 页。

晓汉：嗯，我昨天就把游戏删了，希望不会再下载。

晓雨：有种淡淡的忧伤啊，去年我毕业，今年我看着别人毕业，三年后，别人看我毕业。

……

学生还自导自演了话剧"三年后的毕业季"。话剧的编排促使学生对自己毕业后的生活进行展望，并促使他们对自己这几年的大学生活进行思考。

4.3 学习价值认同

价值观是人们观察外部世界的"镜片"，我们看所有的事物都带着这个镜片。如果"镜片"告诉人们某件事情是有意义的，那人们可能会全力以赴去完成；如果"镜片"告诉人们某件事情没有意义，或者它没有告诉人们这件事情的意义，那么人们自然就不会花费精力去从事这件事情。

学习价值认同，顾名思义，就是学生对学习价值的认识和认可。就大学生而言，它既可能指大学生在整体上对大学学习价值和意义的认识和认可，也可能指大学生具体对某专业、课程或活动价值和意义的认识和认可。

对工作坊学生的研究发现，缺乏学习价值认同对学生的自主状态产生了负面影响。

4.3.1 学习价值认同问题

对工作坊学生的观察和访谈发现，其对大学学习价值和意义缺乏认同的问题很严重：有的学生未认识到自己为什么要读大学，以及读大学要读什么；有的学生表面上努力学习，但内心"空虚"；有的学生"随波逐流"，没有自己的方向；还有的学生认为读大学只是一次必须有的经历，所以自己要经历一次。对工作坊外的学生观察发现，即便是即将离校的毕业生，一部分学生对大学学习价值的认识依然迷糊。

学习价值认同可分为内部学习价值认同和外部学习价值认同。

4.3.1.1 内部学习价值认同度低

内部学习价值认同指学生认为自己能从学习过程中体验到快乐与满足。

第一期期初调查问卷显示出学生学习兴趣低的问题。对大学生自主学习量表中的"我经常能从学习中找到乐趣"、"我经常从学习中获得满足感"和"我对学习感兴趣"的表述，工作坊学生表示赞同（回答为比较符合、符合、非常符合）的比例分别只有31%、31%和33%。

访谈也发现学生学习兴趣不高的问题。学生对就读的专业和课程缺乏兴趣，无法享受学习过程，缺乏学习动力，学习成效低。

> 我对现在的专业课真的没有一点儿兴趣，它不是我的爱好所在，确实不是自己想学的。（晓希）
>
> 对专业提不起兴趣，每次考试都是临阵磨枪，虽然不挂（科）但就觉得没学到什么实际有用的东西。很枯燥，学不进去。每节课都会看视频或者聊天，听不进去。（晓梦）
>
> 进入大学，对于需要烦琐计算的学科失去了兴趣。（晓良）

4.3.1.2 外部学习价值认同度低

外部学习价值认同指对学习功用价值的认同。第一期期初问卷调查显示出学生对大学学习的功用价值认同度低的问题。对大学生自主学习量表中的"我认为大学里学习的东西对我很有用"和"我想我能够把学习到的知识应用到实践中"的表述，工作坊学生表示赞同的比例分别只有39%和31%。研究发现，学生对大学学习的外部价值存在一些错误认识。其中，"三唯论"较为突出，即唯分数论、唯社会论和唯考研论，学生认为大学学习的价值主要为了考试考高分、体验社会和考上研究生。

唯分数论。进入大学后依然保持着中学时期"考分高于一切"的态度，对学校考试分数非常看重，几乎所有的努力都是为了获得理想的考试分数。过分关注考分使得学生将学习时间和精力过多地放在要考核的内容上，忽视其他方面的发展，造成"高分低能"的情况。例如，有的学生为了得到高分，选课时不是考虑这门课是否真正对自己有帮助，而是看任课老师是否会友善地给高分。

> 很努力也很盲目地学，仅仅是为了考出个好成绩，得到父母和老师的表扬，还有同学的羡慕。就这样，慢慢地在我们的意识中就形成了这样一种错误的意识——为了考试和虚荣而学习。（晓健）
> 大多数人学习是为了考试，说得物质一点是拿奖学金。（晓谦）
> 我们从小就被强迫去学很多东西，其中很大一部分不知道为什么而学。

唯社会论。有的学生热衷于各种兼职，认为自己在接触社会中学到的比在学校学到的多。而学生所谓的接触社会、"兼职"和"创业"大多是在重复着没有技术含量的工作，如在餐馆当服务员、在超市促销和开小卖部等。这些工作对人力资本的提升都非常有限，可谓是花费了在校学习的机会成本和时间成本，仅仅获得了一些短期的经济收益。

> 我的几个合伙人认为大学就是来拿个文凭的，只要不挂科就行。他们一心就是创业，所以每天都在外面跑。（晓良）

唯考研论。有的学生把过多的精力花费在考研上，甚至一进大学就立志接下来的四年为考研而战。考研的目标可以在一定程度上促进学生的学习，但这种学习认同的选择性极强。学生可能会表现出对一切与考研无关的事务的轻视甚至忽略，这显然不利于大学生的全面发展。

> 我：读大学你最大的目标是什么？
> 晓坤：考研！翻身！

4.3.2　工作坊提高学生学习价值认同的干预

工作坊从宏观和微观两方面着手开展了助力学生培养学习价值认同的干预活动。宏观上，通过建立"大学习观"和增强对学习团体的认同的方式帮助学生建立正确的大学学习价值认同。微观上，助力学生增强专业价值认同和课程价值认同。

4.3.2.1　建立"大学习观"

大学，不仅可以考高分和拿文凭，还可以获得更多有价值的发展；大学，不仅是书本、课堂和专业的学习，还包括其他更广泛的学习。大学，学习不仅发生在校园内，更发生在社会中。工作坊从多元学习价值观、博学和理性的大学期待等方面对学生进行干预，促进学生建立大学习观。

美国著名心理学家加德纳（Gardner）指出，人具有语言、数理逻辑、空间、运动、音乐、人际和内省等多元智能。[①] 工作坊对加德纳的研究成果进行了分享，建议学生根据自己的需求和实际情况，发展自己的个性化能力。

工作坊指导学生打破对成功的狭窄定义。狭窄的成功定义只会让学生一味地朝着分数和奖学金等目标努力，不能真正根据自己的特点个性化地发展。"现在的成功不只是成绩好，将来的成功也不只是挣钱多或找到好工作。"工作坊鼓励学生对成功进行广义定义。"成功，是你最大限度地开发自己的潜能。"

通过对考试和社会实践话题的专题讨论，工作坊引导学生形成正确的认识。专题讨论以现场学习和网络互动两种形式展开，对"如何看待考试？"和"如何看待考前突击？"等话题进行了讨论；对一些社会实践活动，工作坊组织学生分析其利弊；通过"案例学习"和兼职创业经历分享，学生从成本和收益角度分析了自己的实践活动。

工作坊鼓励低年级学生在学习内容和学习方式上要"博"，鼓励学生

---

① Gardner, H., *Frames of Mind: the Theory of Multiple Intelligences* (N. Y.: Basic Books, 1983).

多尝试和体验，去广泛探索各种可能性，"博"了以后再"专"。怀特海指出，智力发展的过程需要经历几个阶段：浪漫阶段、精确阶段和综合运用阶段。[①] 浪漫阶段可以被视为小学阶段的学习，此阶段的重点是让孩子体验，建立对事物的直观感受；然后进入中学的精确阶段，即对事物规律条理化、系统化地分析掌握；再到大学的综合运用阶段，即对前期所学各种知识的综合运用。而现实情况是，许多学生在教育历程中没有经过"浪漫阶段"就被安排进入了"精确阶段"，导致对事物缺乏直观体验且视野狭窄，因而在进入大学后难以实现"综合运用"。工作坊鼓励学生在低年级阶段大胆探索学习和生活的各种可能，对事物进行广泛接触，在此基础上发现自己真正的学习兴趣，而后集中精力学习自己感兴趣的事物，达到"专"的效果。

工作坊鼓励学生建立对大学学习的理性期待。有学生反映，有的亲朋好友及老师在大学前为激励自己努力学习而编制的"善意的谎言"对自己建立理性的期待产生了不良影响。"高中老师忽悠我们，说进大学可以每天上两三节课，想上就上，不想上也可以翘课。"（晓晨）"我发现我的大学并没有高中老师口中所描述的那样美好，他们在营造一个美丽的陷阱把我坑了进来。"（晓钰）"以前被年长的亲戚朋友们熏陶得太多了，总以为大学生活好，总想着进入大学就解放了，可以随心所欲了。"（晓情）有的学生带着对大学的非理性期待进入大学，以为大学真的是来松的，而将学校提供的自主学习时间误认为是"自由玩耍"时间，荒废了学业。工作坊生涯规划专家的讲解和"过来人"案例的分享帮助学生建立对四年大学生活理性的期待。

4.3.2.2　增强对学习团体的认同

W 大学是一所民办三本高校。对工作坊学生的调查发现，有的学生对所处团体（大学和学院）的认同度不高，对自己所获得的教育质量持怀疑态度，对自己的学习结果表示担忧。

---

① 怀特海：《教育的目的》，庄莲平、王立中译注，文汇出版社，2012，第27页。

前几天有个朋友跟我说他现在基本上不去上课了，想马上转成专科赶紧毕业。他说现在社会上是这样排的，博士，硕士，重点本科，自考本科，然后才是三本，他说他现在不想读了，家里也让他转专科，早点毕业，或者转自考本科，他也是这样想的。他说读书没有用，我们这文凭没什么用。（晓良）

三本大学实践性不如专科，理论性不如二本一本。（晓君）

我不知道自己经过四年的努力奋斗能不能跟"985""211"高校的人相比，不知道自己奋斗有什么意义，有什么作用。（晓健）

针对学生因就读的大学是民办性质的三本高校而对自己前途担心的问题，工作坊通过两个途径助力学生提升对所处团体的认同感和对未来的信心：案例启发和言语引导。

案例启发通过演讲和对话的形式进行，演讲者包括优秀毕业生、优秀在校学生和校外成功人士。W大学的张老师介绍了自己的大学学习经验，鼓励学生树立正确的大学认识，让学生明白决定自己发展前途的人是自己而不是其他。"你是一个什么样的人，比你在哪里读书，读什么专业更加重要！""你将来是一个什么样的人，不在于你是读的什么专业或者你在什么学校，而在于你本身。我是环境工程出身的，但即使要扫马路我也要扫得比别人干净。"来自国外的同龄大学生对其学习经历进行了介绍，工作坊组织学生对比了该大学与W大学的相似性。例如，教育家办学和关注本科教育等。此外，工作坊给学生分析了本校能获得的优势资源，让学生明白在W大学也可以拥有别人没有的优势，不应陷入"城外的望着城里的，城里的望着城外的""围城"中。

言语引导方面，工作坊经常分享W大学成长的喜悦，如：升二本招生、学院师资优化和新设施建成等。这些举措意在让学生建立对学校的信心以及对大学教育的信心。

4.3.2.3 增强专业价值认同

对专业缺乏了解使大学生无法明确专业学习的价值，无法从专业学习中获得乐趣。对工作坊学生的调查显示，在选择专业时，只有约40%的学生了解过所学专业的基本情况，其他学生仅仅凭借对专业"顾名思义"的理解就进行了选择，此外，许多学生是遵照父母及亲朋的意愿填报志愿的。学生在选择专业时没有对自身与专业的匹配度进行评估，专业选择带有一定的盲目性和从众性，进入大学后才发现自己所想象的和现实存在偏差，饱受困扰。

在培养专业认同方面，工作坊鼓励学生"钻进去"，加深对专业的认识，加深对专业价值的认同并培养对专业的情感。很多学生表示自己对本专业不感兴趣，但调查后发现这些学生对专业不感兴趣的原因是投入度太低以至于未建立对专业的真实感受。例如，工作坊成员晓思曾表示自己想转到金融专业去学习，认为自己对本专业实在没兴趣，但调查发现，晓思是在对本专业学习投入低且对本专业学习内容未做深入了解的情况下决定要转专业的，对将要转去的金融专业他也未做深入了解，只是听别人说金融专业好。他最主要的问题不是对专业没兴趣，而是没"钻进去"。

工作坊鼓励学生追求值得追求的事物。有些学生提到自己的兴趣与学业的冲突，对于这个问题工作坊进行了专门探讨。讨论后，学生明白了并不是所有的兴趣都是值得追求的，如打游戏、看小说和追剧等兴趣该克制。工作坊鼓励学生做自己能做且应该做的事。通过探讨自己的兴趣点，分析哪些是与自己的理想相契合的，许多学生发现了自己正确的努力方向。

4.3.2.4 增强课程价值认同

课程是通过大学教学实现知识传授的最主要途径，如果学生对所学课程的价值无法认同，那么他将无法有效地学习知识，这会直接导致大学教育的失效。工作坊学生对课程价值认同的疑惑，主要表现在课堂教学设计和课程知识应用方面。

> 知识学得很杂，有些学科不知道为什么要学，本该深究的却一笔带过，不知道为什么？（晓念）
> 我有时会怀疑自己现在所学的课程对以后有没有用，我出去工作的时候有多少用得到。（晓霞）

为了提升学生对工作坊的课程价值认同，工作坊着力实现两个关联。第一，学习内容与实践相关联。工作坊学习的内容贴近学生学习生活现实需求，学生在现实生活中能够进行应用。第二，学习内容与学生个人相关联。首先，了解学生的个人需求，将学生的个人需求纳入工作坊内容设计范围；其次，在学习组织上不仅关注知识，更关注学生行为、态度和情感等方面；再次，结合学生的经历帮助他们理解学习内容，与学生原有知识相关联。

4.4 干预成效

大学生自主学习量表调查结果显示，学生在工作坊重点干预的学业自我效能感、学习目标和学习意义等方面出现明显变化。通过对学生的访谈和观察发现，学生在学业自我效能感、学习目标和学习价值认同三方面均有明显进步。

4.4.1 学业自我效能感增强

学业自我效能感增强体现在学生的学习行为上。工作坊学生从最初的自我能力怀疑和学习排斥变得更加相信自己的能力和亲近学习。有的学生之前的状态是"只想不做"或"只敢想不敢做"，干预后是"敢想敢做"和"想了就去做"。

例如，有的学生更加有勇气在公众面前表现自己。"主动站起来回答问题的感觉和我想象的不一样。以前也有站起来发言的冲动，但一想到大家的眼神盯着自己，我就浑身发抖。真正做了后我才发现自己并没有那么紧张害怕。也许，'做'其实并没有'想'那么难，关键在于要去挑战。"（晓芬）

有的学生更加勇于尝试有挑战的事务。例如，晓海最开始对自己的能力很怀疑，想去竞选社团的团长职位但又觉得自己能力不足。在工作坊的分析和鼓励下，晓海迈出了挑战的一步，而且成功地担任了金口才社团的团长。在担任团长期间，他在人际交往和团队领导上取得了很大的进步。

有的学生更加亲近学习。最初严重缺乏学业自我效能感的晓汉，在工作坊中发现"自己能做一些事情"后，学习上有了一些变化。他找到自己稍感兴趣的几门课程，从这几门课程入手，在学习上有了一些起色。

有的学生行动力增强。例如，晓雨很清晰地感受到自己在工作坊学习后行动力增强。"项目对我最大的帮助是让我行动起来了，其实之前很多道理都懂，也知道应该怎样做，但一直处在思想的巨人行动的矮子这个层面，是这个项目让我试着去做，去行动，而不只是想想而已。"

4.4.2　学习目标更加明确

工作坊开展的立志教育取得了一定成效，具体表现如下。

学生对自我的认识更加清晰。工作坊给学生提供的职业取向和性格量表等测量工具以及自我认知活动，促使学生更科学理性地认识自我，让学生的自我认识建立在真实的基础上。学生表示："对自己的认识更加深刻且接地气了。找到了自己的定位。"（晓梦）

树立了更远大的志向。工作坊学生从"买套房子"和"买辆车子"的短视目标中走出来，明晰了自己更高远的发展方向。

目标不再过于空洞，而是具体且有实现步骤。工作坊的一些学生学会了树立切合实际的目标、将目标进行分解和制定行动方案等逐步实现目标的方法。例如，晓淳曾经给自己立下的目标是"做一位领导，在行政上有所建树"。工作坊学习后，他对自己的目标进行了明晰，对大目标进行了分解，并先后通过担任学校外联部部长和学校学生会主席等职务锻炼自己的管理能力。

目标不再盲目趋同。学生在制定目标时不再盲目地追随他人，而是根据自己的特点和需求设立，并有步骤地培养自己。

4.4.3　学习价值认同感提升

工作坊通过理论学习、案例分析、研讨会和讲座等多种形式对学生的学习价值认同进行培养，学生呈现了从模糊到清晰、从徘徊到坚定的转变。

从模糊到清晰。学生对大学学习价值、专业学习价值和课程学习价值的认识有了从模糊到清晰的转变。学生认识到大学学习不仅是增长知识，而且是全面发展；认识到专业学习需要投入后才能产生兴趣；认识到课程学习的潜在价值。

> 每一次来给我们演讲的学姐学长和老师都让我们看到不一样的东西，从他们的经历中我看到了我的路要怎么走。（晓薇）
>
> 渐渐地，我觉得自己不再被考试牵动，不再为考试而考试，感觉好棒！（晓雨）
>
> 我明白要走出校门，去获得更多的学习资源，除了增长知识以外，还要锻炼自己的动手能力、组织能力、领导力等。（晓海）
>
> 有些课程虽然没有立竿见影的应用，但那些理论能为我们长远的学习打下很好的根基。（晓涛）

从徘徊到坚定。学生对自己就读三本院校的现实能坦然接受并自信地开展学习活动。

> 看到校友通过自己的努力（获得）成功，成就了自己的梦想，我介绍自己时也会直言我是 W 大学的了。也许我对自己的大学还有很多的期待无法满足，但是我觉得这一年来我已经慢慢融入进来了，我开始为自己的大学自豪，为自己现在的努力自豪。（晓霞）
>
> 因为我们是三本院校的学生，以前总是感觉跟别人一本二本的没有可比性，总是在否定自己。我现在明白了，真正重要的是你这个人怎么样，而不是你在哪里。（晓清）

总体而言，工作坊学生学习动机有所增强，在学业自我效能感、学习目标和学习价值认同三方面都有进步，但仍存在一些问题。

有的学生某些具体学科和课程的学业自我效能感仍有待提高。有的学生因某一学科或课程学习的"历史经历惨痛"，对该学科学习的悲观态度短时间内难以化解。

有的学生目标依然不够清晰。如同自我效能感的提升一样，学生对自我的认识和目标的确立不是短时间内可以完成的，有的需要更长时间和更深入的探索才能完成。

工作坊学生学习动机水平差异大。通过对学生的观察和访谈，笔者发现，大多数学生学习动机有明显提升，但小部分学生学习动机依然较低。

4.5　启示

4.5.1　动机性因素是影响大学生自主学习的核心因素

自主学习是学习者在动机、元认知和行为等方面积极参与自己学习的过程。学习动机是自主学习的原动力，它使学习者处于认知和情绪的唤醒状态，促使学习者做出有意识的自主学习行为，引发学习者为达到目标持续进行的努力。本研究发现，通常情况下，动机性因素是影响大学生自主学习的首要因素，它是支配性的因素。

动机性因素是多元的，它不仅涉及学习者的内在需要（如学习兴趣、好奇心、自尊心、责任心、荣誉感、理想和义务感等）、外在诱因（如高分数和物质奖励等），还涉及学习者的认知（如学习价值、自我效能感、学习目标、归因和期待等）、意志和情感等诸多要素。

在动机、环境和策略三者的关系中，动机会对其他二者产生影响，同时也在其他二者的作用下发生变化。例如，一方面，学习动机对学习者的学习环境和学习策略产生影响，学习者会根据对自己学习需求的感知来选择学习环境和策略；另一方面，学习环境对学习者的学习动机产生一定影响，学习者的行为策略及其结果也会对其学习动机产生影响。

4.5.2　学业自我效能感、学习目标和学习价值认同是影响大学生自主学习的主要动机性因素

学业自我效能感、学习目标和学习价值认同是影响大学生自主学习的三个主要动机性因素。对工作坊学生的调查结果显示，在与自主学习相关的各个动机性因素中，学生在学业自我效能感、学习目标和学习价值认同这三方面表现最明显，它们严重影响学生自主学习的整体水平。持续两年的观察和实践有助于我们发现和提炼学业自我效能感、学习目标和学习价

值认同对大学生自主学习产生影响的机制。

学业自我效能感对大学生自主学习产生重要影响。学业自我效能感对自主学习的影响主要体现在以下方面。第一，它影响大学生的自尊水平，进而影响大学生自主学习。学业自我效能感低的大学生多数同时存在自尊水平低的情况，例如工作坊的晓汉，他因自己学业表现不佳而认为自己没有价值、"一无是处"，对许多事物都缺乏尝试的兴趣和勇气。第二，它影响大学生学习任务与目标的选择。学业自我效能感高的学生通常会选择比自己现有能力稍高但具有实现可能性的任务，而学业自我学习效能感低的学生为了掩饰自己，通常要么选择比自己现有能力高出许多的学习任务，要么选择自己有把握完成的保守的学习任务。第三，它影响大学生自主学习策略的使用。学业自我效能感高的学生相信自己掌握了科学的学习策略，会主动结合实际需要选择和使用策略并及时对所用的策略进行调整。而学业自我效能感低的学生容易认为自己不可能通过改变学习策略来提高成绩，倾向于固执地将不适合的学习策略运用于不同的情境。第四，它影响大学生学习的坚持度。学业自我效能感高的学生在遇到困难时，倾向于相信自己的实力并努力寻找问题的解决方案，坚持把任务完成；学业自我效能感低的学生在困难来临时容易退缩和放弃，并且经常提前为可能的失败寻找借口。第五，它影响大学生的学业情绪。学业自我效能感高的学生相较于学业自我效能感低的学生，学习焦虑和学习倦怠较少。第六，它影响大学生学习的行动力。学业自我效能感高的学生通常行动力强，想到什么就信心满满地去做；学业自我效能感低的学生常常犹豫不决，想的多做的少。

学习目标对大学生自主学习产生重要影响。自主学习是学习者在学习目标的引领下主动对学习进行调节的过程，学习目标经学习者内化而生成学习动力。目标清晰的学生学习动机普遍较强，而目标丧失或目标不够清晰的学生学习动机普遍较弱。学习目标对自主学习的影响主要体现在以下方面。第一，学习目标对大学生学习方向产生影响。目标可以为学生提供一个"管道视野"，让学生将注意力聚焦在与目标和任务实现相关的事物上。有目标的学生比没有目标或目标不清晰的学生更少出现"迷茫"、"随波逐流"和"虚度光阴"的情况。第二，学习目标对大学生的学习努力程度产生影响。学习目标能激励人们为了达到它付出努力，并保持这份努力。工作坊学生回顾了高中阶段的学习，大多认为当时的学习达到了自己努力的高峰，其原因很大程度正是目标清晰。第三，学习目标对大学生的学习评估产生影响。学习目标为大学生学习评估提供参照点。学习目标有助于大学生评估自己当前的情况与预设状态的差距，从而展开调节。

学习价值认同对大学生自主学习产生重要影响。学习价值是学生对学习所赋予的价值，它不仅包括内在价值（学习给学生带来的快乐和满足），也包括外在效用价值（完成学习任务对实现当前或将来某一重要目标的作用）。学习价值认同对自主学习的影响主要体现在以下方面。第一，学习价值认同影响大学生的学习目标设立。学习目标的设立往往受到学习价值认同的影响。第二，学习价值认同对大学生学习的内容选择产生影响。只有学生认为学习某项内容对自己有价值时，他才会真正投入；反之，如果学生认为学习某项内容没有什么价值，他则不可能自主投入。第三，学习价值认同对大学生学习时间管理产生影响。学生往往根据自己对学习价值的判断规划自己的学业和管理自己的学习，例如，持"唯社会论"学习价值观的学生可能本末倒置，将时间用于"社会兼职"而忽略学业学习。

基于对影响大学生自主学习的主要动机性因素的分析，我们可以构建出 EGV 自主学习动机模型（见图 4-1）。在这个模型中，E 代表学业自我效能感（Academic Self Efficacy），G 代表学习目标（Learning Goal），V 代表学习价值认同（Learning Value Recogniton）。学业自我效能感（E）、学习目标（G）和学习价值认同（V）这些因素既可能直接影响学习任务选择、时间管理、学习环境与资源管理、学习监控与调整等子过程，也可能形成合力产生影响。

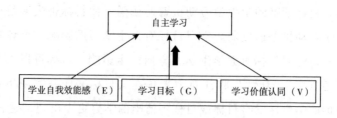

图 4-1 EGV 自主学习动机模型
资料来源：笔者自制。

4.5.3 有效利用动机性因素提升大学生自主学习水平的关键在于动机激发

对动机性因素给予关注与适时适度的干预，是提升大学生自主学习水平的首要工作。人的学习动机既是一种特性，也是一种状态。特性是较为稳定的；状态则由情境引发，可因外界干预发生变化。对学习动机的特性部分我们应加以了解和分析，从而适应它；对其状态部分，我们可以进行一定的干预，使其产生我们所期望的变化或维持一定的水平。

与 EGV 自主学习动机模型相对应，本研究在工作坊实践的基础上提炼出有效利用动机性因素提升大学生自主学习水平的路径，其主要包括：提高学业自我效能感、明晰学习目标、增强学习价值认同。

4.5.3.1 提高学业自我效能感

具体方法如下。

学业自我效能感调节策略指导。指导学生掌握观念矫正、理性归因、积极征兆探寻、乐观解释风格和专长培养等有效调节自我效能感的策略，帮助学生实现自我效能感调节的自助。

期望与鼓励表达。教师通过语言和行为向学生表达鼓励和期望；给学生及时的、积极的和持续的学业反馈；对学生表达期望有公开和私下之分。

创造成功机会。创造条件和环境提高学生成功的概率，为学生提供更多机会亲历成功。

榜样示范和学习。为学生提供向榜样学习的机会或学生作为榜样给其他同伴做示范的机会。

4.5.3.2 明晰学习目标

具体方法如下。

创造环境认识自我。鼓励学生去尝试和体验丰富的学习活动，组织反思性教育活动，由专业人士引导学生借助科学认知量表对自我进行分析。

立志引导。引导学生探索理想、树立志向并坚持自我追求。

目标设立指导。指导学生掌握目标设立和分解的方法，树立切合实际又具有挑战性的有效目标。有效目标的特征是：与自己的价值观相符、具体且可量化、有时间限制、有弹性空间、"跳一跳能够着"和立体。

4.5.3.3 增强学习价值认同

具体方法如下。

大学习观引导。纠正学生对成功的狭窄定义，引导学生认识大学学习的多元价值和多元途径，建立理性的大学期待。

团体认同感培养。通过分享团体成长的荣誉等方式帮助学生增强对所在团体的认同和对所接受教育的信心。

提供专业认识机会。通过实践项目等让学生对所学专业进行感知和体验。

建立课程联结。建立课程与现实、与学生原有知识及与学生需求的关联。

值得注意的是，尽管本研究经过实践和分析得出影响大学生自主学习的主要动机性因素和有效的干预路径，但人们应该认识到，影响大学生自主学习动机的因素的复杂性及开展具有针对性的干预的重要性。大学生学习动机不仅因个体具体的和独特的经历而不同，而且随着个人生活的推进也在不断发生变化。学校和教师应当注重对学生学习行为背后的动机进行分析并开展个性化的自主学习动机激发活动。每位学生都有成长的需要，学校和教师应通过一定的途径激发学生高层次的学习动机，助力学生发掘自己的潜能。

自主学习动机激发路径见表4-1。

影响大学生自主学习的另一重要因素群是环境性因素群，下一章将呈现本研究提炼的影响大学生自主学习的三大环境性因素，以及工作坊为提升大学生自主学习水平针对这些因素所进行的干预。

表 4-1 自主学习动机激发路径

动机性影响因素	动机激发路径	子路径	具体方法
学业自我效能感（E）	提高学业自我效能感	1. 学业自我效能感调节策略指导 2. 期望与鼓励表达 3. 创造成功机会 4. 榜样示范和学习	1. 观念矫正、理性归因、积极征兆探寻、乐观解释风格和专长培养等调节自我效能感策略指导 2. 教师通过语言和行为向学生表达鼓励和期望；给学生及时的、积极的和持续的学业反馈；对学生表达期望与鼓励有公开和私下之分 3. 创造条件，提高学生成功的概率，让学生亲历成功 4. 为学生提供向榜样学习的机会或学生作为榜样给其他同伴做示范的机会
学习目标（G）	明晰学习目标	1. 创造环境认识自我 2. 立志引导 3. 目标设立指导	1. 鼓励尝试与体验，组织反思性教育活动，由专业人士引导学生借助科学认知量表对自我进行分析 2. 引导学生进行理想探索并鼓励学生坚持自己的理想追求 3. 指导学生掌握目标制定和目标分解方法，树立切合实际又具有挑战性的目标。有效目标的特征是：与价值观相符、具体且可量化、有时间限制、有弹性空间、"跳一跳能够着"和立体
学习价值认同（V）	增强学习价值认同	1. 大学习观引导 2. 团体认同感培养 3. 提供专业认识机会 4. 建立课程联结	1. 纠正学生对成功的狭窄定义，引导学生认识多元学习价值和多元学习途径，树立关于成功和失败的正确观念 2. 通过分享团体成长荣誉等方式帮助学生增强对所在团体的认同及对所接受教育的信心 3. 通过实践项目让学生对所学专业进行感知和体验，以易接受的方式启发学生对专业学习价值意义的认识 4. 建立课程与现实、与学生原有知识及与学生需求的关联，增强学习的个人相关性和切身性

资料来源：笔者自制。

5 环境性因素及干预

环境是指围绕某一中心事物并对该事物产生某些影响的所有外界事物。环境分物理环境和社会环境，物理环境包括设施和条件等，社会环境包括人际关系和情感等。大学生自主学习水平不仅受个体动机性因素的影响，也受环境性因素的影响。本章重点介绍在"你我同行·学会学习"学业指导工作坊实践中发现和归纳的影响大学生自主学习的学校环境性因素，以及工作坊为提升学生自主学习水平针对这些因素所进行的干预。

本研究发现和归纳了影响大学生自主学习水平的三个主要环境性因素，分别是参与和交流平台、自主空间和积极关注。参与和交流平台指为鼓励学生学习参与和交流营造的文化氛围及创造的条件，自主空间指为学生营造的自主探索空间，积极关注指教师给予学生尊重、信任、期望和关爱。

5.1 参与和交流平台

教育家涂又光先生的"泡菜理论"揭示了环境对学生发展的影响。一所学校与另一所学校培养出来的人不同，主要是因为学校环境——"泡菜坛子里的水"不一样。对促进大学生自主学习而言，让"泡菜坛子里的水"中含有鼓励学生进行学习参与和交流的成分至关重要。

学习参与是指学生参加各种教育教学活动的行为。学习交流是指学生就学业与他人进行探讨的行为。学习参与和交流对大学生自主学习的重要性体现在以下方面。

第一，学习参与和交流有助于学生与他人建立学习联系。人类具有与他人建立关系的需求。斯塔普说："一个基本粒子并不是一个单独存在的实体，它是一整套不断向外延伸直至跟其他事物发生联系的实体。"[1] 一个人，不是单独的存在，而是向外延伸直至与其他人发生联系的整体的存在。学习参与和交流有助于学生与他人建立学习联系，从而获得更多存在的意义。

第二，学习参与和交流有助于知识建构。人的高级心理机能是在各种交互活动中形成和发展起来的，是在社会互动活动中不断内化出来的。[2]学生在参与和交流中产生和化解认知冲突，从而建构知识。

第三，学习参与和交流有助于学习动力的激发。人与人的相互作用可以促进学习动力的产生。例如，在学徒制中，新手经常与专家近距离接触，在活动中与专家交流，及时获得专家的反馈，学习动力从而受到激发。

第四，学习参与和交流有助于朋辈学习。通过参与和交流，学生可以将自己的知识教授给朋辈。以此方式，教授者有机会对自己所学的知识进一步梳理，获得更深的理解；被教授者也获得了更丰富便捷的学习资源。

第五，学习参与和交流有助于培养"自由人"。马斯洛认为，教育要使学生成为能够适应变化并知道如何学习的"自由人"。所谓自由，是指有"敢于涉猎未知的、不确定的领域和自己做出抉择的勇气"。在一个鼓励自由交流的环境下成长的人更可能成为敢于挑战和涉猎未知的"自由人"。

5.1.1　学习参与和交流问题

参与和交流是学生学业成就的保障。但对工作坊成员进行调查后发现，学习参与度不高和缺乏交流是学生在学习上存在的最突出的问题。

5.1.1.1　学习参与度低

学习参与度低主要表现为学习准备度低、学习参与少和娱乐时间多。

---

① Stapp, H. P., *Mind, Matter, and Quantum Mechanics* (Springer, 2009): 328-330.
② 陈琦、刘儒德主编《教育心理学》，高等教育出版社，2011，第46页。

学习准备度低。在工作坊第一期期初问卷调查中，对"课前我会有选择地进行预习"和"我经常会将不会做或做错的题目进行归类，并及时补缺补漏"的表述，分别只有33%和42%的学生作出肯定回答。在访谈中学生表示，大学学习和中小学学习相比，对预习和复习的要求大大降低，多数科目都没有预习复习要求，直接听课就行。

学习参与少。工作坊第一期的一次随堂调查发现，仅有25%和34%的学生认为自己"课堂上主动提问或参与讨论"以及"课堂上积极回答/思考老师提出的问题"频率高。学生反映90%的课堂采用的是老师讲、学生听的模式。"主要是老师讲，我们听。"（晓莉）"不需要怎么参与，人坐那儿就行了。"（晓浩）"认真听讲的次数很少，经常要不然睡觉，要不然就是不自觉地拿手机刷。"（晓菲）"上课的时候我就听一听做做笔记，有时候笔记都懒得做。"（晓汉）

娱乐时间多。学生课外用于学习的时间与用于打游戏、看视频等的娱乐时间形成了鲜明对比。工作坊第一期期初调查了学生每周用于各项事务的时间分布情况，从高频选项中可以看出学生娱乐时间远比学习时间多（见表5-1）。

表5-1　课外参与各项活动的时间分布

项目	内容	高频选项
学习	课外的预习、复习、读相关文献、做作业和做实验等	6~10小时/周
课外活动	阅读校园刊物、学生会/团委活动、社团活动、校内外比赛等	6~10小时/周
娱乐	玩游戏、看视频等	11~15小时/周
兼职、打工	校内/校外工作	1~5小时/周
健身、锻炼	跑步、踢球等	1~5小时/周

资料来源：笔者自制。

5.1.1.2　学习缺乏交流

学习交流主要包括师生交流和朋辈（学生之间）交流。问卷调查显示，学习缺乏交流是表现突出的问题。工作坊第一期期初采用大学生自主学习量表对学生进行调查，得分最低的表述是"我经常和老师交流学习问题"，对于这一表述，仅有11%的学生作出肯定回答。针对量表中"课堂上有不懂的地方我会在课余休息时向老师或同学请教"和"发现自己解题的答案与其他同学不同时，我马上与同学讨论交流"两个表述，也分别只有42%和37%的学生作出肯定回答。

与学生的访谈验证了师生交流的欠缺。学生表示，教师在课堂上一般很少与学生交流。不仅课堂上交流少，课后交流更少。有的学生课后从未与老师有过交流。较多学生表示，自己在需要指导的时候找不到老师，而且老师摆出的姿态看上去也不欢迎学生去"烦扰"。

> 老师无论是站着讲还是坐着讲，与我们都是两个隔开的世界。（晓川）
>
> 他讲他的，我们玩我们的。（晓瑞）
>
> 大学老师一般上完课就走了，再说，他也不认识我啊。（晓祥）
>
> 平时课下老师没有主动跟我交流过，我遇到了什么问题也不会想到跟老师讲。（晓淳）
>
> 我觉得大学老师像是只负责上课一样，就是上完课就没他的事了，老师离我们比较远。（晓霞）

朋辈交流的情况略好于师生交流，但也不容乐观。由于课堂大多以老师讲学生听的模式开展，学生们在课堂上交流的机会很少。课外学生之间的交流也不多。"宅"是一个普遍现象，学生对于学校活动的参与度不高，乐于宅在宿舍玩游戏、看视频和读小说。

> 上课一般就是我们听老师讲，或者有时老师提个问叫同学起来回答这样子。（晓霞）
>
> 我们没有为了一个问题跟同桌进行无数次讨论的情形。（晓涵）
>
> 我们班大多数同学我也只是能叫上个名字，混个脸熟。平时大家很少在一起。（晓莉）
>
> 感觉在大学除了室友和个别同学外，大部分同学还是关系一般

般，也就是见了面打个招呼。（晓凯）

要解决学习参与度低和缺乏交流的问题，需要厘清出现这些问题的原因。罗杰斯认为每个人都有学习参与和交流的愿望。"年轻人本身就有高水平的内部动机，他们是好奇的、渴望发现的、渴望解决问题的，而大多数教育的不幸在于，学生在学校待了几年之后，这些动机完全被抑制了。"[①] 究竟是什么让本性乐于参与和交流的学生失去了参与和交流的动机？究竟是什么阻碍了学生的学习参与和交流？对工作坊成员的学习进行长期观察和分析后发现：参与和交流平台的缺失是学习参与度低和缺乏交流问题的主要原因。平台缺失体现在学习参与和交流的物理空间、载体和文化氛围的缺失上。

其一，学习参与和交流的物理空间缺失。学习参与和交流的物理空间缺失最直观的体现是教室布局。例如，W大学的教室桌椅摆放绝大多数为"秧田式"，即固定的桌椅成行排列（见图5-1）。这种"秧田式"空间布局是在传统教学观指导下设计的，突出教师作为课堂主体及主要信息源的地位，给教师树立权威的同时也给学生造成一定的压迫感，无形中拉开了师生距离，不利于师生平等交流。"秧田式"的课堂空间布局也不利于学生之间的交流。当人与人面对面的时候，交流的效率会高于看不到对方面部表情的时候。面对面的交流可以增加双方视线接触等非言语交流的频率，而"秧田式"的座位排列不可能使学生轻易完成这些重要的非语言交流。

图书馆物理空间布局也存在不利于学习参与和交流的因素。图书馆是大学学习的重要场所，学生不仅可以在图书馆安静阅读，也可以在图书馆开展合作学习和讨论。具有温馨自由氛围的图书馆环境对鼓励学生的学习参与和交流起着重要作用。但许多图书馆在物理空间安排上呈现清一色的如教室"排排坐"式的格局，未能给学生提供可以自由交流和合作学习的空间。学生在图书馆里只能安静学习，不能交谈，更难以开展其他方式的

---

① Rogers, C. R., *Freedom to Learn: A Review of What Education Might Become* (Columbus Ohio: Merrill, 1969): 131.

图 5-1　W 大学教室布局场景
资料来源：笔者自制。

学习，因而学习参与和交流受到限制。

其二，学习参与和交流的载体缺失。学习参与和交流载体的缺失体现在学生可参与的学习项目少、采用鼓励学生参与和交流教学方式的课程少及学生可参与的课外社团项目少等方面。

学生可参与的学习项目少。这里的学习项目主要是指学校各部门或教师为学生提供的专业类学习项目，如科研和实践项目。工作坊第一期 36 位学生中仅有 2 位在大二前参加过此类项目。

采用鼓励学生参与和交流教学方式的课程少。课堂主要以教师讲学生听的方式进行。教师将现成的知识告诉学生，学生学习的主要方式是对知识进行记忆，然后在试卷上进行填答。

学生可参与的课外社团项目少。大学学习发生在课堂，但又远远不只在课堂。统计数据表明，所有对学生产生深远影响的重要事件有 4/5 发生在课堂外。[1] 社团活动是学生课外学习的一个主要载体。各种丰富的社团活动为学生学习提供了重要的资源。工作坊学生反映，大学的社交型（游

---

[1]　莱特：《穿过金色光阴的哈佛人》，范玮译，中国轻工业出版社，2002，第 8~9 页。

艺型）社团较多，学术型社团较少。学生通过参与社交型社团可以拓展兴趣、锻炼能力，可学术型社团的欠缺使学生难以深度学习。

其三，存在阻碍学习参与和交流的文化氛围。物理空间和载体缺失的背后是存在阻碍学生参与和交流的文化氛围，它们包括：狭隘教学观、师生等级观、对竞争的过度推崇和形式主义。

狭隘教学观。狭隘教学观阻碍师生、生生之间的交流。有的教师固执地认为"我是来教书的"，讲授知识点是我的工作，只要把教材上的内容讲给学生就好了，至于其他的则不是我的职责范围。这种教学观的存在使得教师与学生形成无精神交流的知识"授受关系"，使得学生"只接触到课，接触不到人"。正如晓川所感受到的："老师无论是站着讲还是坐着讲，与我们都是两个隔开的世界。"

师生等级观。过于森严的师生等级观不利于促进学生的学习参与和交流。我国具有尊师重教的优良传统，长久以来，教师在教学中享有绝对的权威。在传统的课堂上，授课内容、方法和进度都由教师决定；课堂模式是教师讲学生听；课堂互动仅限于单向的教师问学生答；课堂秩序良好，学生听话。而这些都不利于促进学生学习参与和交流。现代社会虽鲜见古时师尊生卑的极端型师生关系，但有的教师依然以高学生一等的姿态出现在教学活动中。例如，有的教师在与学生的交流中摆出价值法官的架势，认为学生必须照着教师说的做。如此的"交流"让学生对教师产生了距离感和隔阂感，交流的管道因此被堵塞。此外，在讲座、文艺汇演等学校活动中，为教师预留中心位置，学生只能坐在预留位置外的"二等座"的做法对鼓励师生交流也无益。学生在这些活动安排的格局上已经先行感受到了师生的不平等，交流的意愿自然也降低了。师生等级观不仅影响师生之间的交流，而且影响学生之间的交往模式。教师与学生平日交往中的"居高临下"模式易被学生模仿。例如，有的学生在朋辈交流时也努力寻找"高人一等"的感觉，形成学生干部比普通学生高一等、学长比学弟高一等的模式。而这一切使得校园里形成等级氛围，使人与人之间竖起一道墙，人的行为变得小心翼翼，如此，人与人之间的交流就会流于表面。

对竞争的过度推崇。罗杰斯认为，学生只有在处于较少威胁的教育情境下才更可能有效学习。过度强调竞争会给学生带来心理压力，长期处于这种竞争压力下，学生趋于把目光锁定在眼下的输赢，无法静心去感受学习的内在魅力，人与人之间的交往模式也会被扭曲。例如，有学生反映过度竞争让朋辈关系变得紧张。工作坊成员晓希表示："临近考试，我们宿舍的氛围就不一样了，每个人好像都在防着其他人一样的，明明自己复习了也说没复习，明明自己会的也说自己不会。"学生暗地里较劲，提防着他人，努力把他人挤下去，空气中充满了戒备和敌意，这使真正的交流困难重重，也降低了学生参与校园活动的热情。

形式主义。形式主义是指对活动形式而非内容的看重。教育活动中的形式主义做法会影响学生参与的积极性。笔者曾参加过一次看似成功的教学座谈会。这次座谈会的目的是让学生反馈教学中存在的问题以提高教学质量。如果要达到好的座谈效果，座谈会应该邀请有意向的学生参加，并且营造自由的座谈氛围让学生敢说和愿意说。而此次座谈的情形却是这样的：班长和学习委员被强制参加（此外没有普通学生参加）；在一个排排坐的教室里，教师坐在了第一排，学生坐后面；学生按座位顺序轮流上台反映教学问题，在发言之前要在黑板上写下自己的名字和联系方式。这一系列安排使得座谈会表面热闹有序但却没有实现真实的交流，没有起到它应有的效果。再如，学校有的活动不仅"抓丁""凑人头"，而且排练时，对活动中提问的顺序以及提问的内容都进行"周密"安排。这些为了达到形式上的完美和可控而做出的努力实际上会挫伤学生参与的积极性。在多次"被利用"后，学生可能对学校的活动和相关负责人失去信任，并失去参与活动的积极性。

5.1.2 参与和交流平台搭建：工作坊实践

主动参与和交流是自主学习的重要特征。工作坊采用了以下措施促进学生的学习参与和交流。

一是主题指导。工作坊通过主题活动让学生感受到参与和交流的重要性，对如何主动参与学习活动、如何主动争取学习资源和开展有质量的学习交流进行指导。意识的转变是关键，相关主题指导对增强学生的学习参与和交流意识起到了促进作用。

二是物理空间创设。工作坊采用灵活的学习空间设置，集中学习的地点选择在一个宽敞且可以自由活动的学习室，根据每次集中学习的需求，工作坊进行不同的空间安排。有时采用大圆桌形式，有时采用多组圆桌形式，有时采用秧田形式，有时甚至把课桌撤去。其他活动地点亦根据学习需求进行不同的选择。有在绿草坪上的座谈，有在运动场上的游戏，有在大树下的读书汇报。灵活的物理空间有利于促进学生交流。

三是氛围营造。工作坊努力营造安全、平等、自由和融洽的学习氛围。在工作坊，学生可提出任何问题，回答任何问题，毫无顾虑地讨论任何困惑。"人人为老师，人人为学生"，每一个人都同时具有老师和学生的身份，人人都是学习源。学生被鼓励去尝试任何想尝试的事物，大胆开展试错实验。

四是学习活动注重丰富性、可选择性及个性化。要提高学生的参与度，前提是有学生可参与的学习活动，即要创造学习参与和交流的载体。活动丰富，学生就愿意尝试；活动具有可选择性，学生参与的积极性更高；活动个性化定制，学生参与的收获就更大。工作坊安排了丰富的内容，设计了热身游戏、理论学习、课堂实践、朋辈讨论、话剧展示和小组合作等各类形式的学习活动，鼓励学生积极参与；工作坊的学习活动分为"必修项目"和"选修项目"，增加了学生参与的可选择性；活动内容和形式基于工作坊成员的真实需求个性化定制，提高了学生的学习成效。

五是教学方式改革——共同建构。工作坊通过共同建构的方式扩大和加深成员参与和交流的广度和深度。学生不是被动的知识接受者，而是工作坊的主人，决定着工作坊的走向。每个人都需要认真思考和分析自身与工作坊团体的问题、主动查找资料、共同商讨解决方案、互相协助问题解决。工作坊"成长团"的制度让每一位成员都参与到工作坊的运转中：工作坊每一位成员至少完整地组织过一次工作坊活动，在组织前需要对本次活动的内容进行深度学习和掌握，在组织过程中必须与他人就组织事宜进行沟通和讨论，在组织后需要给下一个组织者交接活动事宜和传授经验，每一个环节都涉及深度参与和交流。

5.2　自主空间

开展自主学习，前提条件是学生拥有自主的空间。物理学上，空间是物质实体之外的部分。以盖房子为例，地基和墙壁为"实"，房间为"空"。盖房子的"实"是为了人类居住的"空"。学校教育中有各种制度、安排和尝试，这些努力之"实"也是为了给学生创设自主发展之"空"。

教学是学校育人工作的重中之重。哈佛大学前校长德里克·博克指出，学生能记住多少知识、会形成怎样的思维习惯，较少取决于他们选修了哪些课程，而较多取决于他们是被怎么教的。[①] 教学中的"教"之"实"要为学生的"学"之"空"努力。好的教学，是能够给学生营造自主空间的教学。

工作坊实践在给学生营造自主空间方面具有以下五个特征：留白、提供适宜的学业挑战、深度教学、构建学习共同体、多维教学。

5.2.1　留白

稻田插秧，为了给秧苗提供生长的空间，秧苗之间要留出大约一个巴掌长的距离，这叫留白。育人也一样。在教学过程中，有的教师生怕讲少了，每堂课都安排得满满当当，而此时学生却被剥夺了自主的"空"间。工作坊在实践中贯彻了"留白"原则，为学生提供自主的空间。

第一，学生是"主体"，教师是"促进者"。

工作坊教师的主要角色不是"知识的讲授者"，而是学习"促进者"。工作坊强调学生的课前准备。学生自行阅读学习材料，在完成阅读和其他课前准备的基础上带着问题、体会与自主学习成果进入工作坊学习。教师在工作坊集中学习时对学生不能自行掌握的知识和策略进行指导。指导时，教师注意"不愤不启""不悱不发"，只在学生有需求时才进行指导。

第二，给予学生思考和应用的空间。

在活动安排上，工作坊采取一周一次集中学习外加团体辅导和个体辅

---

① Bok, D., *Our Underachieving College*（Princeton University Press, 2006）：48-49.

导的方式。集中学习时间固定在每周一晚上 6 点半到 9 点半，团体辅导和个体辅导则根据需要随机开展。之所以将集中学习的时间定在周一而不是其他时间，是考虑到这有利于为学生留下充足的时间思考和应用本周所学。之所以每周进行一次集中学习而不是两次或三次，是考虑到精华内容一次引入即可，有利于留给学生更多的扩展性学习空间。在每周集中学习的 3 个小时中，教师的讲述时间在 30%之内，其他时间则采用多种形式促进彼此的交流。

第三，给予学生选择空间。

工作坊中的学生具有较多选择空间。学生可以自由选择参加或不参加某一期项目，在工作坊进行中也可以根据情况选择继续参加或退出工作坊。学生可采用自己感兴趣的或擅长的方式完成学习任务。例如，学生在展示自己的想法时，可以采用方案设计、情境展示、话剧表演、口头演说和图片表达等自己喜欢的方式进行。

第四，给予学生学习控制权。

工作坊刚开始时，许多学生都习惯于被动听教师授课，缺乏主动学习的意识。他们乐于遵照教师安排的方案进行学习，缺乏主动安排学习的习惯。面对这一情形，工作坊一方面对学生强调"你才是自己学习和发展的负责人"，帮助学生形成对自己负责的意识；另一方面注意给予学生清晰的工作坊活动日程表，让学生能够提早安排学习。工作坊哪些活动在什么时候进行、流程是怎样的、需要做哪些准备和希望达成怎样的效果，这些都会在活动开展前较长时间和学生沟通，确保学生有充足时间和空间安排和准备相关事项。

第五，为不同类型的学生提供个性化的支持。

工作坊学生大致可分为三种类型：学术型，能力型和潜力型。学术型的学生，志在学术上有所成就，对学术钻研兴趣浓厚，大学毕业后有进一步深造的打算。对这部分学生，工作坊提供学术发展的资源并进行相关学业指导。能力型的学生，在学校功课上能够满足要求，但志在实践，对实践类的事务感兴趣，大学毕业后希望走上工作岗位。对这部分学生，工作坊鼓励他们在学习之余进行更多的创业和实践活动，并邀请创业导师对这些学生进行创业指导。潜力型的学生，对自己的未来没有形成清晰的想法，对学业和就业的兴趣都不足，在学校被边缘化，工作坊给予这些学生更多的关注，帮助他们更清晰地认识自己，找到自己的特长和爱好，提升自我效能感，明晰自己的规划与发展路径。

5.2.2　提供适宜的学业挑战

如果说留白保证了大学生自主学习空间的宽度，那么适宜的学业挑战则是对大学生自主学习空间高度的保证。维果斯基提出最近发展区的概念。他认为教师在教学时必须考虑学生的两种发展水平，一种是学生现有的发展水平，另一种是在他人协助和支持下才能达到的水平，这两者之间的区域就叫最近发展区（见图5-2）。学生的发展主要是通过尝试那些在他人的协助和支持下能完成的任务（最近发展区的任务）来实现的。适宜的学业挑战就是落在学生最近发展区内的学业挑战，它既不会高得让学生认为自己无法达到，也不会低得让学生觉得不需努力就能达到。

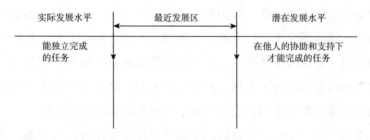

图5-2　最近发展区

资料来源：Ormrod，J. E.，*Educational Psychology*：*Developing Learners*（6th ed.）（Upper Saddle River，NJ：Pearson Prentice Hall. 2008）：42.

通过对工作坊学生的调查，本研究发现了学生学业挑战度过低的问题。学生反映，学校考试的内容大多数是记忆型的，考核很容易通过，平时不需要怎么努力就可以达到学校的学业要求。不仅考试内容难度低，教师在考前明确重点的做法也进一步降低了考试难度。

> 物理考试考完了，连续一个礼拜背题的日子也告一段落。没错，想要取得高分，秘诀就是背题。即使我什么都不知道，只要我在快考

试的时候，记忆力足够好，我就可以拿到跟那些努力学习的同学差不多的分数，甚至可以拿到比他们更高的分数。（晓健）

考前老师一般都会给我们明确重点，把答案背熟就好了。（晓涵）

过于简单的学业考核削弱了学生努力的动机，导致学生学习的投入低。许多学生对大学学习的轻松从一开始的不适应到后来变成了一种习惯。

我的时间大概是这么度过的，学习课本知识最多 5%，玩 80%，部门（社团）的事情 5%。（晓汉）

我们寝室很少有人做作业，一般都是打游戏、玩手机、看小说、听歌、看电影，然后快要收作业的时候马上赶。（晓思）

我渐渐过惯了这种轻松的日子，一下子来个严格的老师，作业没固定模式，考试不给题的那种，我还真的不习惯。（晓梦）

学业挑战既不能过低，否则学生容易丧失兴趣；也不能过高，否则学生容易产生退缩的念头。适度的学业挑战才有利于促进学生自主学习。

为实现适度的学业挑战，工作坊的主要措施有：指导学生深刻认识适度的学业挑战对学习的重要性，在教学组织上给学生适度的学业挑战。

第一，指导学生深刻认识适度的学业挑战对学习的重要性。

工作坊鼓励学生在学业目标设定和学业任务安排时坚持"跳一跳能够着"的原则。"跳一跳能够着"即目标和任务设立的标准是既有完成的可能但又不会太容易。学生学习了关于学业投入的研究成果，例如 Tyler 的 Time on task 理论（学习时间与学习效果之间正相关）和 Pace 的 Quality of Effort 理论（学习时间的长短并不是影响学习效果的唯一因素，更重要的是在学习时间里的行为和活动的质量。当投入的时间相同时，取得更好学习效果的是那些把时间充分用在有教育意义的活动上的行为）。学生表示，以前只是知晓"成功＝99%的努力＋1%的天赋"，现在科学研究的验证让他们更相信有质量的学习和投入的重要性，认识到学习投入对学习成效的作用，意识到适度的学业挑战对学习的作用。

在 W 大学学生中具有高人气的刘老师被邀请到工作坊举办讲座。刘老师建议学生给自己"施点压",并介绍他在教学中的一些做法:"我从来不在期末画重点,这是在第一堂课上就会讲清楚的,打消大家指望最后一节课串讲划重点的念头……一开始端正态度很重要!"刘老师的提醒让工作坊的学生认识到教师降低学业要求无益于自己的成长,过低的学业要求无益于挖掘自身潜能。

第二,工作坊在教学组织上给学生适度的学业挑战。

工作坊在开展之初就给予学生明确的学业期待和学习要求。"课后的阅读和实践是重中之重。首先,每位同学在集中学习前完成好材料阅读;其次,策略学习最终的落脚点在实践,每位同学需要在学习后对所学方法进行选择性实践并对自己的实践情况进行记录……工作坊每位同学确保坊外学习时间至少是集中学习时间的三倍……每位同学都是工作坊的主人,每一次集中学习时会有同学对自己的学习情况进行分享和呈现,此外还有期中的进展报告和期末个人报告。作为 W 大学自主学习工作坊'黄埔军校'的第一批学员,期待我们成为学习自主的一批学生,也期待大家将这个正能量传递,带给身边的人正能量的影响。"在开展之初对学生表达清晰的学业期待,对学生的学习投入而言是一种激励。

工作坊布置的学习任务要在实践中执行到位。例如,要求学生在集中学习之前完成阅读,工作坊对阅读的质量有一定的检测;要求学生应用所学方法并记录应用情况,工作坊对此也有所检测。工作坊每次集中学习时有学生汇报自己最近的学习进展,每两个月有期中报告,每期期末有个人期末汇报,这些考核给学生"压力",让学生对工作坊保持认真的学习态度并付诸行动。

5.2.3 深度教学

学生谈到学习上的困惑,其中一个很明显的问题与学习的深度有关。即学生感觉自己的学习浮于表面。

在大一期间我没有逃过课,每一节课我都努力认真听。虽然我认真听了、学了,但到最后还是发现自己只是浮于表面,没有挖掘到一定的深度。这种学习的感觉就好比把一个皮球放在水里,它只是挨着

水，在水面飘着，却没有沉下去。（晓涵）

　　我感觉我在大学的学习没有扎进去，一天到晚都在学，但回想自己学到了什么的时候却说不出个一二来。（晓清）

学习不够深入是学生具有的普遍性问题。有些学生很自主地安排了学习，却没有获得相应的效果。深入调查后发现，出现这一问题的重要原因是缺乏深度教学：课堂教学过于注重知识覆盖面，忽略了知识深度；同时，课堂教学过于注重低阶学习，忽略了高阶学习。

首先，注重知识覆盖面而忽略了教学深度。有的教师认为需要将教材上所有的内容教授给学生，而学生则反映自己在课堂上只是"囫囵吞枣"。"就像吃东西，刚咬了一口苹果，吃了一个味道，又被拿走了，没了，又换给了我一个桃子。"（晓莉）"感觉要学好多东西，学得特别泛，课程面拉得很广，可没有深入研究某一个方面的东西，我觉得自己没有学到什么。"（晓霞）"觉得老师上课照本宣科，拿我们当小朋友在教，大家都知道的东西也还要讲一遍。"（晓清）

其次，重低阶轻高阶。美国著名教育家本杰明·布鲁姆将学习的认知目标分为知道、领会、应用、分析、评价和创造等由低至高的六个层次。其中，知道和领会为低价学习目标，而应用、分析、评价和创造为高阶学习目标。目前，教学过多强调低阶目标的实现，即对知识的记忆和理解，忽视了高阶目标的实现。这导致学生学习停留在对浅层的事实性信息及概念、原理的记忆上。工作坊第一期随堂问卷的调查显示出学生所学课程重低阶轻高阶的问题，学生认为自己所修的课程侧重于对知识的记忆，忽略了对知识的应用、分析、评价和创造（见表5-2）。

表5-2　学生所修课程强调内容

被强调的内容	非常强调	强调	有点强调	不强调	合计
记忆课堂或阅读中的事实、观点或方法	57%	36%	7%	0	100%
分析某个观点、经验或理论的基本要素，了解其构成	27%	27%	36%	10%	100%

续表

被强调的内容	非常强调	强调	有点强调	不强调	合计
综合不同观点、信息或经验，形成新的或更复杂的解释	12%	18%	36%	34%	100%
判断信息、论点或方法的价值	18%	25%	45%	12%	100%
运用理论或概念解决实际问题，或将其运用于新的情境	6%	12%	48%	34%	100%

资料来源：笔者自制。

认识到这些问题，工作坊努力帮助学生建立深度学习的意识，并贯彻深度教学的做法。

第一，建立深度学习意识。

学生反馈的信息显示出他们对深度学习知之甚少，工作坊指导学生了解高阶学习、过度学习、拓展学习、输出式学习和综合学习等深度学习方式。

高阶学习。工作坊介绍了高阶学习的相关信息，鼓励学生重视高阶学习，即不仅要实现知识的知道和领会，更要进行知识的应用、分析、评价和创造，获得"活"的知识。

正确认识考试及考试分数。"如果一堂课的目的只是能够记住下次考试要考的内容，那么这堂课是无意义的。"这句话在学生的头脑中留下了深刻印象，学生明白了要改变为考试而学的观念。针对有的学生平时不学习，考前狠背书，考试反而取得比平时认真学习的学生更高分数的事实，学生在学过艾宾浩斯遗忘曲线后明白了其缘由和后果：借助短时记忆，临时抱佛脚或许能考出一个好成绩，但它对真正意义上的学习和成长是没有好处的。

过度学习（Over Learning）。过度学习是指学习某材料，在达到最低限度的领会或可勉强回忆的程度后，再继续学习以加深效果。① 过度学习的学习保持率通常高于正常学习。

输出式学习。无论是工作坊的学生，还是更大范围的大学生群体，都

---

① 程少堂、孙芳：《论基"过度学习"的基点度、价值及原则》，《教育评论》1989 年第 6 期。

存在只注重输入（听、读）而忽略输出（说、写）的问题。工作坊鼓励学生注重输出式的学习，将自己的所学和所想通过一些方式呈现出来，这有利于自己对知识的梳理与深度理解。

工作坊通过比喻给学生介绍了三种经典的学习方式。它们分别是：蚂蚁搬家、蜘蛛结网、蜜蜂酿蜜。蚂蚁搬家的学习方式只是努力将各学科知识都搬到自己的"窝里"。这种方式导致知识机械堆积。蜘蛛结网学习方式，是对知识进行整理，然后将各知识点以一定的结构串联起来，把点状的知识变成网状的知识，对知识之间的联系有更好的把握。蜜蜂酿蜜的学习方式，不仅将知识关联起来，还在原有的基础上有所创造。对这三种经典学习方式的考量有助于学生明白输入和输出结合、关联性学习以及知识创新的重要性。

第二，贯彻深度教学做法。

除了强调深度学习的重要性和讲解如何开展深度学习，工作坊本身也贯彻深度教学的做法。

由点到面。工作坊的目标是助力学生掌握自主学习的知识与技能，继而提高学生的自主学习水平。在内容安排上，工作坊不是把"学习方法"所涉内容全面铺开，而是选取学生急需且重要的"点"作为主要学习内容。在每期工作坊开展之前，工作坊会对学生的学习需求进行了解，将学生的困惑及知识的重要性综合考量后再决定学习的主题和内容。例如，工作坊第二期重点学习的主题是时间管理、学会选择和大学学习价值。通过少而重要的几个"点"的学习，学生对每个"点"都能学透，除了实现学习意识上的转变，还通过实践掌握了实用的方法。

探讨"结构不良"问题。一般情况下，考卷上的许多问题是有确定答案的，解决这样的问题套用相应的法则和公式即可；而现实生活问题的解决不能简单套用公式，要对具体情况做具体分析。本研究发现，由于以往对标准化答案的强调，学生在面对问题时往往有揣摩标准答案或揣摩教师期许的答案的倾向。长期以来，在教育中追求标准化答案的做法让学生在潜意识里认为每个问题一定有一个正确/标准答案。而要促进学生实现真正意义上的学习，就需要改变这种一味寻找标准答案的做法。因此，工作坊给学生提出"结构不良"的问题，这类问题没有标准答案，从而鼓励学生展开自己的分析，"并不是每个问题都有唯一的正确答案，我们对自己现实情况做出分析后提出的解决方案才可能是适合的方案"。

锻炼批判性思维。"灌输式"的教学容易让学生形成对知识全盘接受的习惯。工作坊设计了一些教学活动，着力打破学生这种对"权威知识"的崇拜，使学生形成批判性的思维。例如，来自徐老师带来了手机是否应在课堂被禁用的话题。在给学生的学习材料中，手机禁用赞成者和反对者都陈述了理由。徐老师带领学生对这些理由的提出背景进行了分析。"不管是来自官方的还是民间的理由，请大家想一想它提出的背景是什么？它来自哪个社会背景、文化背景、阶层以及它有什么目的这么做？它提出理由的口吻是怎样的，在选用词语的时候有哪些玄机？……不同的人，立场不同，目的不同，阐述的角度也是不同的！在听到一个观点时，可以想想它被提出的背景，而不急于立马接受。"通过简单案例的分析，工作坊引导学生对事物进行更成熟的批判性的思考。

开展问题解决型学习。学以致用是工作坊推崇的理念。在以往的学习中，学科划分很细，语文是语文，物理是物理，数学是数学，学生孤立地学习某一门知识，学完了后，知识依然是孤立的存在。而工作坊所涉及的问题需要学生将各科知识关联起来使用。例如，时间管理问题需要学生对自我进行深入思考，清楚自己的目标是什么，然后结合自己的日常学习采用大树法、番茄法等对时间进行管理。工作坊的指向是问题解决，自主学习策略的掌握需要学生在日常学习中对策略进行应用，"做中学"是工作坊的主要模式。

5.2.4 构建学习共同体

工作坊学生在交流学习问题时常谈到自己在学习上的孤独和边缘化。"高中时，我们都有同样的目标，大家一起努力，一起上课，有好的经验会互相分享，有好的书会换着读。现在我们全班虽然也是一起上课，但不知道为什么，就没有那种一起奋斗的感觉了。"（晓梦）一些学生认为自己在学习上"行走得很孤独"，虽然表面上身处某一集体，但这个集体却不具备凝聚力；集体中的成员看上去都很忙，彼此少有交集。研究发现，学生感觉学习孤独和边缘化的主要原因是"学习共同体"的缺乏。

学习共同体是一个由"学习者与助学者共同构成的团体"，他们拥有"共同的目标"，在共享的环境中学习，通过对话、交流和沟通来"分享彼此的情感、体验和观念"，"共同完成一定的学习任务"。[①] 本研究努力将"你我同行·学会学习"学业指导工作坊建设成一个真正的学习共同体，让学生在工作坊学习中扮演对自己学习负责的角色并积极参与学习。为建设学习共同体，工作坊主要采取了以下措施。

一是注重形成工作坊文化、理念和目标认同。工作坊开展之前，笔者在宣讲和期初访谈时多次给学生介绍了工作坊的理念与目标，学生是在充分了解并基本认同的基础上报名参加的。但工作坊学生都有着传统教育的背景，不能期盼他们自动转向主动构建学习共同体这种全新的学习环境。因此，在工作坊进行过程中，为了使学生有更多的机会去明确、修正和深化工作坊的理念与目标，形成共同体文化，工作坊将进行持续的讨论。工作坊共同体文化的形成大致经历了三个过程。其一，"解冻"，消解学生与工作坊不匹配的理念，例如认为学习就是老师教学生听；其二，引进新标准，将工作坊的理念、做法和目标摆到台面上来，师生一起探讨，一起修正，例如，对以问题为中心的学习方式进行讨论；其三，"重冻"，稳固地执行工作坊的理念，在工作坊行动中实践大家讨论后所尊崇的理念，例如，实践以问题为中心的学习方式。工作坊的文化、理念和目标是生成性的，它们在不断互动中生成，这种在互动后形成的工作坊文化、理念和目标让每个成员对其具有强烈的认同感，这种认同感会促使成员更加积极地参与到学习活动中。

二是推崇成员具有平等权利。工作坊从一开始就强调"每个人在工作坊中都是主人，每个人既是老师，又是学生"。教师在工作坊中不是高高在上的。这在工作坊具体实践中有明显体现：每位成员可以自由选择自己的位置，发表自己的看法；学生和教师同是工作坊活动的设计者和参与者，每一期的活动都是在学生和教师的讨论下设计并实施的。

三是鼓励资源的多元化、本土化和共享性。工作坊的学习资源不局限

---

① 薛焕玉：《对学习共同体理论与实践的初探》，《中国地质大学学报》（社会科学版）2007年第1期。

于期初设定的基本教材，工作坊开展过程中不断进入各种学习资源，如来自书本的、网络的和个人经验的学习资源。一切有利于学生自主学习策略掌握和能力提升的资源都以开放的姿态被请入工作坊中。此外，工作坊充分尊重每个成员的优势，强调每个成员都有自己的专长、技能和经验，鼓励学生将个体间的差异视为优质的学习资源。

四是规则共同商定。共同体活动的顺利开展必然需要遵守一些规则。规则的共同商定是共同体之所以为共同体的一大特征。工作坊赋予每位学生和每个小组制定规则的权利。例如，第一期晓瑞组在组员共同商定后制定的小组规则为：坦诚相待，优缺点相互指出；把组员当兄弟姐妹；积极发表自己的观点，多交流；相互帮助、支持，共同进步；爱组。工作坊的规则是由所有成员相互协商和交流得出的，保证了大家对工作坊规则执行的强意识和高意愿。

工作坊一共开展了两期，第二期效果比第一期好，原因是第二期学习共同体有更优质的建设，主要体现在以下三方面。

一是第一期为第二期奠定了良好的基础。成员在经过一学期的相处之后，对工作坊的理念、目标和学习方式已熟知，在认可的基础上选择继续参加，且成员间彼此熟识，建立了良好的信任关系。第二期学习活动正式开展前，成员花了三周时间共同确定本期工作坊学习的主题、内容和方式，大家对学习上仍存在的问题和困惑进行了分享，基于此确立了工作坊开展的核心主题（也就是重点解决的问题）。

二是第二期工作坊采用"完胜铁三角"成长团的方式，从制度上保障了每位成员的共同建构权。所有成员共同推举主席一名、副主席一名、成长提示官一名；每周有两名成长秘书，由成员轮流担任。这些人员构成了工作坊的"完胜铁三角"成长团。工作坊组织运行都交由成长团进行，成功地提高了学生的参与度、投入度以及工作坊的共建水平。

三是第二期的交流空间为学习共同体构建锦上添花。著名教育家帕尔默曾提出教学空间营造的悖论原理①，这些悖论对如何给学生营造工作坊

---

① 帕克·帕尔默：《教学勇气》，吴国珍、余巍等译，华东师范大学出版社，2005，第76~84页。

集中学习的交流空间具有指导意义。工作坊第二期努力遵循这些悖论，做到既令人愉快又令人紧张；既开放又有界限；既鼓励个人表达意见又欢迎团体意见；既尊重关乎传统与原则的"大故事"又尊重学生琐碎的个人"小故事"；既支持独处又鼓励合作学习；既有沉默又有争论。

5.2.5　多维教学

目前，我国大学教学中存在过多的划一性教学/单维教学。教师在讲台上对着台下几十名甚至几百名学生采用同一种方法同一个步调进行教学，学生学习相同的材料，完成相同的任务，参加相同的考核。划一性教学/单维教学导致了突出的教学问题：学生参与学习的兴趣低，学习专注度下降，学习成效不佳。

> 上课就是听着老师一直讲，没事干。（晓梦）
>
> 我也不是说对手机有兴趣，只是上课太无聊了，老师就讲啊讲啊，我听着听着瞌睡就来了，有时候只好把手机拿出来玩一下。（晓倩）
>
> 老师在上面讲，我刚开始确实是听了，上微积分和大学物理都是那种比较自觉地坐到第一排，但是脑子很容易就想到别处去了，注意力常常无法保持。（晓汉）

与划一性教学相对应的是多维教学。在多维教学中，教师针对不同的学生、不同的学习任务和不同的学习内容采用不同的教学方式。多维教学能有效促进学生的学习参与。

工作坊采用了多维教学。以问题为中心的学习、小组合作学习、交互式教学、学生独立项目研究、案例学习、以项目为中心的学习和在线学习等方法在工作坊中都有所应用。工作坊还开展了参观学习、读书报告、节日郊游和社团组建等学习活动。每周一的集中学习，学生对学习内容和形式有推荐和自主选择权，学生开展了讨论、口头报告、POSTER 演示、艺术表演、研究报告撰写、互评作业、视频呈现、一分钟写作和"思考—组队—分享"等形式的学习。

自我合约是工作坊采用的一种较为成功的做法。自我合约的内容是：

与其按照固定的程序让所有学生在同一时间学习同样的内容，不如让学生建立个人合约，给学生充分的自由来决定学习目标和学习进程等事项。每期工作坊开始时，学生会根据个人情况，设立本期的学习目标，制订学习进程计划，建立自我合约，并将其以手写的方式记录下来，署上自己的名字。这种方法让学生对个人的学习产生了责任意识且感受到对自身的学习具有控制权。学生给自己承诺，以自己的成长为目标，向着自己的目标努力，并对目标达成的情况进行自我评估。

采用多维教学的过程中，教师可能会遇到一些问题。例如，学生可能习惯了填鸭式教学，对教学方式的转换不适应，甚至抵触。"这些学生都习惯了只听课，你要采用的那些新方法很好，但有可能行不通。"有的教师善意地提醒笔者多维教学的难度。认识到这一点，笔者在工作坊教学中尝试了一些较为有效的应对方式。首先，通过一些活动让学生感受新式教学/学习方式的优点，让学生逐步愿意去尝试。其次，坚决贯彻先学后教。"你的这些方法都需要学生提前做好阅读，但这些学生根本不会提前阅读的。我试过，只有不到20%的学生课前会阅读，后来只好放弃了。"另一些教师在提醒笔者时如是说。对于这一点，工作坊的做法是"严抓"课前落实：每次集中学习前，给学生明确的课前准备清单，例如，哪些材料是必读，完成到什么程度，哪些材料是选读，完成到什么程度，哪些作业需要以何等程度完成……对于这些问题我与学生进行了清晰的沟通。工作坊请学生将阅读的困惑或认为有价值的问题进行整理，上课前进行收集然后进行针对性的指导，这种做法一方面考察了学生的课前准备，另一方面了解和解答了学生的困惑。严格执行一个多月后，学生养成了课前准备的习惯，多维教学也有了基础。好的开始是成功的一半。抓好了开头，后面事情就可能往好的方向发展。

5.3 积极关注

影响大学生自主学习的环境不仅包括物理性的环境，还包括社会性的环境。诸多教育研究者强调了人际关系与情感等社会性环境对学生学习的影响。帕尔默认为，教学是智能、情感和精神合三为一的事情；如果把教学缩减为纯智能的，它只会是抽象的、冷冰冰的。[①] 罗杰斯也认为，有意义的学习与个体的全身心相关，它不仅关乎学生的认知水平，同时也关乎学生的情感。[②]

工作坊学生在讲述自己的成长经历时经常谈到人际关系和情感等社会性环境对自己学习的影响。其中，教师的积极关注被许多学生视为促进自己学习的最主要的社会性环境因素之一。学生成长经历的交流也让我感受到，有时候教师一句温暖的话、一个微笑或体现关爱的一件小事，都会像"触发器"一样，引发学生学习状态的积极改变。"之前我考试都没及格过，哪怕是抄别人的，最高也才抄了57分。后来班主任换了，新班主任对我特别特别好，我也很喜欢他，他布置的作业我都会花精力去做，在一年的时间内我的成绩发生了翻天覆地的变化，一口气就从全班最后几名冲到全班前五名。"（晓权）"他（老师）非常谦逊，跟学生说话的时候总是很耐心地听。其实我回答的内容他可能已经听过几百遍了，但他还是会像听到一个新观点一样跟我讨论。老师给我的这种感觉，非常好。"（晓芝）中国有句古话——亲师而后学。学生在感受到了被爱、被赞许、被重视和被尊重后，会产生更浓厚的学习兴趣并建立更积极的学习情感。

什么是积极关注？积极关注即正向的关注。罗杰斯认为，当我们感受到他人对我们有喜欢、尊重、接受或同情时，我们就感受到了来自他人的积极关注。当我们给他人以这种感觉时，我们就给予了他人积极关注。[③]工作坊实践发现，教师对教学的认真以及对学生的尊重、信任、期待和关爱正是让学生感受到积极关注的来源。教师对学生的积极关注能为学生营造良好的社会性环境，对大学生自主学习具有重要影响。

5.3.1 认真的力量

教师对学生的积极关注首先体现于教师的认真教学。教学是师生交往

[①] 帕克·帕尔默:《教学勇气》，吴国珍、余巍等译，华东师范大学出版社，2005，第5页。

[②] Rogers, C. R., *Freedom to Learn: A Review of What Education Might Become* (Columbus Ohio: Merrill, 1969).

[③] Rogers, C. R., *Freedom to Learn: A Review of What Education Might Become* (Columbus Ohio: Merrill, 1969).

最主要的载体，教师对学科内容和教学工作的热情将影响学生的学习热情。一位教师教学认不认真和有没有热情，学生是能够真切感受到的。通过感受教师对教学的认真，学生会感受到教师对自己学习的关注和重视。当感受到教师对教学"很在乎"时，学生也会在乎学习，对这门课/这个学科的学习会更投入。而当感受到教师对教学敷衍时，学生也可能敷衍，降低对这门课/这个学习的兴趣和投入度。

5.3.1.1 认真与否的差别

学生在访谈中谈到了一些他们不认可的教师。这些教师普遍对教学缺乏热情，有的对自己所教学科缺乏兴趣，有的对教学工作本身缺乏兴趣，他们的共同特点就是对教学敷衍。

> 老师上课的时候就只顾放 PPT，今天下午的文学课，我真是觉得自己专业选错了。他就一直在放 PPT，放得特别快，放一张，他念一下，放一张，他念一下，然后就说在哪一页你们自己去看，就不多解释了。我们都还没有看完，PPT 就翻过去了。什么都没有懂，连个印象都没有。跟他反映了，他还说现在不需要懂，只要知道就可以了。回过头去想这节课的时候，我的脑袋是空白的，什么都没有学到，只记得老师一直在放 PPT。（晓薇）

比起教学敷衍，学生抱怨更多的是教师本身对教学敷衍却强制学生出勤，因为这不仅是教学态度的问题，更是教学品德的问题。在这些课堂上，学生大多对学习难以提起兴趣，学习投入度低，课堂也往往出现"一大片玩手机和睡觉的"。

> 他一上课不做别的，就点名，从名单表第一个开始，点完两个班为止，大半节课就过去了，还说如果你旷课一次，他记名字，你平时分也没有了，旷课三次那基本就是零分了。自己课讲得不好还一定要我们去上。（晓思）
>
> 老师拿固定工资嘛，他们就是那种意识，就是我讲完了就行了。

（晓欣）

　　我们老师的一大特点就是把你懂的讲成不懂的，反正他自己在上面讲。而且还威胁我们，三次不去就不及格。（晓涵）

工作坊学生也谈到一些他们"挚爱"的教师。这些教师对教学非常认真，充满激情，有的对所教内容兴趣浓厚，有的对教学认真钻研。

　　他（老师）对我们很负责，对上课这件事情非常认真，这点让我们很感动。每堂课都很认真地教我们，很认真地询问我们哪里有不懂的，对我们提出的问题，不管容易的还是难的，都很认真地指导我们解决。（晓淳）

认真的教师可以"教"出认真的学生，教师的激情可以点燃学生的学习热情。如果教师对教学的内容痴迷，沉醉其中，他会将他的这种情感传递给学生，而且认真的教师本身自带人格魅力。晓霞在访谈中谈到了一位富有魅力的老教师。"董爷爷总是很有趣，他上课 PPT 不多，课堂大部分是用自己的话来讲，讲起课来手舞足蹈像一个顽童，和他平时儒雅的风格形成极大的反差，却又感觉是完美的统一。上他的课简直是种享受。你会跟随着他的讲解起伏跌宕。上完了一节课还盼着下一节课。"在认真、有激情的教师的课堂上，学生的思想是自由的，行为是自由的。

　　"你们生活的每时每刻，甚至不在场的时候，都在教育儿童。你们怎样穿戴，怎样同别人谈话，怎样谈论别人，怎样快乐和忧愁，怎样对待朋友，怎样笑，怎样读报，这一切对儿童教育都有重要意义。"① 著名教育家马卡连柯提醒我们，教师的言传身教会产生潜移默化的影响，认真的教师倾向于潜移默化地"教"出认真的学生。

5.3.1.2　工作坊教师的认真

工作坊开展过程中，兼具教师和研究者身份的我常对自己说的话是：

---

　　① A. C. 马卡连柯：《儿童教育讲座》，诸惠芳译，河北人民出版社，1997。

"一定要对得起学生的信任和努力，如果要在学生自主学习水平提升和研究数据收集之间做二选一的选择的话，我选择前者。"

实践中我也是这么做的。作为教师的我对工作坊从头到尾都饱含热情。

（1）备课先备学生

在工作坊开始之前，我对学校的情况和学生的情况进行了详细的了解，例如对每位学生的个人情况、家庭情况、成长经历、大学学习情况、交友情况和宿舍交往等情况的了解。了解的途径包括对学生的访谈、对学生任课教师和辅导员的访谈、与学生室友访谈和实地观察等。每次与学生访谈前，我会提前和学生预约，选择合适的时间和地点。每次和学生访谈后，我会认真及时地分析学生的情况。

（2）营造一个温暖自由的学习氛围

我深知学习氛围对大学生自主学习的影响，在工作坊环境布置上，我努力给学生营造一个温暖自由的环境，每一个细节都尽力关注到。研究日志记录了我的一些工作。

周一，雨很大，我把40多本书搬到了B115，这些是给学生的学习材料。大约11：00，我和晓英、晓强开始布置学习室，周六与他俩讨论过活动方案了，活动中要用到的东西也请晓强去购买了。我们准备了大概20张桌子，40把椅子。我们把桌子移到教室后面统一放好。教室两边摆放的是教室常用的连在一起的椅子，中间摆放了更舒服的黑色皮椅。教室形成一个U型，中间空出很大的场地。空出大的场地给大家做活动空间，两边和后面的椅子是给学生休息的，也可以让学生刚来的时候坐坐，避免尴尬地站着不知干什么好……

教室里放着音乐，投影仪也开启了，投影仪上播放着一张很温馨的图片。那块借来的大黑板移到了黑色凳子的后面。同学们陆陆续续过来了。一部分同学是我访谈过的，我尽量对上名字与他们打招呼，热情地闲聊。我发现，访谈过的同学80%我都能对上号。对不上号的，我同样热情地打着招呼，然后偷偷查看他们签名册上写的名字，这样我就知道是谁了。6：30，我们正式开始……（20140421日志）

（3）做一名"学习型教师"

我坚持每天阅读、实践和反思。我和学生一起研读国内外与自主学习相关的理论与策略，并一起实践。例如，工作坊鼓励学生制订每日计划。我会把自己的每日计划、实施和反思通过 QQ 群与学生分享，和学生一起进行日程管理。工作坊每一次学习活动的方案都经过认真计划和多次修订，每一次活动后，我会和一些老师、学生进行总结讨论，审视哪些活动是有效的，哪些活动需要改进。

（4）欢迎和鼓励学生交流

工作坊集中学习前，我会站在学习室门口迎接学生，并主动与学生交流。工作坊开展期间，我保证每周有超过三天时间"扎根"学校，对有需要的学生进行辅导（或聊天，有时学生需要一个倾听者）。我对自己的要求是：要让学生找我的时候能找到，要对学生的需求 24 小时内做出回应。此外，每周设固定的 office hours，让学生有一个固定的时间在固定的地方能找到我。

（5）尽己所能为学生获取学习资源

我邀请在学习指导方面擅长的教师共建工作坊，通过这种方式，每位共建的教师带来他们的资源；我通过各种渠道邀请在学习方面擅长的学生（校内的和校外的）到工作坊做朋辈指导；我主动与学校心理中心、学生工作处、教务处和各学部取得联系，获得他们对工作坊的支持。

（6）向学生表达对工作坊的在乎，珍视每位学生所取得的进步

当学生告诉我他在工作坊的收获时，我会自然地流露出内心的高兴。我为每个学生建立成长档案袋，对个别学生给予特别关注。例如，为了促进晓汉的学习投入，我连续一个月每天督促晓汉学习计划的推进及完成，并进行指导。

教师对教学的在乎和投入学生是能够感受到的，工作坊学生能感受到我的认真，他们在分享工作坊给他们带来的转变时有这方面的表述。"一开始我其实是因为不太想上晚自习才报名参加的，但学着学着就感兴趣了。尤其是看到廖老师那么认真，非常认真！我觉得自己不努力都说不过去。"（晓清）"自从和廖老师聊过之后，我有了改变，我感受到老师一直在很认真地去对待工作坊的学习。"（晓欣）学生感受到了我对工作坊学习

的重视，他们自然增加了学习投入。我对工作坊的热情和投入自己也能感受到。当学生获得新知和取得进步的时候，从学校回家的路上，我都是哼着歌回去的；也有一些时候，工作坊的学习讨论看上去毫无生气，学生思维没有被激发，我也备受煎熬。

5.3.2 尊重的力量

教师对学生的积极关注体现于教师对学生的尊重。教师的尊重可以让学生获得自我价值感并建立学习自信。教师对学生的尊重表现为：真诚对待学生、倾听学生心声、尊重学生意愿。

5.3.2.1 真诚对待学生

真诚是尊重的基础。真诚对待学生首先体现于教师自我的真实呈现：教师悦纳自己，接受自己的不完美，在学生面前不戴面具地呈现真实的自己。工作坊建设中，我明白自己不是"高学生一等的教师"，而是"与学生共同成长的学生"。当我对某个问题不懂的时候，我会坦诚地告诉学生，并虚心学习。当犯错的时候，我也会坦然承认错误。有一次，晓涛组在活动准备中不充分，我非常严肃地批评了作为组长的晓涛。过后觉得批评过于武断，于是发短信诚恳地向晓涛道歉。

> 我：晓涛，对不起，中午我太急了，都没听你说说清楚情况。
> 晓涛：哦，没什么，是我没管好我们组，是我的失职。但他们都是成年人了，有的还比我大，他们有的也确实有重要的事，我必须考虑他们的实际情况，才能搞好组里的关系。请廖老师放心，我们一定好好准备！见面的时间我刚刚也已经跟大家商定了，我们再好好讨论！
> 我：晓涛，谢谢你！……

对学生的真诚往往能换来学生的真心。晓涛组后来的讨论组织得很好，晓涛在工作坊的学习也非常投入。

真诚对待学生体现为平等地对待每位学生。不管学生学习水平如何，对知识技能的掌握是快是慢，都一视同仁，不放弃任何一位学生，也不偏爱某一位学生。工作坊的团体精神产生于公平性，对学生不偏不倚可以让他们感受到工作坊团体是安全的，感受到自己在这里可以被公正对待。"老师对我们每个人都一样好，她在课堂上不会只让几个活跃的同学回答问题，而是会关照到每一个人，特别是很少发言的同学。每次点评的时候也会关照到每一个人，即使有的同学表现得不怎么样，她也总能发掘出他闪光的地方。"（晓薇）

真诚对待学生体现为记住学生的名字。记住学生的名字，这是一件很小的事情，但它让学生感受到被尊重。工作坊开始时，我给自己提出了要求：在两周内记住所有学生的名字。在与学生接触时我会有意地分析学生的特征并将学生各方面信息联系起来，这些努力让我达成了目标。记住学生的名字对提高"边缘地带"学生的学业参与度具有重要意义。我发现，平时学业投入度低、在班级和课堂被边缘化的学生，当听到老师亲切地叫出自己名字时，会备受鼓舞。我在对学生的称呼上大多都采用"亲切"的方式，一般是称呼学生的"名"，而不是"姓+名"。学生之间也倾向于以更亲切的方式称呼对方。工作坊进展到后期，学生之间通常以俏皮的绰号称呼对方，而被称呼的学生也非常乐于接受这种"褒奖"。

真诚对待学生体现在细节中。学生正是通过与老师相处的细节感受到老师态度的。举一个简单的例子：学生迟到了，推门而入时，老师需要表现出怎样的态度？这时，是为减少引起其他学生的注意，对刚进来的学生当作没看见，过后不做出任何评价？还是当时当作没看见，过后当众提醒该学生注意不要迟到？还是过后私底下提醒学生不迟到？抑或是挥手对进来的学生表示欢迎，私底下提醒不要迟到？对进来的学生挥手欢迎，当众提醒他以后不要迟到？……教师对细节的不同处理让学生产生不一样的感受。我的做法是：对迟到但前来学习的学生微笑表示欢迎并通过一些温和的做法帮助他尽快地融于学习，在集中学习结束后视学生情况看是否私下"约谈"。对于经常迟到的学生，我有时也当众表达"请尽量准时，因为大家都期待着你的到来"的态度。通过这些方式，我表达的是对每个前来学习的学生的欢迎，而不是指责，肯定的是学生前来学习的行为。我发现学生的迟到行为越来越少。也许正如一位学生表达的，教师的真诚改变了他

的迟到行为。"廖老师总是让我非常感动，每次我进来的时候，或是其他
人进来的时候，不管是谁进来的时候，她总是会微笑着打招呼，让我觉得
这个组织很温暖，让我下一次更想来这里。"（晓松）

真诚给学生带来潜移默化的影响。所有的人都喜欢真诚、真实的人，
大家在真诚中实现对彼此的支持和共同的提高。教师对学生的真诚可以
给学生学习带来有益的影响。"我觉得一个老师对学生最重要的影响并
不是她教给了我多少课本上的知识，而是她让我在心灵上和精神上获得
了什么。跟廖老师的那一次谈话让我非常深刻，她让我感觉到什么是真
正的美，真的，就是一种她的'不作'，这让我印象最深。很多老师会
端着，让人感觉很假。但廖老师让我感觉她真的是很平易近人的那种，
真的跟你特别亲近，你可以不叫她"老师"，你可以跟她开玩笑，因为
你知道旁边的那个人像朋友一样对你，你没有那么多束缚。"（晓欣）

5.3.2.2　倾听学生心声

与学生相处，倾听很重要。倾听学生心声，不仅仅是对学生说"欢迎
大家发表自己的想法"，而是真正在行为上体现出来，用行动让学生感受
到。工作坊活动中，每当有学生举手，或是学生没有举手但通过学生的表
情能够感受到学生想说点什么的时候，我会稍稍走近他并温和地望着他，
对他说："××,对这一点你怎么看?"通过这种方式，我鼓励学生发出自己
的声音，用举动向学生表示希望听到他的声音。

倾听学生心声，意味着宽容。当学生发表看法后，不管正确与否，我
首先对他表示感谢。虽然这不意味着我同意他的观点，但通过这种方式学
生会更大胆地迈出交流的步伐。当学生表述不清晰时，我不会咄咄逼人地
追问，而是用我的理解重述一遍学生的看法，并询问这是不是他要表达的
意思。我对学生观点的点评总是从积极的方面开始。帕尔默说，好的教学
是对学生的亲切款待，而亲切的款待经常是主人比客人受益更多的行为。[①]
我发现教师的"宽容"有助于营造一个"百家争鸣"的课堂，有助于充分
调动起学生参与课堂的热情。

---

① 帕克·帕尔默:《教学勇气》，吴国珍、余巍等译，华东师范大学出版社，2005，第51页。

倾听学生心声，意味着给学生思考的空间。最初，我很害怕课堂出现长时间的沉默，当学生沉默时，我总是会迅速地说出自己的想法或点名让学生回答问题，通过这些方式化解课堂沉默的尴尬。后来，我意识到沉默不一定意味着课堂是"死"的，有的时候沉默可能意味着学生在思考，如果给学生更多的时间，反而可以邀请更多学生参入问题的思考。于是，在工作坊中我更加注重给学生思考的空间。

倾听学生心声，意味着耐心。学生在访谈中谈到了有耐心的好老师对他的影响。"上学期的工程制图老师，上课有不懂的向他询问他从来不会厌烦，还有这个学期的英语老师，其实我本身英语非常差，他却不会因为我英语差而放弃我，总是点我起来读一些单词，或者是翻译一些句子，很认真地听我蹩脚的回答，所以我英语还要继续学下去，不放弃。"因为感受到自己被老师有耐心地"温柔"对待，学生对学习有了坚持。晓良在一次集中学习时也谈到他的转变："我觉得现在我对人比较有耐心了，以前我跟别人说话说几句就走人，现在就比较有耐心，这是我一个很重要的改变，我就是在工作坊学的。"

5.3.2.3 尊重学生意愿

尊重学生的意愿，意味着多些征求，少些命令。"晓权，你愿意来组织下一次的讨论吗？""晓聪，不知你周四什么时候有空，我们聊聊最近的学习？"在与工作坊学生交往中，我注意尊重学生的意愿。

尊重学生的意愿，意味着在不违背基本原则的基础上，允许学生对自己的学习安排进行调整。工作坊进行过程中，有学生因自己原有学习安排与工作坊活动冲突，向我提出微调工作坊安排的要求，我会尊重学生的选择。下面截取了一段 2014 年 6 月 21 日我与学生的聊天记录：

> 晓茹：廖姐姐，能不能在自己的报告做完之后就离开？因为有其他的事情。
>
> 我：可以的，但如果后面还能抽出时间也可以继续听一下其他人的。从周五的报告中，我个人学到很多。也许你听了其他人的报告也会很有收获。看你自己的时间安排。

晓茹： 🦉 我跟人约了复习，还有一个面试。

我：好的，那按你的原计划走。考好哦。

尊重学生的意愿，意味着教学活动中考虑学生的感受。例如，工作坊不强求所有学生回答问题时都必须站起来，学生可以选择自己舒服的方式。通过这种方式，学生可以循序渐进，一步步过渡到大胆自信地表达自己。

在尊重的氛围下，学生会学得更踏实和沉稳。在一次交流后，学生在QQ空间里写下了这些文字"明天是新的一天，要努力去做，因为那样会很好。😊 😊 好久没有过这样的平静，就像高中那会儿那样，没有了那么多的浮躁，踏踏实实才是真。还有有问题了，要及时找廖博士聊、找工作坊伙伴聊……"（晓霞）

5.3.3　信任与期望的力量

美国著名心理学家罗森塔尔（Rosenthal）开展过一项著名的教育实验，发现了"罗森塔尔效应"。他和助手来到一所小学，煞有介事地交给校长和相关教师一份"最有潜力者"学生名单，声称正在进行一项"未来发展趋势测验"，并嘱咐对方保密，以免影响实验的准确性。实际上，他们撒了一个"谎"，名单上的学生并不是他们经过测验找出的"具有潜力者"，而是随机挑选的学生。但是，八个月后，奇迹出现了，名单上的这些学生，成绩都有了很大提升，而且其他方面也变得优秀。①

罗森塔尔实验证实了信任与期待对学生学习的作用。校长和教师们相信了罗森塔尔的名单，他们在日后的教学工作中对名单上的学生的言行评价及对待方式都在暗示"这些学生是最具发展潜力的"，一言一行中都难以掩藏对这些学生的信任与期待。他们的情绪、语言和行为感染着学生，这些学生感受到老师的期待和信任，感受到自己是具有潜力的，继而向着

---

① Rosenthal, R., *On the Social Psychology of the Self-fulling Prophecy: Further Evidence for Pygmalion Effect and Their Mediating Mechanisms* (New York: MSS Modular Publication, 1974).

大家所期待的方向发展，使这种"潜力"成为现实。

信任与期待是一种能量，它可以让人朝着好的方向发展。当一个人获得另一个人的信任和期待时，他会获得一种积极向上的力量，并尽力避免让对方失望，达到对方的期待，同时他的自我价值感也会增强，会变得更加自信。

要发挥信任与期待的作用，首先，教师要有意识地向学生表达自己对学生的期望。这一步十分关键。学生只有感悟到教师对自己的期望，才会激发出向好的力量，使这些期待变成他们的"自我期望"，进而努力发展自己。

其次，教师的积极反馈会让学生坚定自己的"自我期待"。工作坊实践注重给学生及时的积极反馈。及时的反馈可以让学生知悉自己做得好的方面，明白需要改进的方面以及将来的努力方向。例如，每周集中学习后，不管多晚，我都在当天晚上给学生发去 QQ 留言，肯定他/她在学习中做得好的方面。"晓淳，我读了你的日程计划，具体可操作，做得很好。""晓晨根据自己的观察记录情况和最近的学习情况，对自己的目标适时调整，很好👍；晓念重新设置的有关学习的目标行为，结合了对自身的更深入的了解，更加具体，更加具有操作性😊；晓霞的自我观察记录做得详细且有重点，其他同学可以学习一下。"我发现，教师在给学生反馈时要不吝惜对学生的赞美和肯定，尤其是对 W 大学及同类型高校的学生，因为这些学生更需要被赞美和肯定来建立对学习的兴趣和自信。

要让"信任和期待"发挥效果，光是口头上的鼓励和承诺是不够的，教师要指导学生制订具体实现这一期望的计划，把期望具体化和行动化。必要时，要为他们创造实现这一期望的条件，培养他们实现这一期望的技能，最终让期望成为现实。例如：晓凯是工作坊一位比较腼腆的男生，他一直认为自己公众表达能力较差，想法没有新意，所以很少进行公众发言。在一次对晓凯的辅导中，我表达了认为他具有成长潜力的观点。"你可以的，你的思维理性且表达有逻辑，你的很多观点都很有价值，如果你能把它们说出来，工作坊其他伙伴也能受益！"此后，我在适合的时候请他在工作坊陈述自己的观点。他每次表述后，我都跟他细致地分析并指出他好的地方在哪里。经过一学期工作坊的锻炼后，他在公众面前的表达自信多了，整个人也阳光多了。

除了教师的信任与期待，学习团体的信任与期待对学生学习也具有很大作用。在支持性的环境下，同伴的认可与期待对学生而言是莫大的鼓舞。工作坊开展的一项"我眼中的×××"活动对学生产生了激励作用。学生将自己感受到的其他同伴的特质写下来，然后告诉当事学生。在这个活动中，学生感受到了其他同学眼中的自己。当学生看到同学眼中的自己是这么优秀时，他们非常感动："原来自己有那么多的优点！"这一方式可以放大学生身上的美好特质，促使学生保持好的特质或向着好的特质努力。

5.3.4　关爱的力量

对学生的关爱，包括对学生学习之外的生活、情感、重要事件和"疾苦"等多方面的关心。

马斯洛提出著名的需要层次理论。他认为，人的需要分为五种：生理需要、安全需要、爱和归属需要、尊重需要和自我实现需要。这五种需要就像阶梯一样由低到高延伸。一般说来，低层次的需要得到相对满足后才发展出更高层次的需要。需要层次理论提示我们，促进学生的自主学习不能只关注"学习"。在学生生理需要和安全需要等低一级需要没有被满足的情况下，教师一味要求学生学习自主是不现实的。只有当学生低层次需要满足了，才可能主动地追求高层次的需要。

工作坊进行过程中，有的学生直接表达了希望学校和教师对他们学习之外事物进行关注的愿望。例如，学生希望学校和教师把自己当独立的生命个体去关爱，而不是只关注他们的学习。"很多时候学校忽略了重要的一些东西，我举一些例子。小时候，没人告诉我们怎么注意身体，导致很多人近视，驼背，影响一生；高中，没有讲怎么正确地和异性交往，导致很多人走了弯路、错路；大学，没有讲情感婚姻，同样发生很多事，有些人一生都不幸福。而且，没人教我们去认识自己，规划自己，很多人一直都是浑浑噩噩地过着大学生活，不知道青春的可贵！"（晓良）

对学生的关爱体现在对学生生活的关心上。工作坊对与室友相处、与同学的关系、恋爱、社会实践、兼职和身体锻炼等学生感兴趣的话题进行了讨论。例如，恋爱是大学生感兴趣的话题，工作坊进行了多次讨论并对不正确的观念进行了纠正。"不能说寝室其余三个人都谈恋爱了，我一个人好无聊，也谈个朋友。或者是没有男女朋友是我个人魅力不够，很丢人，我也谈一个。"有的学生对交友存在认识偏颇，认为大学交友的目的是发展"人脉关系"，要在大学"吃得开"一定要学会"社会上那一套"。工作坊对学生的不正确观念进行了纠正，向学生提出踏实做事和结交志同道合的朋友的倡议。"人脉是在踏实做事的基础上建立起来的，不是靠'吃喝'发展的。"

对学生的关爱体现在对学生重要事件的关注上。例如，在学生生日时送上祝福，在学生获得成功时表达喜悦，在学生考试时给予鼓励。"晓玲，生日快乐！大家给你准备了生日礼物。""明天考线代的伙伴，考好哦👊。""晓淳，我听说你要任部长啦，恭喜恭喜！好好干，一直看好你。"

对学生的关爱体现在关心学生的"疾苦"上。比如在学生身体不适、生活遇到困难的时候，给学生送去问候和帮助。教师一句关心的话，在学生那里可能产生巨大的温暖能量。"前段时间牙疼，廖老师对我的关心让我觉得很温暖，也让我体会到了一个道理：真心关心你的人不论用什么方法都能知道你过得好不好。"（晓芝）正是因为学生感受到教师是真正地关心自己，在遇到困难时，才会主动向教师提出需要帮助的请求。开学都半个月了，晓良的学费还没有着落，学校和辅导员尽管已经宽限了时间，但是到了不得不交的时候，他向我求助："廖博士，谢谢您上次的关心！这几天学校都在催我交学费，今天是最后期限了，所以我想先找你借点。"晓良是个很上进、淳朴、可靠的学生。我们在工作坊学习中建立了很好的师生情谊。我及时地为他提供了力所能及的帮助，晓良得以安心学习。

对学生的关爱体现在对学生情感的疏导上。在学生进行经历分享时，几乎每位学生都会提到情绪状态对自己学习的影响。"情绪好的时候，学习状态就好；情绪不好的时候，整个学习状态也下滑，都不想学习。"（晓君）"一个好的心情能够促进我的学习，因为心情好的时候，我更乐于去接受我所看到的、听到的和接触到的东西。"（晓涛）工作坊指导学生如何进行情感自我疏导，并在学生遇到情感和心理问题时及时对学生进行疏导。例如，晓希是位学业优秀但情绪悲观的女生。她有许多优点，却看不到自己的优点。经过工作坊的疏导，晓希学会了调节自己，变得更加自信。"给自己的 QQ 发激励自己的话、每晚都写下当天顺利的三件事情、情绪不好时给自己写信，这些让我感觉自己每天过得更'值当'了。"在发现学生状态不对时工作坊教师会主动"约谈"学生，例如，有段时间我发现晓霞的学习不在状态，约了她"坐坐"，聊过之后她状态好多了。"跟廖博士喝咖啡，然后跟她聊了很多，就是我各种絮叨，絮絮叨叨地说了很多，把自己的想法，家里的事啊，还有对未来的规划、苦恼都跟廖博士倒了出来，然后感觉整个人轻松多了。"（晓霞）

教师对学生的关爱对学生的学习投入有重要影响。感受到教师关爱的学生更愿意投入学习，对学习团体更具归属感。管理学上有条原则：彼此信任度越高，管理成本就越少；彼此越方便，成功率也越高。教学也是类似的，学生感受到教师和同伴的关爱，彼此建立了好的情感，学习的进程也会越发顺畅和愉悦。在进行了两期学习后，学生对工作坊建立了浓厚的感情，这种团体的归属感让学生在工作坊结束后依然怀念。虽然工作坊结束，但工作坊成员间的联系还在，学生之间依然保持着联系。

5.3.5 红色石头——晓君的成长

本节介绍工作坊的学生晓君，因感受到教师的积极关注而发生转变的过程。

> 你的心就像一颗红色石头，有着血液的热情和石头的冰冷。
>
> ——晓君

晓君是汉语国际教育专业的学生。工作坊宣讲后的一天，我收到了晓君交来的报名表。在报名表第一栏"谈谈您的学习经历与感受"中，晓君用"语言上的巨人，行动上的矮子"形容了自己。其后，所有报名参加工作坊的学生进行了自主学习量表填写。我对晓君所填写的量表分析后发现，晓君是个追求上进的学生，但对自己不自信，经常感到焦虑；她的自主学习水平不高，在目标设定、时间管理、师生交流和同伴交流等方面表现较弱。量表中，她较为突出的几项填答见表 5-3。

表 5-3　晓君的问卷填答

	非常不符合	不符合	比较不符合	比较符合	符合	非常符合
我非常关心自己的学习成绩在班里的排名						√
我想通过大学学到更多有用的知识					√	
我经常为了学习的事情紧张焦虑						√
对于不感兴趣的课我经常逃课	√					
我经常因夜里游戏太多或上网时间太长而睡眠不足		√				
我能安排好自己的时间		√				
我觉得我的自控能力很强		√				
在完成一个目标后我会很快地制定新的目标			√			
在学习上，我经常和同学互相帮助		√				

虽然在报名表"您有/愿意付出多少时间和精力在'你我同行·学会学习'项目上"晓君的回答是"我愿意付出我的课余时间，会用所有精力在自己计划的事上"。但工作坊进行到了第四周，在其他学生都逐步将到工作坊学习视为一项重要事务时，晓君的学习投入却一直非常低。工作坊周一的集中学习，她每次都准时参加。虽然参加了，却总是面无表情、冷冰冰地坐着，从不发言。在其他同学都热烈讨论时，她也只是旁观。她很少与其他同学互动，很少认真完成工作坊鼓励大家去做的任务。"低投入""冷"是我在观察记录本上形容对晓君的感觉的词语。

5 月 5 日是工作坊集中学习的日子。晓君给我发来一条短信，她希望请假，这是她第一次请假。集中学习开始时间是晚上 6：30，她在 6：18 才给我发的短信。短信内容很短，只有 7 个字："今晚有事不去了。"没有称呼，没有一般会用到的"请""谢谢"等礼貌用语。我读后感觉有点不舒服，但还是尊重她的决定，并提醒自己多关注晓君。

工作坊进行了一个多月，我发现学生学习的状态呈现两极分化的趋势，一部分学生学习非常投入，讨论活跃，而另一部分学生则很少发声。我希望让所有学生都融入进来。5 月中旬，我工作重点之一就是找这几位投入低的学生会谈，深入了解这几位同学的情况，找到他们投入低的症结。

5 月 16 日，我约了晓君在校门口附近的"情人坡"/"勤人坡"会面。这是一片绿草地，很美，坐在上面聊天很舒服，而且不会有室内聊天的拘束感。

我提议坐在草坪上。我在一棵大树下找了块地方坐了下来，期望和晓君有一场真诚的交流。我选择了坐在草不那么茂密的地方，把草更茂密的地方留给了晓君。但晓君似乎不愿意坐，她站着"俯视"着我。

会谈没有像与其他学生的会谈一样进行得那么顺利。晓君不愿意多说话，我只好东一句西一句努力地聊着。与其他学生的会谈，最短的进行了40 分钟左右，最长的三四个小时，而与晓君的会谈，我们聊了 20 分钟就结束了。这次会谈让我感觉到这孩子确实在一些方面与其他学生很不同。交流中，她从始至终都没有称呼过我，更没有使用过任何礼貌用语，而且她似乎对我聊到的话题都表现出"不屑"。尽管我一直保持着我那"温暖的微笑"，但整个过程晓君脸上没有一丝笑意。

我很纳闷，问题到底出在了哪里？

我找晓君的辅导员更深入地了解晓君的情况，还要来了晓君的一些材料。我发现，晓君曾经很认真地进行了大学规划，写了 6 页纸之多。规划里她描述了对大学生活的展望，她说自己对大学生活是"满怀憧憬又恐惧"，"既兴奋又迷茫"。她说："想要怒放的生命，但生活里总是太多不顺，压抑。"她选择了三个方向作为大学努力的重点："一是学习，二是人际关系，三是沟通。"人际关系和沟通两者通常被指同一事物，但晓君把它们单列了，在重点努力的三个方向上人际方面就占了两项。晓君说人际关系的处理非常重要，她希望自己能在大学里做到"待人接物宽容大方"，"和朋友搞好关系"；她认为自己"一直没什么优点"，也希望在大学里"能找到自己的优点"；她还说希望自己能多学习一些心理学，"因为学好心理学，起码可以安慰自己"。

晓君写的这段话给我留下很深的印象，让我看了以后尤为心怜。"我跟高中的人没有什么联系，跟寝室的同学上学期不是很熟，讲的知心话也不多，然后又因为跟家里人闹矛盾我半年都不怎么跟他们打电话了。社团竞选失败后我自己都不知道自己的目标是什么了。我总喜欢听一些悲伤的歌，越听越伤心。只要生活中有一点小错误我就归结到自己，什么事情都归结到自己。"我猜测，也许，对晓君来说，目前最紧要的并不是掌握自主学习策略，而是其他。

综合多方面的信息，我认为，要点燃晓君对学习的兴趣和增加学习的投入度，首要的事务不是跟晓君强调要好好学习或帮助她理解学习的内容，而是要给她以心灵上的温暖，让她的"低一级的需求"得到满足。根据马斯洛的需要层次理论，只有当低一级的需求得到了一定程度满足后，人们才会寻求高一级需要的满足。晓君目前问题的根本原因正是低一级的需求没有被满足，自我实现（学习）的需求才没能显现。也许，我要做的首先是与晓君建立情感上的连接。

在一份材料中，晓君说她很喜欢的一句话是："你的心就像一颗红色石头，有着热情的血液和石头的冰冷。"我想，我要用热情的血液让这冰冷的石头变得温暖。

可喜的是，那次"尴尬"的一对一交流后，晓君虽然从外表上看还是那么"酷酷的"，但我能从她眼神中感觉到她不再将我"拒之千里之外"了。这说明，那次我感觉不怎么成功的会谈还是有一定效果的。

同一周，晓君完成了工作坊的作业。我阅读了她在《我的生命线》作业中提交的《给未来的自己》。通过她的作业，我更加验证了自己的感觉。晓君有过长期不愉快的学习经历，"大多数时候成绩都不好"，"一直处于为别人喝彩的地位"，"在学习中没有被重视的感觉"，"没有尝到被夸奖的滋味"，"被数学老师羞辱"；"不会与人交际，不止一次吃过亏"；"高中是无尽的黑暗"……但偶尔也有体验好的时候。初一英语老师语重心长的一次谈话让她记忆深刻，有被重视的感觉，用她的话说，这是一种"荣耀"，于是，这种荣耀让她"奋力学习"、让她"热爱英语很多年"。在读过晓君这份《给未来的自己》后，我明白了为何那次会谈看似不成功但过后又显现了效果。我在自己的工作坊日志上写道："晓君过往有太多的不愉快和压抑，她渴望被重视、需要肯定与鼓励，'渴望疯狂一次'，我要给予她'疯狂'的成长机会。给予晓君温暖的关爱是我的首要事务！"

后面的学习晓君都参加了。一切看似如平常，但又不平常。每周的集中学习，我会时不时对她投以期待的目光，在适当的时候我会邀请她谈谈想法。她一开始不太愿意说，后来开始说一点点，再到后来说更多，但主动表达依然不多。课前的阅读，绝大多数同学都做了，并会写下自己的思考与实践情况，晓君很少做。不过，我没有强制。强制是没有用的，她需要的是内心的转化。令我高兴的是，她在集中学习时不再是漫不经心"高傲"地听，而是开始有投入了，这一点我从她学习时的表情和思考时的神态中可以感受到。

6月3日，晓君主动向我提交了一次学习感悟。

> 今天主要学习了第六章，这一章分为替代性思想及行为、对焦虑及紧张的替代、放松、建立新行为、塑造法这几个小节。学习每个小节都有所收获，不同的是收获的大小……给我最大的感受是想象预演，我理解为三个方面，一是"做梦"，就是当你做一件事时，你觉得有困难，你可以想象你做完这件事成功之后的情形，然后你就会朝着这个方向努力。二是在做一件事之前你要安排，要考虑周全，就像应急预案一样，对会遇到的困难要心里有数。三是运筹帷幄，永远给自己留一条路。

这是晓君第一次主动提交功课。也许是我们努力的一个自然结果，也许是这一主题她非常感兴趣。不管怎么样，事情在往好的方向发展。

晓君的学习投入度开始逐渐增加，她开始对我有了更多的信任与亲近。我和晓君的交流也更加频繁：和晓君一起去听课，每周询问她的课前准备情况，肯定晓君的每一次或大或小的进步，在课后邀请晓君和项目组同学一起活动。中秋那天，工作坊20多位学生在我的家里聚会。晓君给大家做了一道咖喱牛肉，得到了大家的认可。从我家离开的时候，她非常开心，脸上洋溢着笑容。

在获得一次一次的肯定和关注后，晓君在工作坊的学习状态有了较大转变。她从一开始对团体、对学习和对我的冷漠变得主动融入这个团体。她与工作坊同学的私下交流也增多了，也开始主动找我进行交流，包括生活、学业和工作坊等各方面的各种交流。10 月 13 日晓君给我发了一条关于工作坊组织建议的留言：

> 廖老师，今天听了你的方案，我有一个建议，晓欣和孙老师提的问题，就是时间的问题。我们有两个月的时间，有的问题解决也许不需要花那么长时间。有的同学真的想改好，两个月也许不够。如果小组里有人完成了，别的小组同时出现了这样的问题，可以重新再组成小组，这样可以认识不同的人，尽可能消除小组隔阂。有的人在改正时，如果主要问题变了的话，可以换组，组里的新人可以吸取经验，进步得快点。
>
> 另外，我觉得请人来演讲这个特别好，但是我希望请来的老师可以更多和同学互动，每个人想从老师那得到的东西是不同的，互动可以尽可能满足大多数学生的需求，其次，上课内容形式不要二二分，让同学组织讲课这点很好，但是希望在上课时打乱小组座位，自己选择，不然各小组之间很容易各弄各的，我希望大家可以相互交流，不是总跟组里那几个交流。上课内容灵活多变一点，可以讲任何想讲的东西，有想法，就可以直接说，就像讨论一样，老师也积极参与，以讨论为主，写感悟很重要。

从晓君的留言中可以看出，虽然表达不如她之前写的《我的生命线》清晰，但她开始自信地提出自己的想法了。第二期工作坊吸取了晓君的建议。继续请"专家"做专题讲解并注重互动交流，上课内容根据同学的需求进行选择，每位学生享有小组自由选择权，学生有想法直接说，写感悟。

当自己提的建议被采纳时，学生通常会受到鼓舞。他们会意识到自己为团体做出了贡献，自己在这个团体中是很重要的一分子，自我成就感和团体归属感油然而生。晓君也是这样的。后来，晓君逐渐把我视为能够倾吐心声的对象。

晓君：廖老师，你看了那么多关于教育心理的书，我问你个问题，也不知道是不是最近压力大，要说大学的考试应该没什么的，可每次考试总让人觉得很痛苦压抑，不知道是不是我敏感，总感觉我们宿舍那个氛围好像就是怕别人知道，每个人都把自己知道的东西捂得严严实实的，就怕别人也学会了会考高分。我自己似乎也有一点。如果别人知道，我却不知道，我也会很紧张。我厌恶这样，这很狭隘，我想换一个环境，可这注定要克服很多，自己就是一个难关。我不知道自己大学要的是什么。我想打破最近的状态，但心里又怕小题大做，不知道因为什么，又想了这么多，也不知道为什么说那么多。

我：谢谢晓君的信任！我想，这也许跟我们从小成长的应试环境有关，很多同学都有类似的感受。可以试着从以下方面进行一些改变。一是思维上。你其实已在探索思维上的转变，明白大学的考试并不能作为一个人是否优秀的唯一标准。从很多毕业生的成就看，在大学过于关注成绩的同学往往最后并不是发展最好的。晓君可以阅读一些大学生学习和心理类的书籍，会对在大学究竟要追求什么有更清晰的认识。二是你本身就是很认真很优秀的学生。我与你们辅导员聊天时，她也说起你，认为你是很认真很有追求的学生，一直在默默努力。你的同学以前也和我聊到你的各种好，书法好、厨艺好、善良、直率等。你拥有的这些是很多同学正在追求的。三是考前复习的同时，多运动运动。运动也许可以帮助我们缓解一些焦虑与紧张。（11月19日）

晓君：廖老师，不好意思又打扰你了，我想问一个解决办法，还是要保密哦，我有一个我很在乎的朋友，我们曾经经历过一些事情，但是每次和她在一起都有一种压抑和恐惧感，小心翼翼，有时又很开怀，她对我的影响，不得不承认很大，我有点受不了这种关系了，但又不想失去这个朋友，我应该怎么办？

我：晓君，看到你的留言了，一直没回复，因为还没想好。我想，这可能要了解到你的具体情况我才好给出建议。就目前来看，也许你可以和朋友找一个适合谈心的地方，开诚布公地聊一次，把你的感觉、你对这份友谊的珍惜以及希望的改变和这位朋友聊聊。……以大家都感觉舒服的方式交往，会对你们的友谊长存有帮助。或许，你的朋友也有类似的感觉，只是她也不好意思捅破这层纸。这是我目前给你的建议。因为对具体情况不是很了解，所以不知适用不，你可以考虑考虑。

晓君对我提出的建议进行了尝试，两个好朋友坦诚地进行了交流，收到了很好的效果。她在接下来的学习中欣喜地和大家分享了她的收获。与那位朋友开诚布公地交流了后，那位朋友说："以后我的心思会让你懂。"两人的友谊经过坦诚的交流变得更深了。

到这一阶段，晓君尝试了工作坊学习的情绪调节与自我调节策略，在人际交往上也取得了较好的效果。她与我之间、与工作坊其他同学之间建立了很好的信任关系，自然而然，对工作坊的学习，晓君不再像以前一样排斥，而是有了"敞开胸怀"吸收精华的状态。接下来的学习，她更加投入，每次任务都高质量完成，并且还担任了一次"小秘书"，带领整个团队一起学习。在第二期的个人成长报告中，她面带笑容地交流了自己的成长，并表示"我之前设定的学习目标，差不多都完成了。感觉很好"。

从晓君的身上，我看到了一类学生，他们具有这些特点：渴望成长但不知从何做起；长期被忽视，渴望被关注，渴望受到肯定；不自信，怕被伤害，总是给自己围上一层"保护墙"；在人际关系上有困惑，不知如何以"正常"的方式与同学、与老师交流。面对这一类型的学生，教师首先要注意到学生低一级的需求，学生需要被关注和被肯定，他们需要安全感和尊重感，其次才是高一级的自我实现的需求。只有低一级的需求被满足了，师生情感上打通了，知识技能类的事物才能进入学生的视野，才能被吸收。自主学习，不仅关乎学习的问题，而且与学生生命个体的方方面面相关。针对这类学生，教师需要融化学生心里的"冰"，消除那层厚厚的"保护墙"，通过鼓励、肯定、信任和关爱让学生亲师、亲学和融入学习团体，最终让学生的学习走向自主。

5.4 干预成效

5.4.1 学生学习参与度和投入度提高

首先，工作坊搭建了良好的参与平台，学生呈现出较高的学业参与度和投入度。工作坊是师生共同建构的产物。每位学生在工作坊的问题确立、规则商定、内容选择、资源获取、学习模式选择和学习活动组织等方面都起了重要作用。在工作坊的"课堂"上，学生呈现出主动探讨问题的积极场面：主动提问和参与讨论，积极思考和回答问题，同伴间坦诚交流，大胆质疑。在工作坊"课外"，学生主动投入了大量时间和精力：提前阅读学习材料、搜索和学习相关的主题知识、与同伴合作完成任务。"你我同行·学会学习"学业指导工作坊第一期实现了97%的保持率，第二期实现了100%的保持率，学生不仅保质保量完成功课，还主动开展了一些拓展性的学习。

其次，学生在工作坊外的学习参与度和投入度有所提高。学生学习态度更加认真，最明显的是学习时间增多。在第二期工作坊结束时，95%的学生表示自己每周用在学习上的时间有所增加。许多学生在学习上呈现出自主的状态。有的学生主动寻找学伴，开展合作学习。例如，晓欣在经历了一年多的努力后，创办了学校的国学社，将众多对国学感兴趣的同学组织在一起，大家一起成长。有的学生有意识地主动利用学习资源。例如，晓霞主动参加 MOOC 课程学习。有的学生更主动地利用时间。例如，晓健等很好地利用暑期进行数学建模学习。有的学生在课后主动加深知识的学习。例如，晓涛不再是那个只听课的晓涛……

> 一年多的努力，国学社终于办起来了，我和对国学热爱的同学有了一个共同成长的团体。（晓欣）
>
> 参加网络课程选修，了解了说文解字、古文字学、中医诊断学、针灸、佛教文化、方言等等。（晓霞）
>
> 7月中旬到整个8月都待在学校实验室里，和晓海一起准备9月

份的大学生数学建模比赛，每天不断地做题、交流、问问题，相比于以往的暑假，这次显得更加充实，更加有意义。（晓健）

不只是在课堂上听老师讲，对于自己感兴趣的课程，在课下我也会自学，寻找相关的资料。（晓涛）

5.4.2　工作坊师生/生生实现无障碍交流

工作坊实现了网状互动，呈现师生交流频繁、生生交流主动的场面。在以往的学习中，学生反映学习交流少，人与人之间不能形成互助关系。在工作坊中，人与人之间形成了助益性的人际关系，大家经常互相交流和学习，共同提高。

学生对工作坊营造的交流氛围和构建的平台给予了很高的评价。"我觉得自己在这里很放得开，能够想说什么就说什么"（晓汉）"这个平台，让我有勇气有机会和大家交流，表达能力提高了，也不那么拘束了，这一点无论是以后还是现在对我都有极大帮助。"（晓凯）"项目最成功的地方莫过于师生直接真诚地交流。"（晓霞）"在这里，我所说的东西能得到别人的回应。"（晓君）工作坊结束一年后对学生的追踪访谈中，学生回顾工作坊时谈道："记得每次课上大家一起愉悦地讨论，课间一起吃瓜果，学习、讨论的氛围很好，大家都没有芥蒂、畅所欲言。"（晓茹）学生表达了对工作坊课堂上可以自由发言的认可。"自由的发言却让我感触颇多，类似于'无领导小组讨论'的意思，感觉每个人都可以将自己的想法大声说出来。"（晓希）学生建立了对主动学习交流重要性的认识，有的学生更加主动地走出自己生活的小圈子，与更多的人进行合作与交流，在学习上遇到问题时能够进行学业求助。

5.4.3　工作坊学生获得了学习的自主空间

在工作坊，学生具有自主学习的空间：教师不会把所有知识或固定的答案教给学生，学生需要针对某一问题主动寻找学习资料，并结合自己实际情况探索出问题的解决方案；在工作坊"上课"，学生是课堂的主要组织者，学生可采用多种方式学习；学习的内容是学生先前未掌握但希望掌握的、具有一定挑战性的内容。

工作坊实现了著名教育家帕尔默提出的教学空间营造悖论，即既愉快又紧张，既开放又有界限，既鼓励个人表达意见也欢迎团体意见，既尊重关乎传统与原则的"大故事"也尊重学生琐碎的个人"小故事"，既支持独处又鼓励合作学习，既有沉默又有争论。①

愉快又紧张：工作坊学习让学生感觉到自由、安全和友爱，在这个空间里，每个人都可以以舒服的方式表达自己，以愉快的方式学习，这种宽容的氛围让成员敢于大胆探索；而一味追求愉快而降低学习要求会让学习变得肤浅，工作坊又通过强调高阶学习，让学生"紧张"，从而提高投入度。

开放又有界限：对学生想实现的目标、感兴趣的话题、希望采用的方法、"非常态"的做法和表达持开放态度，学生可以畅所欲言，想自己所想，做自己所想做，但考虑到"没有界限的空间是一种无序的空旷，在无序的空旷里不容易产生真正的学习"，工作坊利用每次集中学习的核心主题和学习材料确保学习围绕一定的中心，当成员偏离时通过一些巧妙的方式牵引回来。

鼓励个人意见也倾听团体声音：鼓励成员与同伴分享自己的学习心得，同时也注意吸纳团体的智慧，吸取他人的经验。

重视"大故事"又尊重"小故事"：不但学习科学理论、规律和方法，而且鼓励学生分享自己的小故事，这些小故事给学生以亲近的感觉，让工作坊的学习内容丰富而有人情味。

支持独处也鼓励团体交流：既有学生独立完成的任务也有团体合作的工作。独立的任务给了学生独处的时间和空间，有助于学生静心思考和学习。集中学习和小组合作让学生从同伴身上学习自己以前未接触过的知识、验证自己的想法、反思自己的偏见、拓宽自己的知识面。

沉默和争论并存：工作坊集中学习时存在比较多的争论，学生在对话碰撞中产生想法。但也有沉默的时候。沉默可能是学生开展深层次学习的

---

① 帕克·帕尔默：《教学勇气》，吴国珍、余巍等译，华东师范大学出版社，2005，第76~84页。

很好的媒介，学生沉默，有时是学生没听懂，有时则是学生在静心思考，工作坊教师不是采取马上打破沉默把正确答案告诉学生的做法，而是视情况给学生提供思考的空间。

工作坊结束一年后的追踪调查中，学生对工作坊进行了回顾，他们依然对工作坊所给予的自主空间表示赞叹。

上课形式和氛围以及同学们活跃的思维让我记忆犹新。上课经常是围绕一个话题，事先谁也没有答案，都是互相引导互相启发。上课氛围也特别轻松，可以畅所欲言。让我觉得很多问题的答案要在激烈的讨论中产生，在讨论中会发现新的问题，也可能推翻你一直信奉的东西。（晓良）

当时（第一期）一起学的同学分成了5个到6个小组，每个小组有8个人左右，每一次老师提出一个问题，小组就开始讨论互相发表自己的看法、提出自己的观点，我觉得这种方式比较好，思想的碰撞能够使我们提高得更快。还有一个活动令我记忆犹新，在后来的学习中，每个小组都会准备和组织一次学习活动。这种方式改变了老师在讲台上灌溉式的教育模式，而是由学生讲，这样会使学习气氛活跃起来，学习也比较容易接受。（晓涛）

第一次感受这种教育方式，任由你想象创造，天马行空，对这种方式很喜欢。（晓君）

大家一起围绕着共同的目标，发自内心地互相帮助，取长补短，共同进步。（晓科）

自主空间的提供有助于学生发展出自主意识。有的学生提高了自我责任意识；有的学生找到了方向，找到了内心的奋斗目标；有的学生明白了要专注自己的追求；有的学生懂得了如何进行理性选择；有的学生明白了输出式学习、过度学习和高阶学习的重要性。

我觉得我在责任意识方面有所提高，以前对于自己该做的事很模糊，现在更清楚了，对于学习的需求感更加强烈，对以后自身发展的

规划想得更多。（晓汉）

我有了发自内心的目标。（晓晨）

在工作坊之前，我也是个渴望向上、积极的人，但是总是感觉缺少一种具体的方向感，包括价值观等也是比较模糊的。当然，不是说参加了工作坊我就立马清楚了，我慢慢地厘清了自己的思路。而现在清晰多了。（晓欣）

学会了更少去在意别人的看法，更多去考虑自己想要完成的目标，不把心思和时间花在鸡毛蒜皮的小事上，专心为了目标而奋斗。（晓玲）

更加从容，面对选择能从更多的角度思考，选择最适合自己的。（晓欣）

微信时代，输出式学习更便捷了，将自己的学习心得进行撰写，通过微信公众号发布出去，可以与更多的人探讨沟通。（晓薇）

学到一定程度后，还可以往前走一走，用150%的努力去学习一个需要100%努力的事物可以确保效果。（晓聪）

5.4.4　工作坊学生获得了作为独特生命个体的关注和滋养

工作坊不仅有学习，更有对学生全面发展的关照。学生在工作坊中收获的也不只是学习策略，而是对个人全面发展的促进。例如，在工作坊结束一年后对学生的回访中，学生表示工作坊对他们的自我认知、性格、处事方式、视野和情感等方面都具有积极影响。

有的学生表示自己变得更加乐观和勇敢了。例如，晓莉认为自己正是在工作坊中获得了改变的勇气；晓海认为工作坊"榜样"的经历给了他很多激励；晓玲从工作坊主持中获得了鼓励，建立了自信。

工作坊给我们创造了一个积极向上的环境，让我获得了改变的勇气，并一直保持学习的热情。我学着不轻易放弃，不轻易说不，去尝试学习，尝试改变。（晓莉）

学长学姐还有老师们经历的讲述以及第二期各个组员一起合作，

带给了我很多正能量，让我去学习。（晓海）

　　我第一次主持是在工作坊实现的，当时我很紧张，但是老师一直在鼓励我。现在每次我很紧张的时候，都会想起那个时候，然后会感觉不那么紧张。（晓玲）

有的学生表示视野更加开阔了。

　　每周的嘉宾讲座，还有那次创意画，以及生命中最重要的五件事，还有每一次老师家的聚会，这些画面和内容打开了我视野，我看到了世界上还有那么多充满激情的人在做着那么多美妙的事情。（晓薇）

有的学生表示工作坊让他懂得了真诚、宽容，感受到了生活的温暖。

　　让我可以把自己放得开，能够与更多的人交心谈心。我原来觉得自己是一个不会笑的人，现在回想起来觉得这很可怕，我现在不仅能对别人微笑，而且能与别人分享更多我的事情。（晓淳）

　　我学会了去宽容，因为老师是个很谦和、很宽容的人，每个同学的优点她都能欣赏到，这对我也有很大的影响。（晓欣）

　　很感动，很温暖。如果没有项目的那一个个环节，我都不会是现在的我，大家的真诚我最珍视。（晓芝）

有的学生表示工作坊让他懂得了坚持。

　　工作坊带给我的是一种坚持。一个事能够坚持一个星期或者一个月其实是很容易的，但是如果能够坚持一两年就需要真正的付出。我还在坚持每天晚上跑步，这可能是一件很小的事，但是我坚持了一年多，每次跑步我告诉自己，这个坚持对我有意义、值得我去做。不管怎样，我还是会一直坚持下去，我喜欢这样的我……（晓涛）

回访中学生提到最多的词是"正能量"、"潜移默化"和"熏陶"，认为工作坊带给他们的影响是润物细无声的，并不是某一件事给他们带来了什么影响，而是工作坊作为整体环境带来了影响。

工作坊的实践取得了很好的成效，但也存在不足。

一是学生在其他课程学习中交流的主动性仍不够。在工作坊内，学生和教师之间、学生与学生之间实现了良好的交流沟通。"课堂上"大家畅所欲言，主动为解决问题想办法；"课堂外"大家在遇到问题时会主动向他人请教，有好的想法或资源也自觉分享。但回归日常课程的学习后，有的学生却处于较低的交流主动水平上。采用大学生自主学习量表对学生进行调查，第二期工作坊干预结束时，针对"我经常和老师交流学习问题"的表述，只有45%的学生对这一表述作出了肯定回答。而针对量表中"课堂上有不懂的地方我会在课余休息时向老师或同学请教"和"发现自己解题的答案与其他同学不同时，我马上与同学讨论交流"，分别只有65%和45%的学生作出了肯定回答。其虽然比第一期期初有所提高，但依然停留在较低水平。这一问题的出现，一方面反映出工作坊干预有待加强，另一方面（更重要的方面）反映出学校的学习参与和交流平台创设不够，导致学生进入坊外大环境后学习参与和交流水平下降。

二是对少数"边缘化"的学生未实现完全的"学习卷入"。工作坊40位学生中，36位实现了学习投入和参与度的较大转变，除第一次学习后退出的晓坤外，有3位学生在工作坊的学习效果不够理想。这3位学生分别是晓祥、晓飞和晓谦。他们在日常学习中处于边缘化状态，性格较为内向，学习投入低，成绩不理想。对于这些学生，工作坊曾尝试努力引导，但在第一期结束时仍未帮助其融入工作坊学习，导致他们未继续参加第二期。工作坊结束一年后对他们进行了回访，他们的学习状态依然不理想，其中，晓祥"大二下学期挂了四科"、晓飞"平平淡淡，没什么变化"、晓谦"报名参加的活动最后都退出了"。3位学生在回顾工作坊时都表示工作坊内容和形式很好，但因性格原因，不能很好融入。针对这类学生，工作坊也许应有更多的帮扶。

5.5　启示

5.5.1　环境性因素是影响大学生自主学习的关键因素

自主学习环境是自主学习活动赖以展开的必要条件，它是促进学习者自主学习的各种支持性条件的统合，是影响大学生自主学习的关键因素。动机是内因，环境是外因。相对于动机性因素对自主学习产生的核心影响，环境性因素对自主学习产生的是关键影响。

影响大学生自主学习的环境包括了物理环境和社会环境。物理环境指大学生学习的场所、能使用的文献和工具资源等，社会环境指大学生在学习时与他人建立的人际互动关系及所感受到的学习氛围等。物理环境对大学生自主学习具有一定影响（例如，在安静的环境下学生更容易沉浸于学习），但它不是最主要的，影响学生自主学习的主要环境因素是社会环境（例如在鼓励高阶学习的氛围中学生更倾向于自主学习）。

在动机、环境和策略三者的关系中，环境会对其他二者产生影响，同时也在其他二者的作用下发生变化。例如，一方面，环境对学习者的自主学习动机和学习策略产生直接的影响，学习者会根据对环境的感知来调整学习动机和策略；另一方面，持有不同学习动机的学习者可能会选择不同的环境来开展学习活动，不同学习策略的采用也能创设出不一样的学习环境。

5.5.2　参与和交流平台、自主空间和积极关注是影响大学生自主学习的主要环境性因素

参与和交流平台、自主空间和积极关注是影响大学生自主学习的三个主要的环境性因素。在本研究对学生的调查和访谈中，学生普遍反映这三方面环境的缺失对自主学习构成了重大影响。其中，参与和交流平台的缺失体现于参与和交流的物理空间、载体和文化氛围的缺失上。自主空间的缺失体现在课程安排过多、课堂安排太满、学习自控空间小、学业挑战度低和学习共同体缺乏等方面。积极关注的缺乏主要体现在教师对工作的认真以及对学生的尊重、信任和关爱不够。

　　基于对影响大学生自主学习的主要学校环境性因素的研究，我们可以构建一个 PSR 自主学习环境模型（见图 5-3）。在这个模型中，P 代表参与和交流平台（Engagement and Communication Platform，简称 P），S 代表自主空间（Learning Space，简称 S），R 代表积极关注（Positive Regard，简称 R）。参与和交流平台（P）、自主空间（S）和积极关注（R）这些环境性因素既可以直接影响学习者的学习任务选择、时间管理、学习环境与资源管理、学习监控与调整等自主学习子过程，也可以形成合力对它们产生影响。

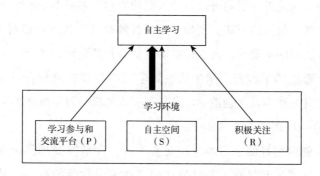

图 5-3　PSR 自主学习环境模型

资料来源：笔者自制。

5.5.3　有效利用环境性因素提升大学生自主学习水平的关键在于空间营造

　　参与和交流平台、自主空间和积极关注是影响大学生自主学习的主要环境性因素，共同构成了影响大学生自主学习的"大空间"。与 PSR 自主学习环境模型相对应，在工作坊实践的基础上可以提炼一系列利用环境性因素提升大学生自主学习水平的路径，它们是：搭建学习参与和交流平台；营造自主空间；给予学生积极关注。简言之，即建平台、造空间、予关注。

5.5.3.1　搭建学习参与和交流平台

　　学生在学习活动中的参与和交流是学校的"活水"，是学生学习取得成效的关键。一所学校如果缺少了学生对学习活动的积极参与，它可能看上去是一个精致的整体，但失去了活力，机构与机构之间、课堂与课堂之间、人与人之间不"良性越界"，不能互相带来好的影响。因此，要让学校"活水涌动"，搭建学习参与和交流的平台是重点，可以从营造参与和交流的氛围、增加社团活力、改变教室格局、转变图书馆角色、发挥宿舍教育功能和打通信息渠道等方面着手。

（1）营造参与和交流的氛围

文化对人们行为的影响是深远的。在校园中要营造一种鼓励学习参与和交流的氛围。相关教育活动可以帮助人们建立对学习参与和交流重要性的共识，从而有利于氛围的形成。例如：通过教师教育，教师意识到学习参与和交流对学生学习的重要性，改变传统的教学观和师生观，改变"一言堂"的教学模式；通过学生教育，学生认识到学习参与和交流对自身学习的重要性，明白如何主动为自己创造学习参与和交流的机会及争取相关资源。

（2）增强社团活力

为学生创设更好的学习参与和交流平台，大学需要加强学术型社团的建设并增强社团的开放性。开放的社团更能吸引学生的参与，从而把学生从游戏和电视剧吸引到有意义的学习中。

（3）改变教室格局

为促进课堂参与和交流，大学要改变清一色的"秧田式"教室布局，让师生有条件根据教学的需要布置教室。教师要更多地采用鼓励学生课堂参与和交流的方式进行教学，例如，开展以项目为中心或以问题为中心的教学等。

（4）转变图书馆角色

图书馆是大学学习的重要场所，在促进学生学习投入和学习交流方面起重要作用。有的大学图书馆面积大，藏书多，在物理空间和文献资源上都具备了为学生自主学习提供服务的良好基础，但图书馆的定位却只是文献资源中心，提供的主要服务只是借阅书籍，这限制了其功能的发挥。为学生搭建好的学习参与和交流平台，图书馆需要由静态的文献资源中心向动态的学术交流中心转变。在图书馆的空间设置上，图书馆应既有"静"的区域也有"动"的区域。在静的区域，学生可以安静地学习和思考；在动的区域，学生可以开展小组学习和合作讨论。在图书馆的时间安排上，延长开放时间适应不同学生的需求有利于提高学生对图书馆的利用率。在活动安排上，可以组织多样化的学习活动，让图书馆由静态的藏书阁变成真正的"学术交流中心"。

（5）发挥宿舍教育功能

宿舍不仅是一个居住的地方，更是一个重要的学习空间。当宿舍被定位为只是一个居住的地方时，能够满足日照和干湿度等基本需要并有容纳多人的空间就够了，而当宿舍被定义为一个具有教育意义的场所时，就需要安排有深度的教育活动了。有的大学重视宿舍环境，每年都会开展宿舍评比，但活动流于形式和表面，内容停留于卫生状况、物品摆放及宿舍装饰。要促进学生学习参与和交流，我们可以采用一些好的做法，让宿舍成为一个教育场所。第一，布置温馨的环境，鼓励学生交流。宿舍楼内配备多功能室，它既可以作为学生的讨论室和复习室，也可以作为学生文娱活动中心，给学生提供方便的公共交流空间，鼓励学生更多地参与群体活动。第二，提升管理专业化水平。当前宿舍管理专业化程度较低，宿管人员的主要工作是保证宿舍卫生、安全和纪律。在一些管理专业化水平高的高校，宿舍教育是一个专门的学生事务领域，宿管人员是经过了宿舍教育专业培训并获得了学历的专业人员，他们进行专业的管理工作。第三，重视服务，为学生组织多样化的活动项目。我国高校普遍重视对大学生行为的管教，例如，禁止晚归、准时熄灯和断网等。这种管教以纪律和安全考虑为主，对学生的教育考虑较少。宿舍管理应加强服务意识，为学生组织多样化的活动，丰富学生的参与和交流载体。

（6）打通信息渠道

人们要参与某项活动，首先要知晓该项活动的相关信息，然后才有可能选择参加。目前，学生知悉学习活动的渠道比较零散且不通畅，这导致了两方面的问题：一方面，活动经过了精心准备却无人参加，受益面窄；另一方面，想参加活动却无法准确知悉活动信息。鼓励学生参与学校的学习活动，学校要打通信息渠道。例如，学校官网可以在某一个区域将近期校内外即将举办的活动的信息告知学生，信息每次在同一个区域发布，滚动提示。例如，多伦多大学的官网首页不仅有 Latest News 区域，介绍已经发生的校园内外大事；还有专门的 Upcoming Events 区域，介绍即将举行的学校活动。这样，学校成员都能及时获得即将开展的活动的信息，并选取合适的参加。

5.5.3.2 营造自主空间

自主学习需要有自主的空间才能展开。营造自主空间促进大学生自主学习的路径主要有五条（以下简称"教学五条"）：善于留白、调整学业挑战度、开展深度教学、构建学习共同体、多维教学。教学五条之间既有区别又有联系，共同构成了促进大学生自主学习的"组合拳"。其中，留白保障了学生自主学习的宽度；适宜的学业挑战保障了学生自主学习的高度；深度教学保障了学生自主学习的深度；构建学术共同体和多维教学保障了学生自主学习的自由度。

（1）善于留白

留白是营造自主空间的首要任务，具体做法如下。

给予学生课堂思考空间。学习是一个自我建构的过程，并不是老师教了什么，学生就会了什么。然而，有的教师却像忙着奔跑但忘记了目标的运动员，忙着给学生传授知识，而无暇顾及学生是否获得了成长。在这些课堂上，知识"满堂灌"，信息"只进不出"，学习没有交流，学生没有思考的空间。实际上，教师并不需要将某个学科的所有知识都一一进行讲授，因为学生既记不住也不懂得如何应用。好的方式是教师作为一个启发者，将学生引入某个领域，呈现少量的关于这个领域的重要信息，然后给学生更多的时间去思考、去探索。

给予学生课外自主空间。可以提供适宜的课程量，给学生更多课外自主学习空间。有的学生一学期修课达 8 门，有的甚至超过 10 门。如此密集的课程占用了大量的时间。农业生产注重"不违其时"，大学育人也应注意"不违其时"，要尊重学生的特点并为其创造自主学习适宜的时间条件。

给予学生自控空间。对学习的可控感将促使学生更积极参与学业活动并付出更多的努力。根据埃里克森的心理社会发展理论，人从 18 个月开始就表现出自我控制的需要和倾向。然而，学生在中小学阶段很少有对自己的学习进行掌控的机会。大学需要帮助学生从以前形成的"他控"过渡到

"自控"。而实现从"他控"到"自控"的转变，前提是教师将对自己学习负责的权力还给学生，让其有机会对自己的学习负责。

给予学生选择空间。创设更多的资源和机会让学生进行自主选择。首先，课程的选择。世界一流大学开设的课程往往达 8000～10000 门，而我国许多知名高校一般也只有 5000 门左右。[①] 课程基数大，学生的选择余地就大；基数小，学生选择的余地自然就小。因此，开发丰富的课程让学生根据需求自主选择是重要的。其次，课程内容和形式的选择。传统课堂上，教师往往是决定课程内容和形式的人，在接触学生之前教师就已经把教学内容和形式确定了；而在促进学生自主学习的课堂上，教学内容和形式的选择会结合作为学习主体的学生的实际情况进行，教师听取学生的意见，甚至给学生一定的权力来决定教学的内容和形式。最后，学业任务的选择。在任务安排上，过多统一的细节要求使学生可发挥的空间较小。教师可以在某些主要方面把关，把更多的空间留给学生自己去发挥，例如，可以鼓励学生自主设计学习任务和评估学习任务完成的情况。

指导学生利用空间。"留白"不只是给学生留出自我探索的空间，学校和教师更有义务对学生如何利用空间进行指导。如果只是留出了空间而不对如何利用空间进行指导，那学校和教师给学生留出来的空间就不能称为"学习空间"，因为许多学生容易把它浪费了。本研究对工作坊学生观察后发现一个重要事实：到了学期中后期，学生通常有大量的课余时间，甚至出现一个月都无课的情况。对于这段"无课"的时间，教务部门的说法是，学生这段时间可以自行安排，可以去实习，可以去社会实践，可以去发展其他学习爱好。但结果却是，在缺乏引导的情况下，多数学生都虚度了这些时间。有的学生回家了，在家里享受"放假"的时光；有的学生在学校，猫在宿舍里"游戏人生"。真正能够自主学习的学生较少。因此，学校和教师有必要对"留白"的时间进行引导，让学生明白如何更有效地利用学校"留白"的时间，让"留白"的时间真正成为自主学习的时间。

（2）调整学业挑战度

调整学业挑战度，使其达到一个适宜的水平。具体做法如下。

---

① 刘献君：《中国院校研究案例集（第四辑）》，华中科技大学出版社，2015，第 3 页。

把好终点关，提高毕业要求。许多高校毕业率在 85% 以上，学生能轻易达到毕业要求。有的高校甚至采取清考的做法降低大学生毕业的难度。所谓清考，就是给补考多次依旧未能通过的学生一个更容易通过的机会。毕业论文答辩是重要的环节，却也存在要求低和流于形式的情况。适度的学习压力才能让学生产生学生动力。高校应该把好终点关，提高毕业要求，并在学生刚入学时将毕业要求以及对学生的期待传达给学生，这样才有利于学生合理规划大学生活。

把好过程关，提高课程考核要求。为什么许多高校的学生可以修 7~8 门课，而世界一流大学的学生大多只能修 3~4 门？为什么有的修课少的学生反而比修课多的学生学得扎实？其中的区别在于课程要求不一样。世界一流大学学生修的课程数少，但课程要求高，阅读、写作、调研和各种测验应接不暇，要获得好的成绩较难；而有的大学学生修的课程数多，但课程要求低，教师照着教材讲，学生照着教材记，然后参加考试。因此，学校需要调整学业挑战度，减少学生修课数量的同时提高对每门课程的考核要求。

（3）开展深度教学

广度教学追求知识点的覆盖，通过规定各学科和各时段应掌握的知识点来搭建课程和教学框架。在广度教学理念下，为了追赶教学进度，教师对知识的讲授通常"浅尝辄止"，试卷出题的考察点也通常以"知识点的覆盖"为主要考虑因素。深度教学通常深层次地切入较少的主题，帮助学生理解一个学科的关键概念和核心思想，然后给学生更大的空间去探究相关主题。深度教学有利于学生的深层学习。学生在课堂上学习少而精的内容，却在课外自主探索更广阔的领域。如此，有利于达到课堂学习内容少但学习成果多的效果。

要实现深度教学，具体做法如下。

转变知识观。长期以来在教学实践中人们较多持静态知识观，把知识视为客观事物的反映。在这种静态知识观指导下，人们认为教学内容是一成不变的、线性的，认为知识是可以直接传授给学生的，而且越多越好。例如，夸美纽斯主张"把一切事物教给一切人"，百科全书派主张把所有的学科知识都灌输给学生。这些静态知识观指导下的教学是一种"授受"，它将教学情景和学生实际情况都排除在外。要开展深度教学，教师应转变观念，改静态知识观为动态知识观。动态知识观认为知识是建构的，是生成的，每个个体通过自己的建构让知识产生意义。教育不是将人类知识库里的库存转移到学生头脑中，而是通过丰富的学习活动让知识在学生那里产生新的意义。

以点带面。促进学生深度学习，需要注意教学的"以点带面"：教授少而精的东西，将学生引入某一知识殿堂，然后鼓励学生对这些知识进行自由的想象、探索和应用。"以点带面"的两条戒律是：其一，不要同时教授太多；其二，如果要教，就一定要教得透彻。传授学生知识只是帮助学生产生智慧的手段，而不是目的。通过一定数量的深层学习点的剖析，帮助学生把握知识的内在结构，促进学生自行开展深度学习，这才是教师要做的。如何开展"以点带面"的深度教学？首先，教师要思考教学的目的是什么。教师们经常讨论教什么和怎么教的问题，但较少探讨为什么教的问题。加强对教育目的的思考很重要。其次，精选教学内容。有的教师把教材视为唯一的教学内容来源，视野和认识被束缚在教材框架内，机械地传授教材知识，这不利于深度教学。教材只是教学内容的一个参考，教师应围绕教学目标，在更广阔的范围去挑选好的教学材料。再次，加强对教学活动的精心安排。学生自己能学的，让学生自学；学生自己掌握有一定难度但并非不可能的，让学生自己先尝试；学生自己掌握有很大难度且非常重要的，教师方进行教授。

强调高阶学习。教育目的不仅仅是基于认知层面对知识的"知道"和"领会"，其更高境界是产生智慧。"知道""领会"只是教育的浅层要求，智慧才是最终目标，它是对知识融会贯通的应用和创造。在信息社会，能够用计算机替代的技能，如简单的知识记忆、存储和再现，已经变得不那么重要了。大学教学过多强调知识的记忆实际上已经落后于时代的发展要求。大学教学应该更强调高阶的学习方式。强调高阶学习，首先，在学习考核中要有体现。考核对学生的学习行为具有引导作用。如果考核停留在对课程所教的事实、观点和方法的记忆层面，那么学生学习的重点将会是记忆。如果学习考核是综合应用多学科知识解决实际问题，那么学生在学习中将会更加注重知识点应用。有的教师认为标准化的考试更能反映学生的学习水平，但这些考试往往强调知识的记忆和低水平的基础技能，而忽略了对知识的深刻理解与应用。学校在标准化考试之外，探索更多的考核学生高阶学习水平和引领学生开展高阶学习的考核方式。其次，在教学活动中要体现对高阶学习的重视。深度教学需要通过一定的渠道实现，教学组织就是一个重要渠道。如果教学组织是教师讲，学生听和记，考前背诵重点，那么其锻炼的是学生低阶能力；如果教学组织强调学生对知识点进行理解、分析以及将知识点应用于实践，那么学生的高阶能力将得到锻炼。在课堂提问中，有的教师喜欢问"是或否"的问题或"填空式"的问题，边讲边问，一问一答，师生看上去互动频繁，但实际上学生的思维在低阶水平上重复。要实现高阶学习，教师应更多询问"为什么……?""如何解释……?"等鼓励学生深入思考的问题。此外，有的教师喜欢对有"标准答案"的问题进行提问，提问的目的是看学生是否掌握所教授的正确答案，这样的问答表面上看是师生互动，实际上是在通过提问的方式灌输知识。强调高阶学习的课堂，应该鼓励学生进行"结构不良"问题的思考和探讨，这些问题没有标准答案，可以鼓励学生发出自己的声音，自由地提出自己独特的想法。最后，教师要不断给学生传递高阶学习重要性的信号。"从小学背书背到大学"的学生潜意识里可能认为学习的正常模式就是"听课、背书和考试"。教师要对学生进行高阶学习的引导，鼓励学生不仅听课，而且进行高阶的思考（分析、综合、评价）并积极参与教学活动（阅读、讨论、写作），帮助学生意识到高阶学习对自己成才的重要性。

（4）构建学习共同体

学习共同体是一个由学习者与助学者（例如教师）构成的团体，团体成员拥有共同的目标，在共享的环境中学习，通过对话和交流分享彼此的体验、观念和思想，共同完成学习任务。构建学习共同体的具体做法如下。

共同创造。共同体之所以为共同体，其核心在于"共同创造"。教师不再是课程的控制者，而是课程的建设者之一；学生也不再是课程的被动享用者，他们是课程主体并参与到课程建设中。在共同创造的理念下，师生围绕共同的目标努力。在这个团体中，每个人都是自己学习的责任人，每个人都有平等的发声和发展机会。教师从学生发展需求出发，设计和实施教学；学生主动分析自己的学习需求，参与教学设计和实施。在这个团体中，每个成员都拥有两大权利：对自我学习负责的权利和帮助其他成员成长的权利。这个团体努力形成这样一种文化：每个成员都是具有专长并且能够为他人提供适当帮助的某一领域的"专家"，每个成员不仅从团体中获益，也能对团体作出贡献。每个成员不仅对自己的学习承担责任，也对其他成员的学习和整个共同体的发展承担责任，大家在支持性的环境中共同建设课程。

对话协商。对话协商是学习共同体有别于其他传统课程的一大特色。通过对话协商，成员对知识有更深入的理解；通过对话协商，成员将内心的思考外化，给其他成员带来新的信息和学习资源，促进其他成员的发展；通过对话协商，课堂流动灵动的气息。共同体中师生和生生之间可以进行经常性的对话、交流和沟通。教师可以通过对话协商将教学目标和教学设计传递给学生，让学生对课程目标、课程意义及课程与自己的关联具有清晰的感知；学生可以通过对话协商把自己的需求清晰地传递给教师；团体中的每个人可以通过对话和协商互相学习。在对话协商中，团体的文化、理念、目标和规则得以形成，成员之间在自由交流和碰撞中进行学习。在共同体中，教师把学生看作平等交流的生命个体，看作互相学习的一方，而不是盛装知识的容器。学习共同体摒弃灌输式的教育，以对话协商代之，在平等交流和对话中促进学习。

资源分享。共同体的学习资源具有多元化和共享性等特征。资源分享可以是教师将基本教材外的资源分享给团体，可以是学生将在学习中发现的好素材分享给团体，还可以是学生将自己个人的经验分享给团体。资源共享有助于实现团体学习的开放性，有助于团体形成积极的学习氛围，给团体的成员带来作为主体的感受。

（5）多维教学

多维教学对促进大学生自主学习具有重要的现实意义。首先，当今大学生的构成多元化，多维教学能有效满足大学生的多元需求。其次，多维教学给学生更多的选择空间，让学生对学习具有更高的自主权。

多维教学的具体做法如下。

教师针对不同的学生、不同的学习任务和不同的学习内容采用差异化的教学方式。例如，教师可以采用讲授、小组合作学习、项目研究、实验学习、实习调查和教学话剧等多元化的教学组织方式进行教学。

在学生学习成果展示方面，允许学生有不同形式的选择。例如口头报告、书面报告、情境展示和视频呈现等方式均可。

5.5.3.3 给予学生积极关注

在教育过程中，每一个人都是独立的生命个体。教师应该给予学生作为独立生命个体的积极关注。

给予学生积极关注的具体方法如下。

（1）认真教学

认真的教师可以"教"出认真的学生，教师的激情可以点燃学生的学习热情。如果老师对所教的内容痴迷、沉醉其中，那么他会将这种情感传递给学生，使学生学习态度变得认真。认真的教师会积极了解学生的需求，为学生营造一个自由的学习氛围，与学生共同成长，欢迎和鼓励学生交流，尽力为学生提供好的学习资源，并表达对学生进步的认可。

（2）尊重学生

教师的尊重可以让学生获得自我价值感并建立学习自信。教师对学生的尊重表现为：真诚对待学生、倾听学生心声和尊重学生意愿。真诚对待学生体现于教师自我的真实呈现、平等地对待每位学生、记住学生的名字等细节。倾听学生心声，意味着宽容、给学生思考的空间和耐心。尊重学生的意愿，意味着多些意见征求少些命令、在不违背基本原则的基础上允许学生对学习安排进行调整和在教学活动中考虑学生的感受。

（3）给学生以期望和信任

教师的期望和信任能通过情绪、行为和语言感染学生，让学生获得积极向上的力量。要发挥信任与期待的作用，教师要有意识地向学生表达自己的期待、不断积极反馈并帮助学生制订实现期望的具体计划。

（4）关爱学生

对学生的关爱，不仅体现在对学生学习的关心，还体现在对学生生活的关心、对学生重要事件的关注、对学生"疾苦"的关心和对学生情感的疏导等方面。

自主学习空间营造路径见表5-4。

表5-4 自主学习空间营造路径

环境性影响因素	空间营造路径	子路径	具体方法
参与和交流平台（P）	搭建学习参与和交流平台	1. 营造参与和交流氛围 2. 增强社团活力 3. 改变教室格局 4. 转变图书馆角色 5. 发挥宿舍教育功能 6. 打通信息渠道	1. 营造师生平等、教学相长、互助合作和注重成效的校园整体文化氛围 2. 增强社团的开放度、加强学术型社团的建设、鼓励师生创办社团 3. 改"秧田式"教室格局为自由格局，使师生可以根据教学需要重新布置教学场所 4. 图书馆既有"静"的区域也有"动"的区域，组织多样化的学习活动，让图书馆由静态的文献资源中心向动态的学术交流中心转变 5. 布置温馨的环境鼓励宿舍交流、提升管理专业化水平、重视服务，为学生组织多样化的生活学习项目 6. 将活动信息通过有效的渠道让学生知晓
自主空间（S）	营造自主空间	1. 善于留白 2. 调整学业挑战度 3. 开展深度教学 4. 构建学习共同体 5. 多维教学	1. 为学生提供课堂思考空间、课外自主空间、自控空间、选择空间并对学生进行空间利用的指导 2. 把好终点关，提高毕业要求；把好过程关，提高课程考核要求 3. 转静态知识观为动态知识观，通过较少主题的切入和对学习点深层细致的剖析助力学生把握知识的内在结构；遵循两条原则：不要同时教授太多；如果要教，就一定要教透 4. 共同创造、对话协商和资源分享 5. 针对不同学生、不同学习任务和不同学习内容采用差异化的教学方式；允许学生以多元形式展示学习成果
积极关注（R）	给予学生积极关注	1. 认真教学 2. 尊重学生 3. 给学生以期望和信任 4. 关爱学生	1. 积极了解学生需求，为学生营造自由学习氛围，与学生共同成长，为学生提供学习资源 2. 真诚对待学生、倾听学生心声并尊重学生意愿 3. 有意识地向学生表达期望、指导学生制订实现计划、不断及时反馈 4. 对学生学习之外的生活、情感、重要事件和"疾苦"等多方面的关心

资料来源：笔者自制。

  学习动机和学校环境对大学生自主学习有着重要影响，动机性因素和环境性因素及工作坊针对各因素的干预分别在第 4 章和本章进行了阐述。影响大学生自主学习的另一重要因素群是策略性因素群，下一章将呈现本研究归纳的影响大学生自主学习的主要策略性因素，以及工作坊为提升大学生自主学习水平进行的干预。

6 策略性因素及干预

大学生自主学习水平受诸多因素影响。工作坊实践发现，多项动机性因素和环境性因素对大学生自主学习产生影响；同时，是否掌握自主学习相关策略对大学生自主学习水平构成重要影响。

自主学习是学习者明确自我学习需求、设立适宜的学习目标、制定合理的学业规划、选择合适的学习内容、科学地进行时间管理、积极地寻求学习资源和创设学习环境，并科学有效地对学习进行监控与调整的过程。自主学习是一项策略性的活动，而策略需要通过学习获得。策略学习以知识为基础，以练习为保障。本研究通过调查发现学生所欠缺的自主学习策略，通过"学习—实践—反思调整—再实践"的方式，助力学生掌握自主学习策略，提升自主学习水平。本研究发现，大学生主要缺失的自主学习策略有：自我认知策略（第4章介绍）、目标设立策略（第4章介绍）、时间管理策略、学习环境与资源管理策略及学习监控与调整策略。本章将重点介绍学生在时间管理、学习环境与资源管理及学习监控与调整三方面存在的策略欠缺以及工作坊进行的针对性学习策略指导。

6.1 时间管理

时间管理是为了提高时间利用率和有效性而对时间进行合理的计划、安排、运用和控制的过程。时间管理策略是自主学习的主要策略之一。[①] 是否

---

① Zimmerman, B. J., Schunk, D. H., *Self-regulated Learning and Academic Achievement：Theory，Research，and Practice*（2ed ed.）（Lawrence Erlbaum Associates, Inc., 2001）.

掌握科学的时间管理策略对学生的学习成效具有重要影响。有研究表明，时间管理对学生的学业成绩有显著的预测作用，[①] 学优生时间管理能力总体上比学困生好。[②] 掌握时间管理策略，提升时间管理能力对提高学生的学习成效具有重要意义。

6.1.1　时间管理问题

时间管理问题在工作坊学生中表现较为突出，主要问题有：缺乏时间安排、缺乏优先概念、拖延和易受突发事件干扰。

一是缺乏时间安排。

学生普遍缺乏对时间的计划和安排。有的学生未充分认识到时间利用的重要性，盲目打发时间，"脚踩西瓜皮，滑到哪里是哪里"。这使得大量时间被当下具有吸引力的电脑游戏和电视剧吞噬。有的学生不仅时间没有用在学习上，甚至连休息时间都难以保证。此外，学生的时间花费出现明显的阶段性特征："考试期"几乎所有的课余时间都用在了考试复习上，而非考试期用于学习的时间则要少得多。

> 我就是跟着课表上课，有课的时候就去上上课，没课的时候有啥事就做啥事。（晓桐）
>
> 周末比较杂，在寝室也没干什么，睡觉睡到那个点，然后起来玩一下手机看一下电影就过了。（晓雨，班级学习委员）
>
> 周末一般打游戏到转钟（过了夜里12点）。（晓汉）

二是缺乏优先概念。

"有一种忙叫瞎忙"，这句话在工作坊学生中广为流传。瞎忙的表现是安排过多的事情但无暇思考为什么要做这些事情，无暇区分哪些事情是优

---

① Britton, B. K., Tesser, A., "Effects of Time-management Practices on College Grades," *Journal of Educational Psychology* 83 (1991): 405-410; Macan, T. H., "Time Management: Test of A Process Model," *Journal of Applied Psychology* 79 (1994): 381.

② 房安荣、王和平等：《学优生与学困生学习时间管理的对比研究》，《外国中小学教育》2003年第4期。

先的或哪些事情是可做可不做的。瞎忙，这一点在自律性强的学生身上表现得更明显。这类学生往往因害怕虚度光阴而给自己安排各种事务，让自己奔忙于各种事务，但收获却不多。实际上，这些学生是在追求一种"表面充实感"。

> 我每天都很忙，但不知道自己在忙什么。（晓芝）
>
> 父母供我们兄弟三人上大学不容易，我要对得起学费和生活费，所以我要努力，我要尽量给自己安排满。（晓飞）

三是拖延。

工作坊近90%的学生认为自己存在拖延问题。在收到一份学习任务后要拖到临近截止日期才开始着手，以至于难以按时完成。拖延过程本身以及拖延导致的结果给学生带来了许多苦恼。

> 我是特别拖延的人，一个作业如果我当天晚上能动手写还好，但如果我当天晚上没写我会想明天再写，到了明天我又想我还可以拖一拖，拖了几天后就会想都拖了那么长的时间了，不写算了。（晓聪）
>
> 我心里其实一直想着有个事情没做完，但就是不想动手。越是没动手，越是老想着。好烦。（晓霞）

四是易受突发事件干扰。

学生反映，在学习过程中容易被其他事务干扰，而对突发事情的不当处理使得学生无法专注于学习，学习效率低下。

> 学习时，突然同学一个电话打来，我们一聊聊了半个小时，原定的任务就没法完成了。（晓莉）
>
> 在学习的过程中如果有个什么事情，我会停下来去做那个事。有的事情很小，但我就是会因为这些事情而影响学习。（晓涛）

问卷调查也显示了时间管理问题的严重性。对大学生自主学习量表中

"我能安排好我的学习时间"、"我现在的时间安排对我的学习帮助很大"、"我能处理好学习与课外活动的关系"和"我对每个星期要做的事情都有一个安排"等表述，超过半数学生作出了否定回答。

对工作坊学生的情况分析发现，缺乏正确的时间管理认识和时间管理策略是问题出现的主要原因。有的学生缺乏时间管理意识，忽视了时间管理的重要性。"没意识到要很好地利用时间，总觉得时间还很多。"（晓梦）有的学生存在错误的时间管理认识。例如，有的认为"时间管理和不管理都一样"。有的学生认为课外时间就是用来休息的，而休息，意味着可以慵懒地度过。大量的周末、寒暑假，甚至周一到周五晚上的时间都被定义为"休息时间"，在这些错误认识的作用下，学生做出许多错误的时间管理行为。"周五下午就没课了，我们的周末从周五上午课上完就开始了。"（晓雨）"这几天没课，我想回家好好休息一下，吃吃妈妈做的饭菜，美美地睡个懒觉。"（晓浩）有的学生缺乏时间管理策略。中小学阶段，学生的大部分时间都由学校安排了，学生能够/需要自己去安排的时间少。进入大学后，学生能够自由支配的时间增多，但却不具备自主管理时间的能力。有的学生使用了错误的时间管理策略，他们的时间管理收效甚微。"我以前也会有计划，也会有意识管理一下自己课外的时间，但这些都没用的。我发现有计划和没计划一个样。虽然做了计划，但有其他事情来了还是要去做其他的事情。然后计划就搁着了，搁着第二天有时候就忘了。计划没完成，反而搞得自己很挫败。"（晓雨）

6.1.2　工作坊干预：时间管理策略的学习与实践

工作坊将时间管理以独立专题的方式对学生进行指导，在理论学习、案例学习和实际操练中助力学生形成时间管理意识和掌握时间管理策略。工作坊对时间管理策略的指导从简单易操作的低阶管理逐步过渡到高阶管理。

6.1.2.1　识别吞噬时间的黑洞

进行时间管理，学生首先需要清楚有多少时间是自己可以管理的以及自己目前是如何进行管理的。工作坊指导学生使用统计法和观察记录法直观地观测自己的可控时间及时间都花在了哪些地方。学生对课余时间进行了统计，发现自己实际上有很多时间可以自主安排。例如，汉语国际教育专业的学生对他们本年度"放假"的时间（包括周末、连续超过两天无课日和寒暑假）进行统计后惊讶地发现自己一年中竟然有 191 天是"放假"的。学生们针对这些大块的"放假"时间如何安排进行了讨论。此外，学生们借助一些表格进行观察，更清楚地了解自己时间的花费情况，回答"我的时间都去哪儿了"的问题。大家围绕"我大部分时间在做什么""我把时间浪费在什么地方""我应该用这些时间去做什么事情"等问题展开了讨论。

6.1.2.2　日程计划——每日 To Do List、周计划

具备了对可控时间和时间花费情况的基本了解后，工作坊学生学习了如何进行日程计划。每日 To Do List（每日计划）是时间管理的首层境界，它简单易行且效果明显。其基本思路是：在头一天列出第二天要做的事情，每执行完一件就做个标记，晚上回顾反思当日完成的情况，并对下一日进行计划。

虽然每日计划看上去很简单，但并不是每个学生都愿意做或能做好的。有的学生在具体操作上需要指导。例如，工作坊成员晓汉在刚开始时就出现了计划太笼统的问题。

晓汉：明天早上 6：40~7：20 去早读一下，然后 7：30~8：00 就去自习室读英语单词。

我：主要是读哪部分？

晓汉：哦，这个没具体想好。

我：也许需要作出更具体安排。

晓汉：好。然后一二节课下了是 9：45，课间到 10：05，这个时间打算去操场跑跑步、压压腿。然后上三四节课，下后吃完饭 12 点，12 点到 13 点 30，睡一个半小时。然后起床做线性代数的练习，做到第七节课 16：15 再去上课。

我：练习你准备做哪些？做多少？

晓汉：做到那个时间为止。

我：完成的任务是哪些？有考虑吗？

晓汉：没有。

……

工作坊给学生介绍了日程计划的要点：任务具体；留出空间应付突发事件；适当安排休息娱乐的时间，这些时间不能挪作他用；可根据实际情况微调，但不影响主要计划功能的发挥；日程安排尽量随身携带，方便随时核对。

在坚持约一个月后，多数学生养成了每日计划的习惯。这一简单做法让一部分之前完全无计划的学生感受到了对生活的主动掌控感。有学生在集中学习时分享了自己的心得："一开始做每日日程的时候，觉得有点烦琐，担心耽误时间。但做顺了后它就成了一件很自然的事情了，也不会花费很多时间。而且，第二天只要按着安排做就行，也不用老在脑子里想哎呀我接下来干什么。"（晓莉）

在每日计划逐渐成为一种习惯后，工作坊增添了一项内容：周计划。周计划，通常是安排未来 7 天的行程。工作坊助力学生形成星期天惯例，即在星期天为下一个星期做好准备。星期天是一周的第一天，也是一周中很重要的一天，因为它决定了接下来一周学习的基调。"掌握好了星期天，就掌握了一周。"如果在星期天将下一周计划安排好了，那么学生可以有方向地开展新一周的学习活动，反之，学生可能在新的一周陷入盲目的追赶状态。因此，工作坊鼓励学生在星期天将自己的状态从周末的狂欢调整为学习的状态，建议学生在周日提前安排一周的事情，把生活琐事处理好，然后找一个能够让自己静下心学习的地方开始学习。"星期天，要让心从周末的狂欢中回来，如果周末狂欢一直持续到星期天晚上，那么星期一上午你就可能白费了，接下来就可能马不停蹄地应付各种事情；而如果星期天就将一切打理得井井有条的话，你就能控制自己的生活节奏，会让自己心情舒畅，接下来的日子也会井井有条。星期天，可以把一周的事情提前安排好，把自己的内务整理好，该洗的衣服洗好，生活上该买的东西买好，该处理的杂事处理好，然后让自己过渡到学习的状态，找一个图书馆或者你认为适合学习的地方开始学习，这样周一学习的时候你就会很舒畅。"

6.1.2.3　明晰重点事务：要事先行

每日、每周日程安排让学生对近期有一个明确的计划，计划的实现可以给学生带来成就感。但拘泥于逐日规划，缺少"优先"概念，可能让学生陷入没有效率的忙。因此，工作坊指导学生时间管理的第三步是分清事情的轻重缓急，要事先行。

工作坊给学生介绍了要事先行的原则和相关做法。美国管理学家科维提出了时间管理的四象限法。他根据事情的重要和紧急两个维度把事情分别放在四个象限：重要又紧急、重要但不紧急、紧急但不重要和既不紧急也不重要。其中，重要又紧急的就是要事。特别要注意的是重要却不紧急的事，这些事情很容易因为它的不紧急最后无疾而终。工作坊学习了要事先行的简单做法：列出自己的事项，然后用1到3标明优先等级，每学期、每月、每周、每日的事项都可以采用这种方法。学生进行了要事先行的讨论和训练，明晰了自己的要事，明白了"重要之事不可受芝麻绿豆小事牵绊"和"找出自己一天中的最佳时间段，在最佳时间段安排重要的事情"。此外，工作坊提示学生一个阶段抓一两件重点事务。"每个人的时间和精力都是有限的，如果把时间平铺在各个事务上，一个学期结束时可能收获不多，甚至没有可圈可点的。要确定自己这个阶段重点抓的一两件事，每天坚持做一点，一个学期结束时你就会看到效果，或者这一学年结束的时候，你会在你坚持的几件事情上看到效果。"

6.1.2.4　与价值观或终极目标契合

时间管理的最高境界是个人管理，即明晰自己的价值观、理想和长远目标，并将时间管理与之契合。工作坊给学生介绍了有效的个人管理原则。

（1）一致

所安排的事务与自己的价值观、理想和长远目标保持在一条线上，如此，每一项事务的完成都是对实现自己终极目标的接近。

（2）平衡

每个人都有多种社会角色，要处理好这些角色的平衡。除了学生角色外，我们还具有子女、朋友、室友、社团成员、男/女朋友等角色，因此，需要平衡各角色，以免出现只关注了学业，而忽略了友谊、家庭、健康等其他重要方面的情况。

（3）重方向

时间管理不要一味强调效率。效率高但方向错了努力就无意义了。工作坊鼓励学生在时间管理上要高瞻远瞩，要注重长线管理。"我最重要的五样"、"我的大学追求"和"哪些事情做了会对自己产生重大的积极影响，可是迟迟未去做"等主题的讨论提示学生所有的努力要指向自己终极追求的事物。

从步骤一到步骤四，工作坊循序渐进让学生去感受、实践和调整，去逐步获得时间管理的能力。除此之外，工作坊还指导学生学习了时间管理的技巧，包括50分钟时间段、设立任务截止日期、逆向工作法、长期任务立刻着手、处理突发干扰事件、确立有规律的学习时段和使用固定的学习区域等。

50分钟时间段："如果有大块的自主掌控的时间，可将这些时间细分，以50分钟为学习时间段，每一个50分钟安排10分钟休息时间。这有利于专注力的提升，实现劳逸结合。"

设立任务截止日期："做计划时，给自己设立任务截止日期。如果不设立任务截止日期，事情可能被无限拖延。"

逆向工作法："当接受一项学习任务后，从学习任务需要完成的最后时间往前倒推，明确这项任务最迟什么时候开始着手。"

长期任务立刻着手："比逆向工作法更能有效解决拖延问题的做法是长期任务立刻着手。人为什么拖延？有的是因为任务难而不想面对。长期任务立刻着手可以让人立即进入状态，不至于被困难吓得迟迟不敢行动。你接受某项任务的当天就开始着手，完成一部分。而当你已经开始着手，不管你的任务量有多少，你都会感觉到其实做起来没有想象得那么难。立即着手后你比周围的同学都快了一步，你会感觉很好，会渴望做更多的事，直到不知不觉中把这个任务完成了。"

处理突发干扰事件："学会对分心的事物说不，专门的时间留给专门的事。例如，学习的时间就学习，看电视的时间就看电视，睡觉的时间就睡觉。再例如，针对电话干扰，你可以选择在学习时间不接电话，或者如果不是紧急的事情就告诉对方过一段时间在回打给他。这样，学习就不会中断。在学习过程中，如果你突然想到一个事情，这个事情不是很急但很重要，你担心自己不马上处理会忘记，可以先在纸上将事情记录下来，之后再处理。"

6.2 学习环境与资源管理

学习环境与资源管理是学习者根据自身需要对现存的和潜在的学习环境与资源进行主动寻求、选择、利用和调节以促进其学习活动有效进行的行为。自觉创设学习环境和主动获取学习资源是大学生自主学习的重要表现。

学习环境既包括学习者学习的场所，也包括学习者与教学支持系统交往中所形成的氛围。它可以分为物理环境和社会环境。学习资源指的是学生能够与之发生有意义联系的人、材料、工具、设施和活动等。它也可以分为物理的和社会的。学习环境和学习资源概念之间有交叉。根据现存条件，学习环境与资源还有现存和潜在之分。

6.2.1 学习环境与资源管理问题

对工作坊学生的调查发现，学生在学习环境与资源管理方面主要存在三方面问题：对可利用学习环境与资源知觉度低、被动接受学习环境和"等靠"学习资源。

一是对可利用学习环境与资源知觉度低。

对工作坊学生的观察和访谈发现，学生对身边有利于学习的环境和可用的资源了解较少。第一期工作坊成员中，超过70%的学生认为图书馆只是借书和自习的场所，超过80%的学生未听说过MOOC等网络课程资源。学生对学校提供的学习服务知之甚少，对校内的学习活动知晓度非常低，对校外的学习资源了解很少。当我给学生介绍省图书馆、省博物馆、美术馆的一些活动时，学生对所在城市原来有这么多好的学习资源感到吃惊。

图书馆除了借书和自习，还有别的吗？（晓权）

慕课啊，不知道。要收费吗？我一般就是上学校给的网络选修课。（晓念）

心理中心？感觉要精神方面有问题的人才去心理中心的吧。（晓君）

学校有哪些兴趣社团，这我还真不清楚。平时也很少关注。（晓倩）

二是被动接受学习环境。

学生明白适宜的环境有利于学习，但当环境不适宜时，他们却很少做出努力去避免在这种环境中学习或设法改变这种不适合学习的环境。许多学生表示寝室的学习环境不好，室友打游戏或追剧等行为影响了自己学习，但少有学生能主动作出改变。更多的学生采取的是被动接受和持续抱怨，有的学生随着时间的推移自己也被"带坏了"。对于不适宜的学习环境，有的学生摆出"认命"的姿态。

我们室友玩手机玩到凌晨3点，对我影响很大，没办法的。（无奈的表情）（晓思）

寝室不是一个学习之地，每当我在寝室时，我的计划多半会泡汤，但我大一上学期基本上没怎么去图书馆，没课的时候就宅在寝室里，玩手机，看电视剧。虽然我有考研目标，但丝毫没用。（晓雨）

环境使然，也就只能这个样子啦。（晓详）

三是"等靠"学习资源。

学生习惯了由学校和老师安排和布置学习相关事务，自己则一门心思"单纯学习"。有的学生仅对学校提供的明确的学习资源进行利用，很少能够自己主动去查找和获取学习资源。当老师未将学习资源送到跟前时，学生会抱怨学校学习资源太少。"学校资源太少了，我们想干个什么事情都很难。"实际上，有的学习资源就在身边，但学生没有主动利用。当学习资源不是显性存在的而是需要付出努力才能转变为资源时，学生则表现出畏难和退缩态度。学生希望得到他人的支持，却仅仅停留在希望的阶段，较少主动迈出步伐。

以前的老师会使劲地逼着我们学，我们根本就不需要考虑学习之外的事情。（晓祥）

我就希望有一个人可以手把手将我从大一时候的懵懂小孩带成大四的技术大神。（晓思）

开始加入新闻部的时候觉得可以提高自己的写作能力，但是进入以后发现很多东西都要靠自己去发掘、自己去探索才能学到，所以我就不想留下来。（晓雨）

陷入困境的时候我也不知道可以找哪个老师，就这样拖着，指望它能有一天自己变没了。（晓莉）

出现这些问题的主要原因是学生缺乏自主创设学习环境和获取学习资源的意识及相关策略。

缺乏自主创设学习环境和获取学习资源的意识。缺乏意识是最主要的原因。思想决定行为，正确的思想指导人们以正确的方式行动，错误的思想则支配人们做出错误的行动。以上案例可以看出学生习惯了被动接受而忽略了主动探索，惯性的依赖让学生忽略了自己才是应该为学习负责的人，忽略了该主动为自己创造条件学习。

缺乏学习环境与资源管理策略。掌握学习环境与资源管理策略是进行科学管理的基础。在如何建构合适的学习环境及如何利用有效的学习资源方面，许多学生缺乏有效策略。例如：有的学生经常将自己的失败简单地归为缺乏意志力，而忽略了对高危情境的避免；有的学生的信息检索素养和资源获取能力不够强，在面对海量的网络资源时，不知该如何选择和利用，导致在电脑上的时间被大量用来追剧和玩游戏。

6.2.2 工作坊干预：学习环境与资源管理策略的学习和实践

工作坊以"创设适合我自己的环境"和"获取我需要的资源"为主题，通过理论学习、案例分享和实际操练助力学生形成主动创设学习环境和获取学习资源的意识并掌握相关的策略。

6.2.2.1　创设适合我自己的环境

工作坊进行了"环境知觉"、"环境选择"和"环境利用"等专题讨论，鼓励学生创设适合自己的和属于自己的学习环境。

（1）环境知觉：分析影响自己学习的环境，识别高危情境

工作坊组织学生对自己所处的环境进行分析，识别高危情境。学生对不利于学习的环境进行了梳理，并分析这些环境是如何影响学习的。例如，晓权对自己在宿舍的状态进行了分析："在寝室学习时，我一般需要一个非常漫长的前奏，我会洗好澡，洗好头，穿上舒适的衣服和鞋子，然后戴上眼镜，把我自己的桌子收拾一下，然后把寝室的地扫一下，等等，收拾利索了，大概是两三个小时之后，才拿出书开始读。非要搞完这些，把宿舍收拾整齐了我才能捧着书看一会儿，但看书也只能持续一会儿，马上我又会去做别的事情。"晓清分析了影响自己学习的诱惑性事物："主要有两个东西影响我，一个是手机，有了手机之后，大概专心学习十几分钟之后就会分散注意力；一个是电脑，每次打开电脑准备完成作业，总是先在网页浏览其他的东西，一浏览就是一两个小时。"。

（2）环境选择：避免高危情境

对环境进行观察分析后，对环境作出选择就变得容易和清晰多了。首先，避免诱惑的情境："避免原罪发生的场合，不要去那些你可能受到诱惑的地方。比如，你很爱打游戏，那就不要待在电脑前；你爱玩手机，那就把手机放到一个自己不容易拿到的地方，或者固定一段时间把手机锁起来；你容易分心，在一个闲适且周围有人说话的地方更明显，既然如此，那就不去这些地方学习……"

工作坊学生剖析了自己的问题，对自己的经验进行了分享。有一次，晓淳跟同伴们分享了避免沉迷电脑游戏的做法。他的做法是典型的避免高危情境的做法。

> 晓淳：我在学校是绝对不玩电脑游戏的。
>
> 我：没时间？
>
> 晓淳：有时间也不玩。

我：为什么？

晓淳：不为什么，反正不玩电脑游戏。（笑）

我：嗯？

晓淳：因为我怕养成习惯，一玩就收不住了嘛。我知道自己自制力不强，但有些东西，你只要不碰它，你就不会去想。（晓淳）

（3）环境利用：创设有利于自己学习的环境

要提高学习效率，除了避免诱惑情境，还应主动创设有利于学习的环境。某些环境相对于其他环境更有利于学习。例如，上课时，教室的前排和中间是比较有利于集中注意力的位置，因为教师易于关注到离他近的学生，而且学习投入的学生往往也坐在这些位置，周围学习氛围较好。再如，挑选一两个固定的场所专门用来学习，在这些场所不开展学习外的其他活动。这样，人一到这个场所就会条件反射似的学习。条件反射原理告诉人们，如果某些行为在同一个地方连续发生，那么这个地方就可能成为发生这种行为的暗示。熟悉的地方亦可以增加自己的安全感，减少学习分心和不安定情绪，从而减少干扰。

良好的人际氛围创设有助于优质环境的形成。工作坊鼓励学生通过以下方式创设良好的社会性环境。第一，以优秀他人作为支持性的环境刺激。看到身边人在做出某种行为，自己也容易被刺激做出同样的行为。例如，在图书馆看到大家都在认真学习，自己也倾向于做出认真学习的行为。第二，学会说不，为自己学习创造学习空间。"不懂拒绝往往会让自己陷入困境，当自己有重要安排而此时同学却约你去逛街时要懂得拒绝，你的拒绝不会令你们的关系变糟，相反，你会赢得同学的尊重，因为你让他知道，你是一个能分清轻重，有自我安排的人。"第三，制定自我合约，并将其公之于众。"给自己制定一个学习合约并告诉他人，这样有助于自我督促力的提升。因为害怕当众失败，你会坚持你的计划，他人也可以时常提醒你。"第四，次要事件稍后处理。"为避免分心，突发事件如果是很重要但不太紧急的，可以先写下，待手头事情完成后再处理，这样可以帮助自己保持平静，专注于当下的事情。"

学习环境的调整可能会带来其他方面的变化，要对这些变化作出预警和妥善处理。例如，工作坊成员晓雨就经历了一个从被动接受环境到主动创设环境的过程。主动创设学习环境给她的生活带来了一些变化，这些变化曾经让她感到困惑。

晓雨以前喜欢在宿舍"学习"，她的室友们也喜欢在宿舍学习，四个女生关系非常好，生活上经常互相帮助，一起聊天、一起看电视，是"好姐妹"。但宿舍姐妹除了在生活上投缘，在学习上彼此却没什么促进。大家都有一个共同的特点，就是"宅"。

> 晓雨：我们寝室的人都宅，有个室友从大一到现在都没怎么出去过。上次还是我把她带到汉正街那边，然后她再没出去过。她连中商（位于学校两公里内的一个商场）都不知道在哪里。
>
> 我：那她平时做什么呢？
>
> 晓雨：在寝室床上躺着玩手机，看小说。
>
> 我：其他人呢？
>
> 晓雨：嗯，大家都喜欢待在宿舍。除了邻近考试的时候，平时绝对不会有人到图书馆或自习室去学习，都懒得出去。

在工作坊学习一段时间后，晓雨意识到"宅"对自己学习无益，她尝试着改变。她改变很明显的一点就是将学习的地点从宿舍换到了实验室。除了午休和晚上睡觉的时间外，她都在实验室学习。但坚持了一周后，晓雨遇到了新的问题。晓雨感觉和"寝室里的人越来越疏远"，她很担心自己在学习上的改变会影响与室友之间的关系。

> 我：室友们现在是什么状态？
>
> 晓雨：有一个还是整天躺床上看小说，有一个练跆拳道，还有一个我也不知道忙什么。以前总是在寝室里面说说笑笑，现在我基本上早上出门，睡觉的时候才回去。今天没课，起床后我就到了实验室，然后上课，中午开完会回去时大家都躺床上睡了，然后我睡一下就出来了，晚上十点多钟回去，她们也差不多休息了，感觉很少有交流，觉得越来越疏远了。

　　我：是大家对你的改变不习惯吗？你觉得你的改变影响了寝室以往"团结"的氛围？

　　晓雨：嗯。

　　我：那你有没有跟室友们聊过你到实验室学习的想法呢？可以试着和室友们交流一下，让他们明白你不是有意疏远她们，只是想换一个方式学习。每周你也可以留出半天或一定的时间和室友们一起玩，像你们以前一样。这样，室友们就可能理解你的做法了。寝室就像一个家，室友关系良好心情才舒畅。你可以试试。

　　晓雨：好的。

　　在改变的初期，学生通常会遇到一些新的问题，这些新问题的出现容易把学生拉回改变的原点。例如，有的学生可能在面临和晓雨类似的情况时考虑到"宿舍关系大局"和"姐妹情深"，被拉回去继续和宿舍姐妹"友好地在宿舍生活学习"。工作坊提示学生这些阻力的存在，提醒学生做好预案并且通过一些变通的做法来化解阻力，让自己继续前行。

　　晓雨及时地与室友们沟通了自己"周日到周五想到实验室学习、周六和大家好好聚"的想法，取得了室友们的理解。这一番交流还促使其他三位室友对自己的学习状况进行思考。据晓雨介绍，室友中有一个也开始走出宿舍去学习了。晓雨"走出宿舍"后很自然地在其他的学习场所找到了新的"志同道合"的伙伴，她的学习状态在一天天好转。"实验室有个女生，她很不错，每天都去实验室，我就跟着她在实验室里面做。因为实验室里面都是钻研的孩子嘛，做实验，参加比赛啊，还有光电拿了一等奖的，他们都有各自的目标，都朝着各自的目标去做事情，在那个环境带动下我感觉自己学习更认真了。"

6.2.2.2　获取我需要的资源

　　工作坊进行了"资源知觉"、"资源选择"和"资源利用"等专题讨论，鼓励学生去主动获取现存的学习资源和开发潜在的学习资源。

（1）资源知觉：分析所需资源和现有资源

分析所需资源和现有资源是大学生主动获取和利用资源的基础。学生应明白实现目标需要哪些方面的资源支持，这些资源哪些是现存的，哪些是需要自己去争取的。

通过列表、分析和讨论，工作坊学生在自己期望达成的目标下记录了自己需要的资源以及现有的资源，明白了要构建"自己的"学习资源体系。

学习资源大致可以从三个方面获得。第一，本校资源。本校资源主要有课程、教师、同伴、书籍和学校活动等。有的学生将视野仅限定在课堂、教师和教材上，忽略了其他可获取的非正式学习资源。研究表明，人的一生中通过非正式学习获取的知识占其知识总量的 70%~80%。[①] 工作坊鼓励学生注重非正式学习资源的获取。例如，参加学校的活动和从其他同学身上学习他所拥有的技能和特长。"视野放大，看到身边潜在的学习资源。例如，你想学习书法，身边就有书法兴趣小组或擅长书法的同学，那就是资源。"第二，校外资源。将视野从校内扩展到校外。学校所在城市的博物馆、图书馆和同城的其他大学的讲座、课程等都是可用的资源。"在武汉读大学，读的就是全武汉的大学。要把能用的学习资源用好。"工作坊有学生对英语学习资源短缺感到头疼。稍作引导后，学生发现本校和校外的英语资源其实都很丰富。第三，网络资源。互联网技术的发展，使人们可以随时随地查找资源，工作坊提示学生去发现这些网络资源。

（2）资源选择

信息时代，学习资源种类丰富，数量庞杂，来源广泛。面对来自本校、校外、网络等的众多资源，学习者在资源选择过程中容易出现信息迷航。学生不清楚什么样的资源是好的、什么样的资源是适合自己的、什么样的资源是有效的。正如有的学生在时间管理上容易犯热衷用各种琐事填满生活以获得心理上的慰藉一样，在资源管理上有的学生也容易犯"书读得越多越好"的错误。书并非读得越多越好，学习活动也并非参与得越多越好，盲目读书和参加活动使学习者陷入"终日学习却无收获"的困境。

---

① 张秋菊：《地方高校大学生非正式学习的引导策略》，《黑龙江高教研究》2014 年第 3 期。

　　在资源选择上，工作坊鼓励学生根据自己的需求创设个性化的学习资源库。每个人因为专业背景、学习偏好和学习需要不同，对资源的需求有很大的差异。学生要做的是选择与自己目标实现关联度高的资源。

　　工作坊鼓励学生基于问题去寻找和利用资源。"以问题为中心的学习"（Problem-Based Learning，PBL）被证明是一种有效的学习方式。学生围绕问题的解决去查找和学习资料，去请教他人，去实践，在这个过程中掌握知识、形成技能。以问题为中心去获取和利用资源，能让资源真正为自己所用，而不是摆在桌上的一堆材料。

　　（3）资源利用

　　在资源利用方面，工作坊鼓励学生主动创设、注重分享和合理利用。

　　主动创设资源。有的资源是现存的，有的资源是潜在的。对于现存的资源，要注重科学利用；对于潜在的资源，要主动挖掘，让它转化为可用的资源。学习不仅是人与学习材料的互动，更是人与人的互动。工作坊鼓励学生向他人学习，读"真人书"。向他人学习，最重要的是"自己主动迈出那一步"，遇到学习问题时，主动请教老师和同学。"从一到一百，距离很短；从零到一，距离很长。"有的同学困在自己的小世界里，害怕迈出求助的第一步，而在真正迈出后会发现事情并非想象的那么难。工作坊鼓励学生主动创设学习资源，根据自己的兴趣和问题组建学习小组。

　　注重分享，营造分享的文化。许多研究证明，朋辈学习是对学生学习产生重要作用的学习方式。工作坊鼓励学生分享，将自己的专长教授给其他同学，同时主动向有专长的同学学习。工作坊给学生介绍了互助的故事，它们给学生留下了深刻印象，让学生明白将所学知识教授给他人是最好的学习方式之一。在教授别人时，自己对学习内容能有更深入的理解，而且，指导他人能让自己获得成就感，让自己学习动力更强。

　　合理利用网络资源。本研究发现学生对网络的某些技术应用熟练但对网络学习资源却缺乏相关了解。工作坊鼓励学生探索网络学习资源，给学生介绍网络资源的获取和应用方法。此外，鼓励学生发挥移动学习的优势，通过手机端，将零碎的时间用于学习。

6.3 学习监控与调整

自主学习要求个体对学习进行自觉的监控与调整，使学习优化与高效。在学习活动中，个体需要经常将自己的进展情况与预设标准进行比较，检查学习是否按照正确的方向进行，策略是否运用得当，学习是否有效果。若路径正确，则继续进行；若有偏离，则进行调整。在学习活动结束时，个体需要检查和判断是否达到学习目标，若达到，则开展新的学习任务；若没有，则采取补救措施（见图6-1）。

学习监控和调整是自主学习研究中的重要主题，有研究对这一主题进行了关注。齐莫曼认为自我调节学习包括三个子过程，即自我观察、自我评价、自我反应。[①] 董奇等认为，监控是建立在信息反馈基础上的控制，包括紧密联系的两个方面：一是对事物实际发展过程进行审视和监察，获取关于事物运动发展的反馈信息；二是根据反馈回来的信息和预期目的对事物下一步的发展进行修正和调整。[②]

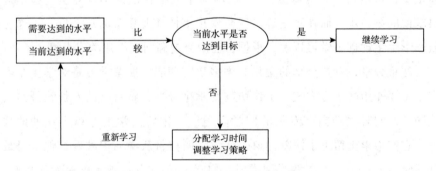

图6-1 自主学习的调控过程

资料来源：笔者自制。

---

① Zimmerman, B. A., "Social Cognitive View of Self-Regulated Academic Learning," *Journal of Educational Psychology* 81 (1989): 329–339.

② 董奇、周勇、陈红兵：《自我监控与智力》，浙江人民出版社，1996。

6.3.1 学习监控与调整问题

学生在学习过程中或多或少会注意自己的学习状态，但通过对工作坊学生的调查发现，学生有意识地对学习进行监控和调整的水平较低且策略生硬，这影响了学习的有效进行。

第一期工作坊期初，学生对大学生自主学习量表内容中的"我常把任务完成的情况和我的目标进行比较"、"我经常考虑如何改善我的学习"和"发现计划和现实不协调时，我会调整学习计划"表述作出肯定回答的比例分别约为31%、48%和73%。这些调查结果显示出学生在学习监控与调整方面比学生在自我认知、目标设立、时间管理、学习环境与资源管理等方面有更好的表现，但仍然有提升空间。

学生在学习监控与调整方面存在的主要问题是策略缺乏。例如，学生经常使用的自我监控策略是"自我感觉"，即根据主观感觉评价自己的状态。在学习监控方面具有较大的随意性。工作坊成员晓聪在访谈中表示："有什么事情刺激一下的时候就会好好地去想想，平时偶尔想想。"

6.3.2 工作坊干预：学习监控与调整策略的学习与实践

为帮助学生提升自我监控与调整的科学性和有效性，工作坊进行了两大主题策略的学习，它们分别是自我观察记录和自我调整。

6.3.2.1 自我观察记录

个体对自身学习行为进行观察，对时间花费、努力程度、策略运用和精力状态等方面有意识地注意并记录，这个过程即自我观察记录。

有研究表明，自我教育的最大障碍是对自己行为的错误认知。① 而自我观察记录是帮助学生形成准确行为认知的关键。

自我观察记录主要有三个作用。第一，提供准确的事实数据。如果没有自我观察与记录，学生可能对自己的行为产生过高或过低的评价。例如，记忆可能受当时情绪的影响，也可能受自己希望记住的事物的影响，

① Rachlin, H., *The Science of Self-control* (Cambridge, MA: Harvard University Press, 2000).

因此发生偏差。观察和记录可以让学生获得一个基准的数据，明白自己目前处于什么水平。第二，有助于学生学习行为改变。当被观察时，人们的行为会因受到观察而发生改变。例如，在有名的霍桑实验中，工人因为在工作中被观察而提高了效率。被观察会让人们注意自己的行为。当密切关注自己的某一行为时，该行为倾向于向好的方面变化，这是观察的反应性影响。观察有助于打破学生不良学习习惯的自动化。习惯是对情境的自动化反应，要改变某种不良的习惯，首先需要去自动化，即把这种自动化给打断。观察记录这一"注意"行为有助于学生打破旧有行为的自动化，帮助学生改变不良学习习惯。第三，有助于增强自我效能感。学生通过记录，看到自己的点滴进步，感受到自己变得越来越有能力，从而有利于良好学习行为和兴趣的保持。

工作坊成员学习了自我观察记录的方法，包括频数统计、持续性测量、日志撰写和行为追踪等。

（1）频数统计

把时间分为若干时段，然后抽取出一些时段，记录这些时段内某种学习行为发生的次数。这种时间抽样法简单易行，被工作坊成员广泛使用。例如：晓淳用它来统计某段学习时间内自己使用手机的次数，晓涛用它来统计自己一周参加体育锻炼的次数。

（2）持续性测量

记录一种或一系列学习行为发生和持续的时间。有一首歌歌名叫"时间都去哪儿了"，工作坊成员常用这歌名自嘲，感叹时间的流逝，同时表达对自己时间花费情况的困惑。工作坊建议大家进行自我记录，做一个为期一周的时间记录表（见表6-1、表6-2），这样可以显示在每个任务上所花的时间，以便了解时间的用途。观察记录后，许多学生对自己的记录结果感到惊讶，他们惊讶于自己所认为的情况和实际的情况相差如此之大。例如，晓霞对自己计划学习和真正学习的时间进行记录后发现，自己的学习时间竟然如此多地花在了与室友闲聊、胡思乱想或干杂事中，她感到"不可思议"。严格的持续性测量记录有利于学生了解自己计划发生的行为与真正的行为之间的差距。

表 6-1 时间花费测量表 1

	周一	周二	周三	周四	周五	周六	周日	共计
计划学习时间（小时）	3	3	3	3	3	3	3	21
真正学习时间（小时）	2	1.5	1	2.5	1	5	0	13

资料来源：笔者自制。

表 6-2 时间花费测量表 2

	学习时间	全天共计	效率情况	其他
2014.05.05	9：00~10：10 做作业 10：20~12：00 ……			
2014.05.06	……			

资料来源：笔者自制。

（3）日志撰写

这是学生最熟悉的记录方法。在日志中，学生可以记录自己的学习情况、调节自己的心绪和探索将来的努力方向。工作坊提倡学生进行日记撰写。第一期，工作坊倡议学生每周做一个概要记录，对过去的一周做个回顾，梳理自己的成长与需要努力的方向。第二期，工作坊提高了要求，倡议学生每日一思、每周一帖，鼓励学生将本周的一些所思所想所经历的事物通过 QQ 空间和大家分享。通过这些方式，学生有意识地观察自己的学习情况，反思自己的状态。

（4）行为追踪

行为追踪法帮助学生对自己的某一行为进行观察和记录。学生先要确认自己要监测的行为，然后重点记录自己行为的某些方面。例如，学生可以观察自己行为的发生，了解哪些因素引发了自己的行为。研究发现，人类的行为和情绪都发生在一定的情境中，情境分为两种：行为发生之前的事件以及行为发生之后的事件。它们分别叫作前提（Antecedents）和后果（Consequences），前提就是行为发生的背景，它会暗示或者刺激人们按照一定方式来行动；后果是指事后的结果，它会鼓励或抑制人们重复这个行为。学生学习了如何观察和记录自己行为的前提和后果，基于观察对自己的行为进行分析。例如，学生观察了自己的行为发生在什么时间、在哪里、和谁在一起、对自己讲了些什么、自己有什么想法、自己采取了什么行动、行为产生的后果是什么、是令人愉快的还是令人不快的等，并通过列表形式把它们呈现出来，然后进行分析。

工作坊学生还学习了自我观察记录的注意事项。其一，规律性。规律性是指持续地进行，如每天记录。其二，邻近性。邻近性是指要在行为发生后的第一时间进行记录。其三，积极记录。积极的自我记录指对成功保持记录，"不管它是多么微小，都应当记录下来"。其四，公正严格，自我观察记录产生作用的基石是诚实公正。

6.3.2.2　自我调整

观察记录有助于学生监控学习，当发现学习的某一方面偏离了"正道"时，就需要作出调整。对学习的调整可能是对目标的重新设立、对内容的重新选择、对学习环境的改变和对学习方法的调整等。工作坊进行了策略指导。除此之外，工作坊还重点指导了学生进行"前提调整"、"结果强化"和"情绪管理"。

（1）前提调整

根据操作主义理论，人的行为在一定的情境刺激下和一定的后果强化下发生，即行为的发生遵循"前提→行为←后果"模式。多数操作性行为会受到前提情境的刺激或提示，前提情境在唤醒或激发行为的意义上控制着行为。工作坊学生学习了前提情境的调整策略，包括打破事件链、增加替代行为和自我指令等。

打破事件链。打破事件链有助于将行为从不良自动化中解放出来。当一项行为成为下一项行为的提示时，行为事件链就建立起来了。虽然最后的行为才可能会被视为问题，但实际上整条行为链都与最终问题行为的发生有关系。学生可以通过寻找事物链，从结尾追溯源头，从源头去改变或者针对事件链上某一点做出改变，从而让学习行为发生调整和改变。

增加替代行为。工作坊活动之"除草的故事"给学生留下了深刻印象：如果想把一块土地上的草除去，单单关注除草工作还不够，因为草被锄去后很快就又会长起来，要达到除草的效果需要在草除去后在这块地种上庄稼。这正如学习行为的矫正，仅仅想去除某一不良行为是不够的，因为一项行为去除后容易形成行为真空，被"除去"的不良学习行为很容易"死灰复燃"。而增加替代行为可以消除行为真空，利于不良学习行为的矫正和新学习行为的建立。

自我指令。自我指令是通过语言促使某种行为的发生。对行为的控制最普遍的方法是通过语言来完成。学生学习了如何清晰地、出声地或默默地说出对自己的指令，促成自己学习行为的发生。

（2）结果强化

强化是指个体做出某一行为后得到了某种好的结果，其行为或反应概率得到加强。自我强化是当人们达到了某一标准时以某种奖赏来维持和加强自己行为的过程。例如，达到一定的成绩后获得奖赏。人们通过这种方式形成自我诱因，努力使自己的行为达到自己的标准。[1]

工作坊学生学习了自我强化的原理和策略。例如对强化物进行选择、通过他人给予强化、慎用惩罚等。

对强化物进行选择。强化物的选择有讲究，它一定是自己渴望获得的，而且不与自己的学习目的相冲突。相倚性的强化（在做出好的行为后立即强化）效果明显。根据普雷马克原理（Premack Principle），可用获得价值较大的活动的机会作为价值较小的活动的强化物。还可以在完成较难的事情后安排一件愉快的事情作为强化，例如，做完作业后玩半小时手机。

通过他人给予强化。当缺乏自制力的时候，人们也许需要他人的帮助，由他人给予强化物。给予强化物的他人可以是"重要他人"，如自己的家人、朋友、同学。

慎用惩罚。与强化相对的是惩罚。惩罚要慎用，因为它不能教会人们如何更有成效地行动，反而可能会进一步妨碍学习，带来不良的学习情绪。

[1] Mace, F. C., Belfiore, P. J., Shea, M. C., "Operant Theory and Research on Self-regulation," In B. J. Zimmerman, D. H. Schunk (Eds.), *Self-regulated Learning and Academic Achievement: Theory, Research, and Practice* (Springer-Verlag New York Inc., 1989): 51 - 82.

（3）情绪管理

情绪对学生学习产生影响，它是学习调整的一个重要方面。在学习过程中，学生不仅要调节自己的行为，而且要调节自己的情绪。

有的学生在情绪管理上需要获得指导，有的学生对学习存在严重的悲观情绪，这些影响了他们的学习状态。例如，在一次活动中晓芬描述了自己的学习状态。

> 晓芬：我的大学，其实最想要的就是自由。
> 我：为什么大学让你想到的是自由？
> 晓芬：一直以来，不管是家庭还是学校，他们一直像栅栏一样把我围在里面，我进大学后就想拥有自己的一片天空，我想拥有自由。
> 我：那你觉得大学会束缚你吗？
> 晓芬：会，我从来都没有觉得我逃出过哪个栅栏。我一直在牢笼里。

学生把学习看成对自己的束缚，认为学习让自己一直处于牢笼中，让自己的生活"暗无天日"。工作坊成员中，对学习存在悲观和厌恶等负面情绪的除了晓芬还有晓祥、晓思和晓飞等多位学生。进一步访谈发现，这些学生对学习持负面情绪，大多是以前的不良学习经历导致的，尤其是以前的学校和教师因为考试分数对这些学生实施的"歧视"和"看轻"。

工作坊鼓励学生正确认识自己的情绪并积极调整。结合学生的情况，工作坊重点指导了学生积极评价、应对焦虑和解除自我妨碍的策略。

积极评价。积极的自我评价可以使学生感受自己具备学习的能力，从而提高学习动机。对自我进行积极评价的学生普遍能将注意力集中在所从事的事务上，而不会过多关注别人对这个事情怎么评价。工作坊通过一些小故事启发学生认识到自我评价误区。从故事人物自我评价的"镜子中"，学生看到了自己，思考了平日对自己的评价存在的问题，以及这些评价对自己今后学习行为的影响。这些故事给了学生作为旁观者观察的机会，使他们思考自我评价是否公正和理性，是否存在"自我拆台"现象。

应对焦虑。过度焦虑对学习产生不利影响。当人们感受到焦虑时，体内的皮质醇水平就会上升，皮质醇会阻碍大脑的发育，它减少突触的数量，并使神经元受损。处于青春期的大学生，经常因为各种事物产生焦虑情绪。例如，工作坊多位学生反映了自己的失眠状况。"我睡觉之前很容易想一些东西，想多了就容易失眠。我前几个月可能压力比较大吧，压力大了之后晚上就老睡不着。"（晓科）工作坊鼓励学生要"开"心和"宽"心。"开"心是指对事物以开放的心态去看待，"宽"心是指对事物以宽容的心态去看待。学生讨论和交流了"六个月原则"："许多东西都不需要介怀，不管什么事情六个月后再看都可能不是'大事'了，所以一定要放宽心。"工作坊还鼓励学生成为自己的朋友。在生活中，有的学生容易钻"我必须"、"他人必须"和"环境必须"的"牛角尖"。"我必须"，即我必须在任何时候、在各方面都是能干的、讨人喜欢的、令人满意的、具有成就的，否则我就不是一个成功的人。"他人必须"，即他人必须听我的、友好地对我、在我需要的时候过来帮我，否则他就不是一个好人，就不是我的朋友。"环境必须"，即学校必须给我们提供好的学习环境，在我需要什么的时候有什么，学习不要太难，否则学校生活就没意思。这些"必须"信念导致学生焦虑、失望和无价值感。工作坊指导学生改变这些过于苛求的信念，让期望回归正常。同时，鼓励学生做自己的朋友，对自己提要求时抱有跟好朋友说话时的友善。

解除自我妨碍。通过对工作坊学生的观察发现，有的学生在越是邻近考试或是有迫在眉睫的比赛时，越表现出松散的状态，追剧、打球，考试前一晚还通宵玩游戏等。分析学生学习心理后发现，这种相互矛盾的情况的出现，背后的原因其实是回避或降低失败带来的负面影响，学生在自创失败原因外化的机会，提前为自己找好失败的借口。许多学生都曾不自觉地采取过这种策略，而实际上它是一种自我妨碍。这种自我妨碍将增大学生失败的可能性，虽然学生找到了外在借口避免对自己的负面评价，但从长远来看，这种做法会让学生进一步降低自信心，增加学习焦虑，从而陷入恶性循环。工作坊将这种自我妨碍给学生"点明"了，并提示学生应避免这种做法。经过讨论，学生认识到这种行为的诱因及后果，懂得了应该直面和接受困境并做出努力才能迎来转机。

工作坊还纠正了学生对学习的一些误解。受一些错误观念的影响，有的学生认为，学习的正常状态应该是快乐的，于是他们主动地屏蔽了需要付出汗水和努力的"痛苦"的学习。事实上，任何有意义的学习都包含了某种程度的汗水和痛苦。[①] 工作坊帮助学生纠正了对"快乐学习"的误解，鼓励学生为学习付出必要的辛劳。有的学生心绪浮躁，稍微付出一点努力就想马上看到成效。工作坊通过大树理论的介绍给了学生一些启示。大树具有生长时间长、稳固、根基深厚、向上和向阳光等特征，学生若希望真正取得显著的成绩，需要坚持长时间在一个向阳的方向努力。

6.4 干预成效

大学生自主学习量表调查分析发现，学生在工作坊重点干预的时间管理、学习环境与资源管理、学习监控与调整等方面呈现明显变化。除学习焦虑维度在第二期前后测对比中有所上升外，其他维度两期前后测对比都体现出学生的进步。

对学生的访谈和观察可更深入地发现学生在时间管理、学习环境与资源管理、学习监控与调整三方面的发展情况。

6.4.1 时间管理

工作坊对学生时间管理干预的成效体现在学生时间管理意识形成、时间管理策略掌握及时间管理习惯养成三方面。

（1）时间管理意识形成

学生由不具备时间管理意识变得对时间管理具有一定的意识。例如，有的学生意识到主动的时间管理对自我发展的重要性。工作坊成员晓桐开始主动思考并对自己的学习进行安排。"以前只是跟着学校的安排走，学校安排了什么就做什么，学校没安排就不知道自己安排。现在我会主动去思考自己一段时间要发展什么，然后去安排时间，而不是被别人牵着走。"工作坊成员晓欣对自己的课余时间统计后强化了时间管理的意识。"我们

[①] Rogers, C. R., *Freedom to Learn: A Review of What Education Might Become* (Columbus Ohio: Merrill, 1969): 5.

的课外时间实际是很多的。那次统计让我认识到原来我有那么多时间是不知不觉中度过的。对这些时间，我要有自己的安排，我可以好好地把它们用在我的国学学习上。"

有的学生改变了对时间管理的错误认识。例如，工作坊成员晓健改变了时间管理就是把时间安排满当的错误认识，开始根据发展目标有所取舍。"以前觉得时间管理就是要把自己的空余时间都给安排上，不要浪费了，所以给自己安排了很多事情。后来发现，有的事情根本就没有做的必要，做了反而是浪费时间。真的，时间管理的核心在于安排好时间让自己朝着目标接近，而不是事情做得越多越好，安排越满越好。"

有的学生建立了对时间管理的亲近感。例如，工作坊成员晓薇改变了以往对时间管理的排斥。"我以前觉得时间管理是一个特别束缚我的东西，它规定这个时候要做什么那个时候要做什么，让我很不自由。但是后来我发现时间管理是一个必需的东西。在我尝试了每日计划后，我发现自己的日子过得层次分明了，知道自己要做什么了，又可以松紧结合，生活反而更快乐更自由了。"

有的学生增强了时间价值感。"大学是人生中最重要的学习阶段，错过了就再没有这么好的学习机会了。感觉自己一下子就到了大二，一下子就从学弟变成了学长。我需要好好把握这剩下的两年时间。"（晓浩）

（2）时间管理策略掌握

工作坊学生掌握了一定的时间管理策略。每日日程、50分钟时间段、长期任务立刻着手、逆向工作法、确立有规律的学习时段和使用固定的学习区域等简单易操作的策略被学生广泛用于学习生活中。高阶时间管理方法也被一部分学生所掌握。

每日日程计划易操作且能直接感受到效果，它被工作坊80%的学生掌握。晓良介绍了他的做法："我列了表格，每完成一件表格上的事情我就打个勾。顿时好有成就感，好有干劲。"大家每日日程计划的做法不尽相同，晓聪找到了适合自己的方法。"每天晚上给自己做一个日程计划表，把确定的事情填进去，把空闲的时间留出来，然后我就可以在这些空闲时间段做一些安排了。我觉得计划很有用。计划的过程其实对我起到一个督促作用，会给我的明天提个醒，让我知道我要做什么，让我有我必须要完成的意识。"

晓海实践 50 分钟时间段和长期任务立刻着手后认为这两个方法很适合自己。"老师布置一项任务后，我会在当天就开始。一般情况下，我会先给自己完成这项任务做个时间安排，然后按照计划执行。在图书馆学习的时候，我会给自己设一个手机提醒，每学 50 分钟我就休息一小会儿，这样我一上午的学习就不会太累。"

从每日计划到更高阶的自我管理，晓雨在实践后有所体会。"时间管理其实就是个人管理，是在对自己的目标思考的基础上去做更好的事情，而不是说要把 24 小时都用尽。我在大的方面思考了我这个学期的目标是什么，然后我知道所有的事情都要朝着我的目标而做。这些让我的生活更有重心，更知道自己真正要的是什么，做事情也围绕自己的目标，而不会什么都去做。"

（3）时间管理习惯养成

学生形成了时间管理的良好习惯。大多数学生形成了每日和每周计划的习惯，一部分学生能够经常实践高阶时间管理方法。"我现在每天都有一个计划，每周日也会对下一周进行安排，时间管理成了一定的习惯，基本上现在每天要做的事情心里都有数。"（晓海）

时间管理习惯的养成让学生学习状态有了好的转变。"心态上让自己变得更平和从容，有了一个计划之后做什么事情就有了章法。"（晓薇）"开始管理时间后我的学习更有方向感和针对性。"（晓欣）

6.4.2　学习环境与资源管理

（1）形成学习环境与资源管理意识

工作坊学生清晰地认识到环境和资源对自己学习的影响，明白了要主动给自己创设良好的学习环境以及主动去争取资源。"上课时以及做作业的时候我会关闭手机，或将手机放在离自己比较远的地方……我感觉到，大学是一个很开放的天地，能够让人学到很多，但很多的资源在于你如何去挖掘和利用。"（晓清）"我以前总是以为学习就是天天要抱着书本，其实，我的理解太狭隘了，生活中，无处不是学习。"（晓浩）

（2）主动"走出去"，获取学习资源

学生明白了"等靠"学习资源的"不靠谱"，在初步尝试成功后，他们争取学习资源变得更加积极主动。例如，有的学生走出了自己的"安全区"，更大胆地去主动接触外面的事物；有的学生主动迈出了学习求助和交流的步伐。"我更主动接触新鲜事物，更愿意走出学校接触社会了。"（晓清）"我开始有意识地去听讲座，给自己充电。"（晓聪）"以前有问题一直是自己一个人闷着琢磨，现在不再这样了，我会找到在这方面懂的老师或同学，去向他们讨教。"（晓浩）

（3）主动营造适宜的学习环境

学生明白了环境对自己学习行为的影响，学会了避免高危情境，更多学生开始选择在图书馆、学习室和实验室这类适宜学习的场所学习。"我以前老是想着要去图书馆，但是每次在寝室里把书整理好背上书包后，我就会犹豫不决。在参加工作坊之前我只去过图书馆一次，现在我去图书馆和在自习室待的时间多了一些，感觉到在那里学的效果比较好。"（晓聪）

"手机控"、"淘宝控"和"韩剧控"的学生学着进行"避控"环境营造。"我上课的时候就把手机放在背包夹层里面，这样拿出来比较麻烦，它会提醒我来上课的时候是不希望去拿它的。"（晓淳）"为了杜绝熬夜追剧，我下载了一个软件，一到点它就锁死电脑，通过这种强制的方式来管束自己。"（晓清）

有的学生学会了借助同伴的力量促进自己学习。"如果我周围的同伴每天都沉溺于打游戏或者是宅在寝室睡懒觉、逃课、旷课，也许有一天我会成为他们当中的一员。因此，我有意识地到那些好学生扎堆的地方去。当我看到别人在学习的时候我会想到我也该去学习了，因为别人在学习的时候你如果不学习就可能落后了。"（晓涛）

6.4.3　学习监控与调整

学生理解了学习监控与调整的价值，掌握了工作坊指导的学习监控与调整的科学策略。

（1）主动监控学习

工作坊学生明白了自我观察记录的功能并学会了将自我观察记录方法

应用于学习行为矫正。"设立目标之前我首先会进行观察和记录，因为知道原本自己是怎么样的，然后才能设立一个合理的目标。"（晓茹）

有的学生将学习日志重新"捡起"来了，通过日志反思并监控自己学习："对于日记，我们以前上学的时候写过，但是并没有很好地去运用它。这些天，将自己所经历的事反复地思考，对自己的学习进行总结，发现日记可以起到督促我学习的作用。"（晓思）通过日记，学生可以对学习进行更深入的思考并做出调整："这段时间每天和每周都制定了目标，可是为什么总是没有很好地完成呢？我从制定和执行两方面分析了。发现我在制定的时候没有预测突发情况，而且预期过高，缺乏对前面的反思总结，执行的时候不够严格，比较随意，比如大目标没有分块。"（晓良）学习观察和日志撰写的过程给学生提供静下来思考的机会，尤其是能给安逸的生活一些提醒，让自己的学习生活重回正轨："周五周六听了两个讲座，同伙伴们见面了，感觉她们都在奔跑。我知道，就算现在迷茫，我也不可以止步不前。这周体会最深的是小目标对我们的影响，当我们在怀疑自己的大目标时，还有小目标继续拉着我们前进，这样我们就不会止步不前，最可怕的不是懒惰不是睡觉，最可怕的是迷茫是停止前行！"（晓莉）

（2）主动进行学习调整

有的学生学会了调整自己的学习情绪。例如，曾经习惯将所有失败原因归到自己身上的晓希在思维上有了一些转换："一次错误并不是一场灾难，不是说一两次犯错或失误就是一个失败者。重新调整即可……我特别喜欢的一个环节就是回想自己今天做得很棒的事情。它让人感觉很有力量。我决定试着去养成这个习惯。在每天睡觉之前，花几分钟回想自己今天做得很棒的事情，带着温暖的力量入眠……我给自己的积极品质开了一张单子，把我的积极品质写在小卡片上，然后每天上午对自己朗诵一次，我感觉很好。"

有的学生学会了通过想象预演和自我暗示建立自信。晓玫在一次活动后激动地分享了她的感受："关于想象预演，一直到今天晚上上台前我都觉得不怎么管用，因为我之前用想象的方法在脑海里闪过 N 种不怯场的情形，但我每次都会怯场。今天，在老师点晓聪起来时，我猜到老师下一个可能会点到我，然后我默默地思考如果紧张应该怎么应对下去，然后在脑海里给自己暗示了一下下。果然，老师点了我，但我这次并未像以前一样脸红身体抖声音颤，虽然有些紧张，但心跳较平和，没有狂跳的现象，然后我就很惊讶，难道这是我这两个星期一直在想象预演和自我暗示的结果?!"

有的学生学会了应用自我强化技术。晓淳运用自我强化确保自己目标的完成。"我的目标是每天保证 2 个小时的学习时间，如果我当天学习了两个小时，那么我就在晚上奖励自己。我现在已经持续了两周了。"

总体而言，自主学习元认知策略的指导是工作坊的重要内容，学生对元认知策略的掌握整体上有较大的进步。但在以下方面仍存在问题。

高阶时间管理。学生高阶时间管理水平有限，较多学生停留在短期计划层面上。时间管理的最高境界是个人管理，即将时间管理与个人的价值观、理想和长远目标相结合。但有的学生对自我的认知不够，对大学生涯规划不够清晰，导致难以做到时间管理的长线管理。

主动探求学习资源。学生建立了主动探求学习资源的意识，形成了从书本、网络查找和利用资源的习惯，但较多学生未形成主动向他人获取学习资源的习惯。学生中存在因害怕"碰壁"而不敢主动向外（尤其是向他人）获取学习资源的情况。

应用自主学习策略。工作坊学生对自主学习策略的知识掌握较好，但知易行难，有的学生未将这些策略知识应用到学习的具体过程中，导致自主学习水平的提高效果不够理想。

6.5　启示

6.5.1　策略性因素是大学生自主学习的促成因素

自主学习指学习者对自己的学习负责，在学习过程中根据自身需求和现实情境确定学习目标、制订学习计划、选择学习材料、创设学习环境和评估学习效果的过程。自主学习具有相对独立性，许多时候是在没有他人帮助和指导的条件下进行的，因此，学习者要做到自己"会学"，而要做到"会学"则必须以掌握一定的学习策略为保障。

学习策略的掌握水平是衡量学习者学习能力的重要尺度，也是影响学习效果的重要因素。策略性因素是大学生自主学习的促成因素。如果学习者掌握了科学的学习策略，这些策略将促使他们形成正确的态度，使他们自信地、正确地、灵活且独立地开展学习活动。

在动机、环境和策略三者的关系中，策略会对其他二者产生影响，同时也在其他二者的作用下发生变化。例如，一方面，学习策略对学习者的学习动机和学习环境产生直接的影响（不同的动机调整策略将使学习者的学习动机发生不同的变化；不同的环境管理策略将使学习者的学习环境发生不同的变化）；另一方面，学习者采用何种策略学习，既受学习者动机性因素影响（不同动机下采用不同策略），也受学习环境性因素影响（不同环境下采用不同策略）。

6.5.2 自我认知、目标设立、时间管理、学习环境与资源管理、学习监控与调整是对大学生的自主学习水平构成重要影响的策略性因素

学习者使用的学习策略多种多样，既有一般性的，也有具体学科性的；既有用于处理信息的认知策略，也有用于调控认知过程的元认知策略。相较于具体学科策略和认知策略，本研究发现大学生的一般性策略及元认知策略掌握水平较低。从对工作坊学生的调查中可以看出，与自主学习相关的策略中，学生在自我认知、目标设立、时间管理、学习环境与资源管理、学习监控与调整这些方面表现较差，它们影响了学生自主学习的整体水平，它们是对大学生自主学习水平构成主要影响的策略性因素。

基于对影响大学生自主学习的主要策略性因素的研究，我们可以构建一个 UGTEM 自主学习策略模型（见图 6-2）。在这个模型中，U 代表自我认知策略（Self Understanding Strategy，简称 U），G 代表目标设立策略（Goal Setting Strategy，简称 G），T 代表时间管理策略（Time Management Strategy，简称 T），E 代表学习环境与资源管理策略（Learning Environment & Resource Management Strategy，简称 E），M 代表学习监控与调整策略（Learning Monitoring & Regulating Strategy，简称 M）。自我认知策略（U）、目标设立策略（G）、时间管理策略（T）、学习环境与资源管理策略（E）

和学习监控与调整策略（M），这些策略性因素既可能直接影响学习者的自主学习子过程，也可能形成合力产生影响。

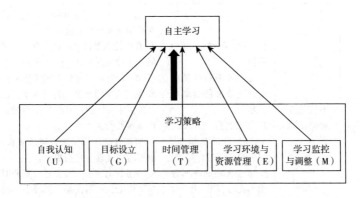

图 6-2　UGTEM 自主学习策略模型

资料来源：笔者自制。

6.5.3　有效应用策略性因素提升大学生自主学习水平的关键在于策略指导

学习策略不是天赋的才能，对它的掌握需要借助科学专业的指导。虽然学习者可以通过自我摸索来掌握一些学习策略，但这通常需要很长时间，而且过程中充满挫折。策略指导则能更有效地帮助大学生掌握科学的学习策略，助力大学生自主学习水平的提升。

与 UGTEM 自主学习策略模型相对应，在工作坊实践的基础上可以提炼出一系列利用策略性因素提升大学生自主学习水平的路径，例如时间管理策略指导、学习环境与资源管理策略指导、学习监控与调整策略指导（见表 6-3）。

一是时间管理策略指导。具体方法如下。

识别吞噬时间的黑洞。通过观察、记录和统计发现自己时间的花费情况及可控时间。

表 6-3 自主学习策略指导路径

策略性影响因素	策略指导路径	子路径	具体方法
时间管理（T）	时间管理策略指导	1. 识别吞噬时间的黑洞 2. 由简单易行的低阶管理逐步过渡到高阶管理 3. 要事先行 4. 与自己的价值观、理想和长远目标相符 5. 掌握实用的时间管理小技巧	1. 通过观察、记录和统计发现自己的时间花费情况及可控时间 2. 日程计划要点是：任务具体、留一些空间以应付突发事件、适当安排休息娱乐的时间、随时核对并根据实际情况进行微调 3. 重要且紧急事务先行、一个阶段抓一两件重点事务、找出自己一天中的最佳时间段做重要的事情 4. 明晰自己的价值观、理想和长远目标，确保时间管理与它们相契合 5. 50 分钟时间段、设立任务截止日期、逆向工作法、长期任务立刻着手、确立有规律的学习时段和使用固定的学习区域等有效且简单的小技巧
学习环境与资源管理（E）	学习环境与资源管理策略指导	1. 环境知觉 2. 环境选择 3. 环境创设 4. 资源知觉 5. 资源选择 6. 资源利用	1. 分析环境，识别影响学习的高危环境并关注有利环境 2. 避免高危环境，选择有利环境 3. 主动为自己创造有利于学习的环境 4. 分析所需资源和现有资源，明白要实现自己的目标需要哪些资源支持，这些资源从何处获取 5. 根据自己的需求选择资源，构建"自己的"学习资源体系 6. 对现存资源注重科学利用，对潜在资源注重主动挖掘
学习监控与调整（M）	学习监控与调整策略指导	1. 自我观察记录 2. 自我调整	1. 应用频数统计、持续性测量、日志撰写和行为追踪等有效自我观察记录方法，注意规律性、邻近性、积极记录和公正严格 2. 适时设立新目标、调整学习内容、改变学习环境和学习方法，进行前提安排、结果强化和情绪管理

资料来源：笔者自制。

由简单易行的低阶管理逐步过渡到高阶管理。可从日程计划开始。日程计划的基本思路是：在头一天对第二天的事务作出安排。要点是：任务具体、留一些空间应付突发事件、适当安排休息娱乐的时间、随时核对并根据实际进行微调。

要事先行。重点包括：重要且紧急事务先行、一个阶段抓一两件重点事务和找出自己一天中的最佳时间段做重要的事情。

与自己的价值观、理想和长远目标相符。明晰自己的价值观、理想和长远目标，确保时间管理与它们相符。

掌握实用的时间管理的小技巧。50分钟时间段、设立任务截止日期、逆向工作法、长期任务立刻着手、确立有规律的学习时段和使用固定的学习区域等有效且简单的小技巧有助于学生启用时间管理策略。

二是学习环境与资源管理策略指导。具体方法如下。

环境知觉。分析环境，识别影响自己学习的高危环境并关注有利环境。

环境选择。避免高危环境，选择有利环境。某些环境相对于其他环境更有利于学习。例如：对多数人来说，教室的前排和中间比较有利于集中注意力；图书馆和自习室比宿舍更有利于学习行为发生；固定的学习场所有利于形成学习的条件反射；身边他人从事某种学习行为有利于刺激自己也做出同样的行为。

环境创设。主动为自己创设有利于学习的环境。

资源知觉。分析所需资源和现有资源，明白实现目标需要哪些资源支持，这些资源从何处获取。

资源选择。根据自己的需求选择资源，构建"自己的"学习资源体系。每个人因学习目标、专业背景和学习偏好的不同，对学习资源的需求会有差异，不必与其他人做同样的选择，应选择自己所需要的。

资源利用。对现存资源注重科学利用，对潜在资源注重主动挖掘；不仅重视"硬"资源，也重视"软"资源；不仅重视正式资源，也重视非正式资源；不仅重视校内资源，也注重校外资源。

三是学习监控与调整策略指导。具体方法如下。

自我观察记录。自我观察记录可提供准确的事实数据。频数统计、持续性测量、日志撰写和行为追踪等是有效的自我观察记录方法。自我观察记录需注意：规律性、邻近性、积极记录和公正严格。

自我调整。包括学习目标重新设立、学习内容重新选择、学习环境改变和学习方法更换等。前提安排、结果强化和情绪管理也是自我调整的重要方式。

学业指导的渠道有专门式和课程融入式。

专门式指导犹如本研究中的"你我同行·学会学习"学业指导工作坊。除了工作坊外，学校可以开展其他形式的学业指导项目，还可以建立学业支持中心（Learning Support Center），以制度化的形式为保障。

课程融入式的指导与课程教学相结合，教师在学科内容教学的同时为学习者提供学业指导。在课程教学中进行策略指导，有助于学生明确学习该门课程的目标，掌握学习该门课程相关知识的方法，提升大学生的自主学习水平。

学业指导特别需要注意的是差异性和针对性。学生的策略习得能力具有差异性，所面临的问题具有差异性，相对应的，指导也应具有差异性和针对性。

策略性因素群是影响大学生自主学习的第三大因素群。至此，本研究对影响大学生自主学习的三大因素群（动机性因素、环境性因素和策略性因素）及工作坊为提高大学生自主学习水平进行的干预都进行了阐述。

7 结语

7.1 主要结论

本研究围绕"如何提升大学生的自主学习水平"这一核心问题展开。具体回应了以下问题：哪些因素影响大学生自主学习？如何应用教育学和心理学的科学研究成果在具体教育情境中促进大学生的自主学习水平提升？通过在 W 大学进行的"你我同行·学会学习"学业指导工作坊的实践，本研究得出一系列有价值的结论。

7.1.1 动机性因素、环境性因素和策略性因素共同构成影响大学生自主学习的主要因素

通过行动研究发现，影响大学生自主学习的主要因素包括三类：动机性因素、环境性因素和策略性因素。具体而言，学业自我效能感、学习目标和学习价值认同，是影响大学生自主学习的主要动机性因素；参与和交流平台、自主空间和积极关注，是影响大学生自主学习的主要学校环境性因素；时间管理、学习环境与资源管理、学习监控与调整，是影响大学生自主学习的主要策略性因素。

本研究对上述三类因素之间的关系进行了探究，提出大学生自主学习影响因素的"MES 三元交互模型"，即动机性因素、环境性因素和策略性因素"三元"交互对大学生自主学习产生影响。动机性因素作用于环境性因素和策略性因素，同时也受二者的影响；环境性因素作用于动机性因素和策略性因素，同时也受二者的影响；策略性因素作用于动机性因素和环

境性因素，同时也受二者的影响。

动机性因素、环境性因素和策略性因素对大学生自主学习的影响和作用并非均等的。一般情况下，动机性因素是影响大学生自主学习的首要因素，它是主导性和内生性的因素；环境性因素是影响大学生自主学习的关键因素；策略性因素是影响大学生自主学习的促成性因素。但在具体情境中，任何一类因素中的任何一个因素都可能起支配作用。对于不同的学习者来说，在不同的时间和条件下，三类因素中的任何一个都可能占主导地位。在三元交互体系中，影响大学生自主学习水平的因素是多元复杂的，因素之间互相作用。任何一个因素都不会单独决定学生的自主学习行为，它们永远处于交互作用中。而且，影响大学生自主学习水平的主要因素在个体学习过程中可能发生变化。

7.1.2 激发动机、营造空间和指导策略是提升大学生自主学习水平的黄金三原则

现象是复杂的，规律是简单的。虽然提升大学生自主学习水平是一项复杂的系统工程，但亦有规律可循。在工作坊实践的基础上，本研究提炼了提升大学生自主学习水平的原则。

第一，激发动机是"首要"。自主学习以学生的内在动机激发为前提，也就是说，学生要"想学"。通过观察和分析发现，自主学习的动机一般是内在的、自我激发的，而促使学生激发内在学习动机可以通过提升学业自我效能感、明晰目标和增强学生学习价值认同等途径实现。学业自我效能感是学生对自己是否有能力从事某种学习活动的判断，是学习自信心在某项学习任务上的具体体现。学业效能感高的学生更亲近学习，他们相信自己的学习能力，倾向于为自己选择有一定挑战性的任务并坚持完成。学习目标是学生通过学习想要达到的标准，它能激励学生努力奋进，有志向、有目标的学生通常表现得更主动和更投入。学习价值认同指个体预期的学习结果并从内心肯定其价值，它可以激发学生学习的内在动力。

第二，营造空间是"必要"。要开展自主学习必须要具有自主的空间，也就是说，学生要"能学"。通过工作坊实践发现，要为学生自主学习营造空间，学校要创设学习参与和交流的平台，教学要留出空间，教师要给

予学生肯定性的关注。参与和交流平台能促进学生对学习的参与和交流，解决目前大学生学习参与度低和学习交流匮乏等问题。教学营造空间，指有意识地通过课堂留白、适度的学业挑战度、深度教学、构建学习共同体和开展多维教学等多种方式保障学生课程学习的自主空间。给予学生肯定性的关注，指教师通过自身对教学的热情和认真感染学生、真诚对待学生、尊重学生、给学生以信任与期待，从而让学生亲近学习，对学习建立情感并乐于学习。

第三，指导策略是"需要"。自主学习必须以学生掌握一定的学习策略为保障，也就是说，学生要"会学"。即使具有较强的学习动机，拥有自主学习空间，但学生缺乏自主学习的策略，其自主学习也一定难以实现。通过工作坊实践发现，大学生缺乏的自主学习策略主要为元认知策略，包括目标设立、时间管理、学习环境与资源管理、学习监控与调整等。除此之外，有的学生可能缺乏复述、精加工和组织等认知策略。这些策略的缺乏使得学生"欲自主而不能"。因此，对学生进行自主学习策略指导符合学生的发展需求。

7.1.3　学业指导工作坊能有效促进大学生自主学习水平提升

无论是大学生自主学习影响因素"MES 三元交互模型"的建构，还是促进大学生自主学习三大黄金原则的提出，均基于本研究的一项重要实践，即"你我同行·学会学习"学业指导工作坊。实践结果表明，学业指导工作坊能有效促进大学生自主学习水平的提升。

"你我同行·学会学习"学业指导工作坊基于对学生现实学习问题的调查，将科学理论应用于大学生学习指导，通过自主学习策略指导及教学组织干预，有效地提升了大学生的自主学习水平。

工作坊调查发现，大学生主要的自主学习问题包括学习目标缺失、学习交流缺乏、学习投入度低、时间管理能力弱和学习策略欠科学。针对这些问题，工作坊对学生进行了学业指导。第一期采用"一体三翼"的内容设置，即元认知策略学习、自主学习经验分享和学习行为矫正同时进行，学生学习了自我认知、目标设立、时间管理、学习交流、学习环境与资源管理和学习评估等自主学习策略。在组织上，工作坊实践了有利于促进大学生自主学习的四大做法：构建真诚、安全、平等、自由和愉悦的氛围，集中学习、团体辅导和个体辅导结合，支架式教学，学术融合与社交融合。通过大学生自主学习量表前后数据对比、访谈、观察和对学生学习档案分析发现，工作坊第一期干预后，学生自主学习水平呈现上升状态，具体表现为自主学习意识明显提升，部分学生在自主学习行为上出现积极改变。

第二期工作坊在第一期基础上开展，重点对第一期的干预成效进行了巩固，同时对新阶段出现的新问题进行了干预。学生学习了时间管理的高阶方法、理性决策策略并探讨了学习价值等问题。在组织上，第二期延续了第一期促进大学生自主学习的有效做法，并且实现了共同建构、合作学习和网状交流。经过第二期工作坊的干预，学生的整体状态有积极改变，在意识和行为上都呈现出较好的自主状态。

工作坊结束一年后进行了效果追踪，发现工作坊干预对大学生自主学习具有长时促进效果。工作坊学生在干预结束一年后依然保持较强的自主学习意识、对所学的自主学习策略保留度较高，学生表现出对自我学习需求了解、学习目标明确和对学习生活自主管理的状态。

"对话"、"合作"和"共建"是学业指导工作坊的主要特征。实践证明，学业指导工作坊能为大学生自主学习搭建良好的平台并对大学生进行有效的自主学习策略指导，促进大学生自主学习水平的提升。

7.2　创新与不足

7.2.1　创新点

本研究把镜头聚焦于当下最为突出的大学生自主学习问题，深入现场了解大学生学习困境，创设大学生自主学习指导工作坊，通过工作坊的干预有效提升大学生自主学习水平。在干预实践的基础上，本研究对影响大学生自主学习的主要因素及有效促进大学生自主学习的原则和路径进行了理论构建。

本研究的创新主要体现在方法和内容两个方面。

一是研究方法创新。

创造性地应用了行动研究法。与以往自主学习研究采用理论思辨和定量统计方法不同，本研究采用的是行动研究法，理论与实践的结合让教育研究"落地"。遵循规范的行动研究程序，本研究历经了多个循环过程，在行动中发现问题、分析问题、解决问题并凝练理论。与以往干预周期短（通常不超过一学期）且实施静态即时评价（仅有干预前和干预后的效果评价）的自主学习干预研究不同，本研究进行的是长时的动态的追踪研究。长时：经历了期初了解—第一期干预—第二期干预等过程，干预时长超过一年。动态：对整个干预过程实施动态观测，为每个学生建立成长档案，收集了大量学生成长动态资料，揭示了大学生自主学习水平变化过程中的"黑匣子"。追踪：不仅对干预进行了即时评价，而且对工作坊学生的状态进行了后续追踪调查，考察了工作坊对提升大学生自主学习水平的长时效果。

二是研究内容创新。

提出了基于我国现实情境的大学生自主学习的主要影响因素。本研究通过对 W 大学学生的观察、访谈和问卷调查收集了丰富的一手资料，自下而上对资料层层分析和逐步归纳，提炼出符合我国本土情况的大学生自主学习影响因素。这些影响因素的发现有的验证了前人的研究成果，例如，学业自我效能感和学习目标对大学生自主学习的影响；有的则是新发现，例如参与和交流平台、自主空间和积极关注等对大学生自主学习的影响。

本研究提出了大学生自主学习影响因素的 MES 三元交互模型。本研究发展了班杜拉的三元交互论，提出了大学生自主学习影响因素的 MES 三元交互模型。班杜拉认为，自主学习是个体、环境和行为三者交互作用的结果。本研究基于实践提出，动机性因素、环境性因素和策略性因素"三元"交互共同影响大学生自主学习。此外，基于我国具体教育情境，本研究提出了每一"元"中具体的因素，即学业自我效能感、学习目标和学习价值认同是影响大学生自主学习的主要动机性因素，参与和交流平台、自主空间和积极关注是影响大学生自主学习的主要环境性因素，时间管理、学习环境与资源管理、学习监控与调整是影响大学生自主学习的主要策略性因素。

本研究构建了大学生自主学习指导工作坊，并基于实践提炼了促进大学生自主学习的指导原则和操作策略。"心理学家往往对提出一项理论是熟练的，但是把他们的理论运用于实践却是缓慢的。"[①] 本研究基于 W 大学的本土情境，开创性地应用教育学和心理学的研究成果开发了"你我同行·学会学习"学业指导工作坊，把艰深的教育学和心理学学术成果转化为实践。"你我同行·学会学习"学业指导工作坊通过对大学生的自主学习策略指导以及工作坊形式的教学组织干预，显著增强了大学生的自主学习意识，提高了大学生的自主学习能力。基于工作坊实践，本研究还探索了提升大学生自主学习水平的原则及具体路径。三大黄金原则具有统领性，各具体路径具有操作性，它们共同构成了促进大学生自主学习水平提升的系统。这对国内外自主学习研究和大学生学业指导工作都具有重要价值。

7.2.2　不足

本研究以如何提升大学生自主学习水平为核心，通过严谨而规范的行动研究，开发了一项具有创新性的行动干预项目，提升了大学生的自主学习水平，并得出了一系列有价值的结论。但研究还存在一些不足之处，主要表现在以下两个方面。

一是对 MES 三元交互模型中各子因素之间的交互作用仍有待探索。本研究发现了影响大学生自主学习的主要因素，结合班杜拉的三元交互理论提出了 MES 三元交互模型，即动机性因素、环境性因素和策略性因素共同构成对大学生自主学习的影响，但对各子因素之间的交互作用机制尚未深入研究。这将是未来深入研究的内容。

二是研究对象选择上存在一定局限性。本研究选择了处于大学学习第一关键期的大一学生进行研究和干预，并将干预过程延伸至大二。研究证明，对这一学生群体的自主学习干预是及时有效的。但每个阶段的学生面临的学习问题不一样，所需要的自主学习指导也有差异。将来需进一步对其他阶段学生的自主学习问题进行关注。

---

① Ecans. R., *The making of Psychology*: *Discussions with Creative Contributors* (New York: Alfred A. Knopf, Inc., 1976): 243.

7.3　将来的研究方向

一项研究有价值的部分不仅体现在它解决了问题，而且体现在它通过研究发现和提出了更多新的问题。本研究基于我国本土情况对大学生自主学习进行研究，归纳出影响大学生自主学习的主要因素，提炼出提升大学生自主学习水平的原则和有效路径。但这只是自主学习研究万里长征的一小步，未来研究可以在以下方面进一步发展。

一是在更多元情境下进行自主学习影响因素研究。对大学生自主学习构成影响的因素在不同学校文化和场景下可能存在差异，因此，将来需要对更广泛的情境开展自主学习影响因素研究。

二是大学生自主学习影响因素之间的交互作用研究。大学生自主学习影响因素之间会构成相互影响，它们共同作用于大学生自主学习。未来可对影响因素之间的作用机制进行更深入的研究。

三是如何结合学科教学促进大学生的自主学习。学科教学是提升大学生自主学习水平的重要途径。学科教学与自主学习指导相结合，不仅有助于学生掌握自主学习的一般性策略，而且有助于学生掌握具体学科学习策略。在大学教学中，如何结合学科教学促进大学生自主学习需要更广泛和深入的研究。

四是如何基于学生需求开发出丰富的自主学习指导项目。目前，我国大学生自主学习指导项目较少且专业化水平低。未来需要应用科学研究成果针对多元的大学生学习需求开发出更多适切的项目。

五是更长时段的自主学习追踪研究。本研究对大学生自主学习的干预进行了一年的追踪研究，在一定程度上验证了干预的长时效果。将来可以进行更长时段的追踪研究，全面考察相关干预活动对学生的影响。

参考文献

中文文献

阿尔伯特·班杜拉:《社会学习理论》,陈欣银、李伯黍译,中国人民大学出版社,2015

埃里克·H. 埃里克森:《同一性:青少年与危机》,孙名之译,中央编译出版社,2015。

安琦:《教师自主教学对学生自主学习能力的影响》,博士学位论文,上海外国语大学,2010。

曹孚编《外国教育史》,人民教育出版社,1979。

车文博:《人本主义心理学》,浙江教育出版社,2003。

陈琦、刘儒德主编《教育心理学》,高等教育出版社,2011。

陈然、杨成:《SPOC 混合学习模式设计研究》,《中国远程教育》2015年第 5 期。

陈向明:《"质的研究中"研究者如何进入研究现场》,《高等教育研究》1997 年第 4 期。

陈向明:《什么是"行动研究"》,《教育研究与实验》1999 年第 2 期。

陈向明:《质的研究方法与社会科学研究》,教育科学出版社,2000。

陈新忠:《以学生为中心 深化本科教学改革》,《中国高等教育》2013年第 13 期。

程少堂、孙芳:《论基"过度学习"的基点度、价值及原则》,《教育评论》1989 年第 6 期。

戴尔·H. 申克：《学习理论》，何一希、钱冬梅、古海波译，江苏教育出版社，2012。

董盼盼：《思维导图在高中生地理自主学习中的应用研究》，硕士学位论文，河南大学，2015。

董奇、周勇、陈红兵：《自我监控与智力》，浙江人民出版社，1996。

房安荣、王和平等：《学优生与学困生学习时间管理的对比研究》，《外国中小学教育》2003 年第 4 期。

伏荣超、徐武汉：《新课程理念下的讨论式教学与主体参与》，《中国教育学刊》2004 年第 11 期。

顾志华：《案例学习法对学生自主学习能力影响的研究》，《护理研究》2009 年第 2 期。

郝钦海：《影响学习者自主的社会文化因素及其启示》，《外语界》2005 年第 6 期。

胡东平、施卓廷、周浩：《归因论视角下的大学英语自主学习影响因素实证研究》，《外语与外语教学》2009 年第 10 期。

胡健：《档案袋在学生自主学习能力培养中的应用》，《山西师范大学学报》（自然科学版）2014 年第 2 期。

华维芬：《关于建立英语自主学习中心的调查报告》，《外语界》2003 年第 6 期。

华维芬：《自主学习中心——一种新型的语言学习环境》，《外语界》2001 年第 5 期。

怀特海：《教育的目的》，庄莲平、王立中译注，文汇出版社，2012 年。

卡尔·R. 罗杰斯：《个人形成论》，杨广学等译，中国人民大学出版社，2004。

《论语译注》，杨伯峻译注，中华书局，2020。

雷雳、汪玲、Culjak, T.：《目标定向在自我调节学习中的作用》，《心理学报》2001 年第 4 期。

黎小妮：《基于 MOOC 资源的大学生自主学习平台建设探索与实践——以华南农业大学图书馆为例》，《图书馆工作与研究》2016 年第

4 期。

李太平：《当前教育研究中需要注意的几种倾向》，《教育研究》2006年第 10 期。

李伟：《批判与重建：个体生命自觉与当代学校教育》，华中科技大学出版社，2013。

联合国教科文组织国际教育发展委员会编著《学会生存——教育世界的今天和明天》，上海师范大学外国教育研究室译，上海译文出版社，1979。

刘献君：《大学之思与大学之建》，华中科技大学出版社，2013。

刘献君：《教育研究中的四个基本要素》，《高等工程教育研究》2011年第 5 期。

刘献君：《论"以学生为中心"》，《高等教育研究》2012 年第 8 期。

刘献君：《中国院校研究案例集（第四辑）》，华中科技大学出版社，2015。

吕婷婷、张虹、王娜：《基于数字化写作资源平台的自动反馈对大学生英语写作影响研究》，《电化教育研究》2015 年第 6 期。

马娟：《学习档案评价在高中生英语自主能力培养中的有效性研究》，硕士学位论文，陕西师范大学，2014。

倪清泉：《大学英语学习动机、学习策略与自主学习能力的相关性实证研究》，《外语界》2010 年第 3 期。

帕克·帕尔默：《教学勇气》，吴国珍、余巍等译，华东师范大学出版社，2005。

庞维国：《论学生的自主学习》，《华东师范大学学报》（教育科学版）2001 年第 2 期。

庞维国：《自主学习——学与教的原理和策略》，华东师范大学出版社，2003。

田爱奎：《支持自主学习的数字化教学游戏研究》，博士学位论文，华东师范大学，2007。

王蓓蕾：《基于学习档案的英语学习者自主能力培养研究》，博士学位论文，上海外国语大学，2012。

王笃勤：《大学英语自主学习能力的培养》，《外语界》2002年第5期。

王笃勤：《小组合作学习行动研究》，《国外外语教学》2004年第1期。

王静琼等：《大学生自主学习影响因素的中介效应模型》，《心理学报》2010年第2期。

王新：《基于问题的学习——学生自主学习能力的有效途径探讨》，《外语与外语教学》2007年第2期。

王艳：《自主学习者对教师角色的期待》，《外语界》2007年第4期。

沃尔夫冈·布列钦卡：《教育科学的基本概念：分析、批判和建议》，胡劲松译，华东师范大学出版社，2001。

肖武云、曹群英：《运用学习档案提高学生英语学习自主性和学习成绩的实证研究》，《外语教学》2009年第5期。

徐锦芬：《课外合作学习对大学生英语自主学习能力影响的实证研究》，《解放军外国语学院学报》2013第5期。

薛焕玉：《对学习共同体理论与实践的初探》，《中国地质大学学报（社会科学版）》2007年第1期。

叶澜：《教育研究方法论初探》，上海教育出版社，1999。

张建伟：《基于问题解决的知识建构》，《教育研究》2000年第10期。

周炎根、桑青松、葛明贵：《大学生自主学习、成就目标定向与学习成就关系的研究》，《心理科学》2010年第1期。

朱祖德、王静琼、张卫、叶青青：《大学生自主学习量表的编制》，《心理发展与教育》2005年第3期。

英文文献

Alfassi, M., "Effects of Learner Centered Environment on the Academic Competence and Motivation of Students at Risk," *Learning Environment Research* 7 (2004).

Areglado, R. J., Bradley R. C., Lane, P. S., *Learning for Life: Creating Classrooms for Self-directed Learning* (Crown Press, Inc, 1996).

Bandura, A., "Self-efficacy Mechanism in Human Agency," *American Psychologist* 37 (1982).

Bandura, A., "Self-efficacy: Toward a Unifying Theory of Behavioral Change," *Psychological Review* 84 (1977).

Bandura, A., *Social Foundations of Thought and Action: A Social Cognitive Theory* (Englewood Cliffs, NJ: Prentice-Hall, 1986).

Barr, R. B., Tagg, J., "From Teaching to Learning-A New Paradigm for Undergraduate Education," *Change* 27 (1995).

Baumrind, D., "Parental Disciplinary Patterns and Social Competence in Children," *Youth and Society* 9 (1978).

Bok. D., *Our Underachieving College* (Princeton University Press, 2006).

Borkowski, J. G., Carr, M., Rellinger, E., Pressley, M., "Self-regulated Cognition: Interdependence of Metacognition, Attribution, and Self-esteem," In B. F. Jones, L. Idol, *Dimensions of Thinking and Cognitive Instruction* (Hillsdale, NJ: Erlbaum, 1990).

Britton, B. K., Tesser, A., "Effects of Time-management Practices on College Grades," *Journal of Educational Psychology* 83 (1991).

Brown, A. L., "Metacognition, Executive Control, Self-regulation, and Other More Mysterious Mechanisms.," In F. E. Weinert, R. H. Kluwe, *Metacognition, Motivation, and Understanding* (Lawrence Erlbaum Associaties, Publishers, 1987).

Brown, J. S., Collins, A. Duguid, P., "Situated Cognition and the Culture of Learning," *Educational Researcher* 18 (1989).

Cheng, E. C. K., "The Role of Self-regulated Learning in Enhancing Learning Performance," *The International Journal of Research and Review* 6 (2011).

Collins, J., Self-efficacy and Ability in Achievement Behavior," *Paper Presented at the Meeting of the American Educational Research Association*, (New York., 1982).

Combs, A. W., Avila, D. L., Purkey, W. W., *Helping Relationship:*

Basic Concepts for Helping Professions (Boston: Allyn & Beacon, 1971).

Cortazzi, M., Jin, L., "Cultural mirrors: Materials and methods in the EFL class", In Hinkel E., *Culture in Second Language Teaching and Learning* (Cambridge: Cambridge University Press, 1999).

Dweck, C. S., Leggett, E. L., "A Social-cognitive Approach to Motivation and Personality," *Psychological Review* 95 (1988).

Ecans. R., *The Making of Psychology: Discussions with Creative Contributors* (New York: Alfred A. Knopf, Inc., 1976).

Eggen, P., Kauchak, D., *Educational Psychology* (Prentice Hall, 1999).

Elliot, A. J., Church, M. A., "Hierarchical Model of Approach and Avoidance Achievement Motivation," *Journal of Personality and Social Psychology* 72, (1997).

Flavell, J. H., "Speculations About the Nature and Development of Metacognition," In F. E. Weinert, R. H. Kluwe, *Metacognition, Motivation and Understanding* (Lawrence Erlbaum Associates, Publishers, 1987).

Garcia, T., Pintrich, P. R., "Regulating Motivation and Cognition in the Classroom: The Role of Self-schemas and Self-regulatory Strategies," In D. H. Schunk, B. J. Zimmerman, *Self-Regulation on Learning and Performance: Issues and Applications* (NJ, Hillsdale, Lawrence Erlbaum Associates, 1994).

Gardner, D, Miller, L., *Establishing Self-access from Theory to Practice* (Cambridge: Cambridge University Press, 2002).

Gay, L. R., Mills, G. E., Airasian, P., *Educational Research: Competencies for Analysis and Application* (8th ed.) (Upper Saddle River, NJ: Merrill/Prentice Hall, 2006).

Good, T. L., Brophy, J. E., *Looking in Classroom* (8th ed.) (Prentice Hall, Inc, 2000).

Grolnick, W. S., Ryan, R. M., "Parent Styles Associated with Children's Self-regulation and Competence in School," *Journal of Educational Psychology* 81 (1989).

Harvey, P., "A Lesson to be Learned: Chinese Approaches to Language Learning," *ELT Journal* 39 (1985).

Higgs, J., "Planning Learning Experiences to Promote Autonomous Learning," In Boud, D., *Developing Student Autonomy in Learning* (2nd ed) (London: Kogan Page, 1988).

Holec, H., *Autonomy and Foreign Language Learning* (Pergamon Press, 1981).

Janice, W. M., "Exploring the Source of Self-regulated Learning: The Influence of Internal and External Comparisons," *Journal of Instructional Psychology* 27 (2000).

Knowles, M. S., *Self-Directed Learning: A Guide for Learners and Teachers* (Chicago: Folett Publishing Company, 1975).

Kuhl, J., "Volitional Mediators of Cognition-behaviour Consistency: Self-regulatory Processes and Action Versus State Orientation," In J. Kuhl, J. Beckmann, *Action Control: From Cognition to Behavior* (New York: Springer, 1985).

Lenz, B. K., "Self-managed Learning Strategy Systems for Children and youth," *School Psychology Review* 21 (1992).

Little, D., "Learning as Dialogue: the Dependence of learner autonomy," *System* 23 (1995).

Little, D., *Learner Autonomy: Definitions, Issues and Problems* (Dublin: Authentik, 1991).

Littlewood W., "Defining and Developing Autonomy in East Asian Context," *Applied Linguistics* 01 (1999).

Locke, E. A., Latham, G. P., "Building A Practically Useful Theory of Goal Setting and Task Motivation," *American Psychologist* 57 (2002).

Locke. E. A., Latham, G. P., *A Theory of Goal Setting and Task Performance* (Engle-wood Cliffs, NJ: Prentice-Hall, 1990).

Macan, T. H., "Time Management: Test of A Process Model," *Journal of Applied Psychology* 79 (1994).

Meece, J., "The Role of Motivation in Self-regulated Learning," In D. H. Schunk, B. J. Zimmerman, *Self-regulation of Learning and Performance: Issues and Educational Applications* (Lawrence Erlbaum Associates, Publishers, 1994).

Multon, K. D., Brown, D. S., Lent, R. W., "Relation of Self-efficacy Beliefs to Academic Outcomes: A Meta-analytic Investigation," *Journal of Counseling Psychology* 38 (1991).

Murray G. L., "Autonomy and Language Learning in A Situated Environment," *System* 27 (1999).

Nicholls, J. G., *The Competitive Ethos and Democratic Education* (Cambridge, MA: Harvard University Press, 1989).

Pajares, F., "Gender and Perceived Self-efficacy in Self-regulated Learning," *Theory into Practice* 41 (2002).

Paris S. G, Winograd P., "The Role of Self-Regulated Learning in Contextual Teaching: Principals and Practices for Teacher Preparation," *A Commissioned Paper for the U. S. Department of Education Project: Preparing Teachers to Use Contextual Teaching and Learning Strategies To Improve Student Success In and Beyond School* (2001).

Pintrich, P. R., "The Role of Goal Orientation in Self-regulated Learning," In M. Boekaerts, P. R. Pintrich, M. Zeidner, *Handbook of Self-regulation* (Salt Lake City: Academic Press, 2000).

Pintrich, P. R., Smith, D. A. F., Garcia, T., McKeachie, W. J., "Reliability and Predictive Validity of the Motivated Strategies for Learning Questionnaire (MSLQ)," *Educational and Psychological Measurement* 53 (1993).

Pintrich, P. R., Smith, D. A. F., Garcia, T., McKeachie, W. J., *A Manual for The Use of The Motivated Strategies for Learning Questionnaire (MSLQ)* (Ann Arbor: University of Michigan, National Center for Research to Improve Postsecondary Teaching and Learning, 1991).

Purdie, N., Hattie, J., "Student Conception of Learning and Their Use of

Self-regulated Learning Strategies: A Corss-cultural Comparison," *Journal of Educational Psychology* 88 (1996).

Rachlin, H., *The Science of Self-contro*l (Cambridge, MA: Harvard University Press, 2000).

Resnick, L., *Education and Learning to Think* (Washington, DC: National Academy Press, 1987).

Rogers, C. R., *Freedom to Learn: A Review of What Education Might Become* (Columbus Ohio: Merrill, 1969).

Rosenthal, R., *On The Social Psychology of The Self-fulling Prophecy: Further Evidence for Pygmalion Effect and Their Mediating Mechanisms* (New York: MSS Modular Publication, 1974).

Ryan, R. M., Deci E. L., "Self-determination Theory and The Facilitation of Intrinsic Motivation, Social Development, and Well-being," *American Psychologist* 55 (2000).

Schunk, D. H., "Self-regulated Learning: Where We Are and Where We Might Go," *Paper Presented At The Annual Meeting of The American Educational Research Association* (San Francisco, 2013).

Schunk, D. H., "Social Self Interaction and Achievement Behavior," *Educational Psychologist* 34 (1999).

Schutz, P. L., "Educational Goals, Strategies Use and The Academic Performance of High School Students," *High School Journal* 3 (1997).

Scollen, S., "Not to Waste Words or Students: Confucian and Socratic Discourse in The Tertiary Classroom," In Hinkel E., *Culture in Second Language Teaching and Learning* (Cambridge: Cambridge University Press, 1999).

Shih C. C., Chin C. T., "Preferences Toward the Constructivist Internet-Based Learning Environments Among High School Students in Taiwan," *Computer in Human Behavior* 21 (2005).

Stapp, H. P., *Mind, Matter, and Quantum Mechanics* (Springer, 2009).

Strage, A. A., "Family Context Variables and the Development of Self-regulation in College Students," *Adolescence* 33 (1998).

Tan, C. T., "Towards A MOOC Game," *In Proceedings of the 9th Australasian Conference on Interactive Entertainment: Matters of Life and Death* (Melbourne, 2013).

Tinto, V., "Dropout from Higher Education: A Theoretical Synthesis of Recent Research," *Review of Educational Research* 45 (1975).

Warschauer M., Turbee L., Robers B., "Computer Learning Networks and Student Empowerment," *System* 24 (1996).

Weiner, B., "A Theory of Motivation for Some Classroom Experiences," *Journal of Educational Psychology* 71 (1979).

Weiner, B., "An Attributional Theory of Achievement Motivation and Emotion," *Psychological Review* 92 (1985).

Weinstein, C. E., Mayer, R. E., "The Teaching of Learning Strategies," In M. Wittrock, *Handbook of Research on Teaching* (New York, NY: Macmilla, 1986).

Weinstein, C. E., Schulte, A., Palmer, D. R., *The Learning and Study Strategies Inventory* (Clearwater, FL: H & H Publishing, 1987).

Zimmerman, B. A., "Social Cognitive View of Self-Regulated Academic Learning," *Journal of Educational Psychology* 81 (1989).

Zimmerman, B. J., Schunk, D. H., *Self-regulated Learning and Academic Achievement: Theory, Research, and Practice* (2ed ed.) (Lawrence Erlbaum Associates, Inc., 2001).

Zimmerman, B. J., "Attaining Self-regulation: A Social Cognitive Perspective," In M. Boekaerts, P. R. Pintrich, M. Zeidner, *Handbook of Self-regulation* (San Diego, CA: Academic Press, 2000).

Zimmerman, B. J., Martinez-Pons, M., "Development of A Structured Interview for Assessing Students' Use of Self-regulated Learning Strategies," *American Educational Research Journal* 23 (1986).

Zimmerman, B. J., Risemberg, R., "Self-regulated Dimensions of

Academic Learning and Motivation ", *Handbook of Academic Learning* (Academic Press, 1997).

Zimmerman, B. J., Martinez-Pons, M., "Student Difference in Self-regulated Learning: Relating Grade, Sex, and Giftedness to Self-efficacy and Strategy Use," *Journal of Educational Psychology* 82 (1990).

附录1 学习活动补录示例

时间：2014.04.28

刚才进行了第二次集中学习。

我提前购买了四盆盆景：一盆薰衣草、一盆电脑宝贝、一盆富贵竹，还有一盆不知名的盆景。每一盆都很精致，花盆也很漂亮，一摆上桌，感觉学习室里增添了一份雅致。

我准备了点心（手工制作的饼干，精致可口，下课茶歇时被学生们一扫而光）、圣女果（很新鲜）。饼干是中午新鲜出炉的，圣女果是我来学校之前买好洗好装在家里最漂亮的果盘里的。

吸取上次的教训，从赵导那儿借了水壶，给学生们提供了水，我还让晓强去买了水杯。学习室的桌子分成四个小组，每个小组大约是由四张普通的课桌组成，可以坐十位学生。我让学生分小组坐，这样便于讨论。

物理环境这一块，我觉得创设得还不错呢！

下午6点，学生陆陆续续来了。经过上一次的活动，看得出来，学生还是蛮期待今天的学习的，他们看上去心情愉悦。

意识到热身活动对学生参与和融入团体的效果不错，我请晓英（心理中心教师）设计了一个热身活动。晓英设计的那个热身活动是"向左走—向右走"，形式是男生女生插缝站，然后手搭着跳舞。

下午6：30，我们正式开始。晓英带着大家活动。我和五六位来得早的学生给其他学生演示了一遍。正式开始站位时，我观察到有几位女生面露难色，于是提议：如果对这种形式感觉不舒服的话，可以选择不参加。说的时候我也通过自己的面部表情体现出善意。马上有六七位女生从队列中撤了出来。我想，这是正常的，大学期间的我也可能会做出同样的选择。还好，及时的提议避免了学生的不适。

热身活动结束后，我们请学生分组回顾和讨论了自己本周做了哪些事，哪些是感觉不错的。一开始，学生们讨论声很小。作为教师，我当然不太愿意看到这种情况。我想，是不是大家不习惯以这种讨论的方式学习？习惯了老师在上面讲，自己听就好？有可能。但也有可能是学生在讨论之前需要时间把自己的思路捋顺，有的学生不愿"抛头露面"，害怕自己说得不好，要想得非常清楚了才会说。

我提醒自己，在请学生讨论之前给大家几分钟时间思考和整理，顺便我自己也可以在那个时间段思考思考。

学生的讨论果然是需要一段时间酝酿的。后来讨论越来越热烈了。当大多数学生都在小组发表了观点后，每组由一位学生来概括。

回顾自己上周所做的事情可以让学生反思自己的学习生活，聆听他人的简述也可以了解其他同学都做了什么。学生之间的事例分享可以使彼此产生触动。听了其他同学做了什么，联想到自己，也会产生触动。有的学生可能会想：别人可以过得精彩，我下周也要努力；别人可以做这个事情，我也可以去尝试。有的学生可能会想：我这周过得还蛮有价值的，很充实，下周继续。对上周回顾的活动操作起来很简单，每个人自己也可以做，但如果没有人组织的话，很少有人会真正主动坐下来去思考。通过这项活动，学生能静下心回顾和思考自己上周的生活，并听听他人的情况，从而激励自己要过得更精彩、更充实和有意义。每周几分钟的回顾分享也会让大家在接下来的一周记着这个事，尽量把自己的生活过好（因为下周分享时得给自己有个交代）。

接着，我请大家就第一、第二章的内容进行了讨论。有了刚才的讨论，这一次的讨论就更热烈些了。

然后，我们开始了"正式"的学习。我一共准备了 100 多张 PPT。100 多张 PPT 是怎么也无法在一次集中学习时学完的。

我这个"老教师"犯了严重的错误。因为第一、二章内容很优质，我对每一个"精华"都不愿割舍。我把每一个精华摘到 PPT 上，一张一张对 PPT 进行讲解，一张一张请学生讨论。殊不知，这些内容之前都是布置了学生预习的，而且，许多学生都做了很好的预习，我很惊讶地发现，几乎所有学生（除一名外）都在集中学习之前读完了第一、二章，不少学生的书上做了笔记。其实，我完全没有必要一张一张讲解，大学生对事实性的知识大多都有能力自学，他们不需要教师充当复读机。

从今天的学习情况来看，许多学生正在改变被动听的做法，他们很好地完成了预习，希望在工作坊分享自己的想法；没转变的是我这个"老师"！我要吸取教训。大学里，出现我这种情况的教师估计很多。有教师曾跟我说过："如果我上课不覆盖全部知识点的话，他们（学生）有很多都掌握不了……"事实上，需要转变的是教师的教学方式。

附录2　课堂活动现场观察示例

时间：2014.05.06
地点：教学楼 4104

开始上课前，学习委员晓芝对全班进行了点名。

从回应的声音看，学生出勤率还是很高的。

学生从前往后坐，前面的座位都坐满了，只有后面 2 排较空。

老师打开了 PPT。我观察到，在学习委员点人数的时候，老师一直在低头看着讲桌上的书。

老师说："我们接着上次课的内容。"于是，开讲了。

有五六个同学陆陆续续地从后门进入教室。

老师由一个故事开始讲起，我听着感觉故事很有趣。但我观察旁边的学生，不明白为何老师讲这么生动的故事却只有少数学生抬头看老师，多数同学都在看着桌面（我坐在最后，没看到大家究竟在看什么）。

老师的声音有点尖。故事之后她引入了正题，然后一直讲着。

听课到现在（10：15），我有点犯困。从上课到现在似乎不是太久。20 分钟？这么快我就犯困了？这说明如果我上课也只顾自己一直讲，不让学生参与的话，学生肯定会有和我一样的感觉，犯困。因为这样的课堂只是老师的课堂，学生没有参与。

10：20，老师照着 PPT 讲文献载体。

我扫视了一下，在这个教室里每张课桌上都有一张来自一家眼镜店的宣传单，对学校课桌上贴广告的做法我不太明白。

PPT 上的内容是叙述型的信息，这些信息我百度了，是可以查到的，而老师在一一地陈述（这些东西完全可以让学生课前自学掌握，这位老师犯了跟我某一次教学时相似的错误）。

老师开始介绍甲骨，陈述甲骨是什么。

讲到乌龟和甲鱼的差别。老师提问学生乌龟和甲鱼有什么区别？沉寂了很长时间的学生开始活跃起来。"甲鱼大些，乌龟小些……""头不同……""壳不同……"一些学生终于可以通过这个连小学生都能作答的问题参与了课堂学习。

坐我前面的一位男生，书翻开在第一页，整堂课到现在没有动过笔，没有做任何笔记，但偶尔自答一些老师的问题。

10：38，上面的老师在自顾自地讲，下面学生开始自顾自地忙开了，有些同学开始聊天，教室不再那么安静。我感觉自己要睡着了。

10：45，下课。

10：50，休息了五分钟以后，开始下一讲。

教室有点吵，讲台上老师停了下来，有点愤怒地对学生大声说："说好了吧?! 说好了就听我说！"我心里想，课堂上学生没有发表自己意见和讨论的机会，憋得难受。老师应该注意到学生想说的冲动，给学生机会说，而不是自顾自地一直讲。

找晓茹借来她的教科书《中国古代文献学》，大致浏览后发现老师主要是沿着书本的脉络进行讲授，但对比后也发现老师 PPT 添加了一些书上没有的内容。

我问晓茹，这个课大家有没有预习或其他作业？晓茹回答：没有。

老师开始讲金石，将自己在汉阳江滩发现的跟本课相关的东西分享给学生。看到老师拍回来的照片和一些鼎的照片，学生表现出较大的兴趣。

11：04，我的左前方坐着晓茹和她的男朋友。他们在吃东西，发出悉悉索索的声音。

老师提问大家：斧斤的斤，鉴燧的鉴是什么意思？好一会儿，课堂无人回答。教室很安静。老师回答了这个问题。

11：31，快下课了？外面楼道里好吵。

外面越来越吵，老师把麦拔高了，声音大了许多。继续讲了一会儿，然后下课了。

在这个课上，我发现这位老师不只讲书上的东西，还穿插了其他的知识。这一点很好。学生对老师增加的新内容比较感兴趣。不过，我又想，有些知识如果提前让学生自己去探索，学生应该会理解得更深。我也要注意布置一些让学生去探索的任务，让学生自己去查找学习资源。

附录3　部分实物呈现

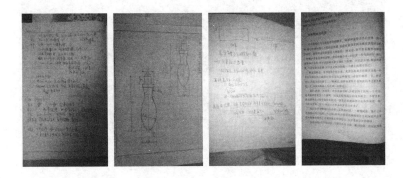

晓海的学习笔记。从中可以看到在工作坊第一期学习中，晓海已经有了做日程计划的习惯。同时也看到他在学习上的严谨（制图），但笔记形式比较自由。作为工科生的他对哲学感兴趣（他的《死亡哲学》笔记和《如何阅读一本书》的笔记）。

晓海的成绩单，从中可以看到在大一下学期，晓海的考试成绩不错，其中，在线性代数（100 分）、微积分（96 分）、逻辑与批判性思维（93 分）、金工实习（92 分）表现优异。在一定程度上验证了在访谈时他自己描述的他对本专业学习及对哲学等方向的兴趣以及其他同学描述的晓海"学霸"的形象。

晓海的社团活动照片，从中可以感受晓海的课外活动参与情况。

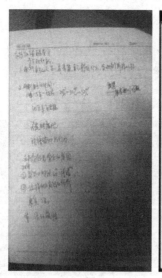

晓海工作坊学习的相关笔记，可以看到他在自主学习路上的发展。

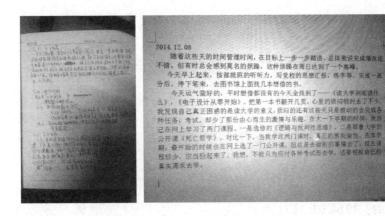

晓海的学习日志，从中可以感受晓海内驱力的变化。

附录4 研究日志一则

时间：2014.03.31

随着调研活动的深入，我对 W 大学学生的"刻板印象"开始发生改变。没有入驻 W 大学时，我想着这个学校的学风可能是很差的。每次经过 W 大学时，看到门口一溜的小吃摊，进进出出的学生，我就在想：这些学生学习吗？甚至每当我看到从创业街出去的 W 大学学生时，我都认为他们是去步行街逛街去的。但随着更深入的了解，我发现我错了，W 大学的学生中有许多有志气、很努力的学生。

今天心理中心组织了4位从 W 大学考出去，目前就读教育学与心理学研究生的"过来人"，以及12名有想法考教育学与心理学的学生开展了一次考研辅导。4位过来人讲述了自己的备考经历与经验。这些学生给我的感觉是很有"志"并有毅力坚持。其中，华师心理系的那位女生给人的感觉尤其好。她的整个复习有计划、安排很科学，并且从她的介绍中我看到她对自己的认识很清晰，知道自己想追求什么。也许可以请她参加一次工作坊的活动。整个活动中我感觉到这些学生强烈的学习动机，他们很想通过考研改变自己的命运！

附录 5 "你我同行·学会学习" 项目报名表

姓名		性别		出生年月		专业	
班级				联系电话			
电子邮箱			QQ			微信号	
请谈谈您的学习经历与感受							
为什么参加"你我同行·学会学习"项目？ 谈谈您参加此项目的预期/目标							
您有/愿意付出多少时间和精力在"你我同行·学会学习"项目上							

附录6 第一期期初访谈提纲

1. 基本情况

请谈谈您的个人情况与学习经历。

来自哪一院系？家庭情况及成长环境？上大学前的学习情况？

高考/志愿填写/专业学校选择。

2. 自我认识与对自我学习需求的认知

为何上大学？上大学想学什么/想做什么？入学前对大学的期待？目前对大学的期待？

未来想做什么？认为自己适合从事什么职业？擅长什么？个人的长处和短处。

3. 学习目标

大学学习目标有哪些？本学期有什么学习目标？哪些是一定要完成的？哪些是尽力完成的？本月有什么学习目标？近日有什么目标？

4. 学习规划

对自己有哪些长期或近期的规划？

5. 时间管理

通常每天的时间是怎么安排的？课程量有多少？课余时间有多少？课余怎么安排？作业完成情况如何？

6. 学习环境

一般在哪里学习？和谁一起学习？喜欢在哪里学习？

学习效果怎么样？

7. 自我监控、评价与反思

是否经常总结自己的学习情况？通过哪些方式感知自己的学习状态？

评估一下自己目前的学习状态。哪些因素（正面/负面）影响着自己目前的学习状态？

8. 学习方法

感觉自己有哪些好的学习方法？通过哪些途径掌握的？

9. 寻求资源或帮助

遇到困难的时候一般怎么处理？

通常通过哪些途径获得学习资源？

10. 自我奖惩

是否根据学习进展/目标完成情况进行自我奖惩？以什么方式进行？

11. 自我纠正

感觉自己哪些学习习惯需要纠正？有没有什么习惯是自己下决心改却没有实现的？

12. 项目收获预期/需求

希望通过参加这个项目收获什么？希望有哪些方面的成长？以前是否参加过哪些类似的学习项目？

附录7 工作坊第一期成员是否继续第二期学习及原因统计

序号	姓名	是否进行第二期学习	原因	序号	姓名	是否进行第二期学习	原因
1	晓君	是	第一期对我在学习和生活方面的帮助很大，所以我继续参加第二期。参加第一期当时就是想找一个有学习氛围的地方，好歹是和学校其他地方不同的地方，而且还能认识不同的同学。参加之后发现比我想的更好，我以为是简单的交流会，没想到是大家一起共同学习。学完的时候，觉得自己学到了很多实用的方法，用到生活中学习中很好，而且还有一个重要原因就是很喜欢这样的学习模式，整个过程都很轻松舒适。所以我继续参加第二期	2	晓欣	是	廖老师人很好，在老师身上学到了很多；觉得项目组是个积极的地方，对自己还是有促进作用；很期待第二期的内容，依然渴望去改变自己

序号	姓名	是否进行第二期学习	原因	序号	姓名	是否进行第二期学习	原因
3	晓茹	否	一是时间有限，已经有了一次尝试，想要把时间空出来尝试其他事物；二是觉得已经在项目中得到、学习到了自己想要的东西，下一步就是去实践、去发挥它们的作用	10	晓涛	否	大二的课比较多，我怕自己兼顾不过来。也想有时间多去实践第一期学的东西
4	晓霞	是	对项目的喜欢和留恋促使我一次不落	11	晓科	否	我担任了班级的班干部，而且又是信息学部学习部的部长，每天都有好多的事情要处理，所以不能继续参加第二期。这对我来说还是比较遗憾的。不过，我在工作中可以用到第一期学的方法，也是好事
5	晓清	是	一是廖老师很有亲和力；二是确实想通过项目学习查缺补漏，更好地认识自己的不足并改进	12	晓桐	否	想多点时间去尝试些新事物，这也是项目组教给我们的
6	晓海	是	一是本身有这个意愿，因为参加第一期的时候很愉快、有进步。再一个也有同学的邀约。当时拿到新学期的课表时发现是满满的，就有点想撤了，然后同学一鼓励还是咬牙克服时间困难参加	13	晓祥	否	自己性格原因，不喜分享，且自己一塌糊涂，心有余而力不足
7	晓雨	是	想巩固自己已有的技能，学更多的技能	14	晓希	是	第一期后，感觉有点意犹未尽，所以继续参加
8	晓芬	是	想继续和大家一起学习	15	晓莉	是	浓厚的学习氛围
9	晓凯	是	希望能和廖老师成为良师益友	16	晓菲	否	课业加兼职，忙不过来

序号	姓名	是否进行第二期学习	原因	序号	姓名	是否进行第二期学习	原因
17	晓钰	否	课多，时间有点顾不过来，怕完成不好，只好退出了。挺可惜，也挺怀念一起学习的美好时光	21	晓玫	是	想继续在工作坊学习提高自己
18	晓涵	是	想要通过这个过程去改变自己；小组合作的学习方式很喜欢；互帮互助的感觉很好	22	晓权	否	和晓瑞搞了一个创业项目
19	晓思	否	没有用正确的眼光去看待这一活动，目光短浅，看不出其中的有益之处，于是第二期不报名	23	晓薇	是	因为乐在其中，看到更好的自己
20	晓健	是	第一，我非常喜欢这个环境，在这种环境下，我非常享受。这是我从没见过的课堂，感觉非常好；第二，在这里，我可以从老师、同学身上学到很多，他们真的特别优秀。也帮助我找到了自身的不足；第三，自己还需要提高，尤其是在第一期时自己做得不怎么好；第四，希望在这里找到自己真正想要什么；第五，平时太压抑，很不如意，但能在这里得到缓冲；第六，很珍惜跟老师和同学的感情；第七，PBL学习让我觉得很有意思	24	晓聪	否	第一期项目感触很多，想多实践

序号	姓名	是否进行第二期学习	原因	序号	姓名	是否进行第二期学习	原因
25	晓念	否	在外面报了专业学习的班，怕不能兼顾	31	晓谦	否	一是因为自己的事情变得多了起来，考试、驾照、入党，还有一个中文微信的运营；二是个人的原因，觉得自己不能很好融入
26	晓芝	是	我觉得是感觉吧，这个东西说出来很空，但我觉得人要待在能让自己舒服的地方才会快乐，才会学得多，我又特别唯心，所以选择了继续	32	晓瑞	否	和同学搞了小创业，也想去尝试点新东西
27	晓倩	否	除了上课还要兼职，没有充足的时间参加	33	晓良	是	第二期采用自己探索的学习模式，学习的内容本身也是学习方法，在自学的同时得到锻炼，这是我参加的最大原因。其次这种自学、自己探索探讨的方式我很感兴趣，而且也觉得这种学习方法很先进
28	晓玲	否	主要是没有时间，课多的很	34	晓晨	否	因为我已找到自己的目标，对学习的自控能力已达到预期，希望能花更多的时间在实现目标上
29	晓飞	否	第一期达到的效果不如我想的好，第二期课业又很重	35	晓淳	否	在学校里当了外联部的部长，学习压力也更大了，所以怕自己调整不过来时间，犹豫了很久
30	晓汉	否	发现自己第一期并没有太明显的改变，第二期去也估计有点打酱油的味道，当然也许这种学习的过程需要长时间的领悟与实践，而我耐不住	36	晓坤	否	第一期第一次活动后选择退出

附录8 一个看见苹果不敢去吃的人

晓思是一位安静的男生，个子不高，长相白净。工作坊开展第一次活动时我就注意到他了，因为他总是安静地坐在角落里，低着头，很少回答问题，也很少与身边的伙伴交流。偶尔的发言声音也是细细的，给人怯生生的感觉。

在工作坊"我的过去、现在和未来"活动中，晓思陈述了他的经历。高一以前，他的成绩比较好，在学校各方面都比较活跃。高二时学校分班，他被分到了火箭班，"火箭班的牛人太多"，学习成绩一下就凸显不出来了。这让重视成绩、一直自认为优秀的他难以接受。越抑郁，成绩反而越下降。成绩越下降，人越抑郁。历经了两年的反复打击，他在高考之前深信自己"不再是那聪明的一拨"了。高考成绩很不理想。晓思说，自己现在非常内向，甚至和女生说话就会很紧张，"做任何事情都缺乏信心，害怕"。

在工作坊的接触中，我感觉晓思陷入了一个"逃避"的怪圈。

最初让我感受到他的逃避的是他写小说的事情。工作坊初期，每位学生都给自己设立了一个目标。晓思给自己定的目标是写小说。他说自己以前经常在一个叫"起点中文网"的网站看网络小说，而自己的专业是汉语言文学，于是萌动了写小说的念头。"和大多数人一样，我也想写一部小说。我从去年就开始着手了解，目标是在这个网站完成一本小说，成为大神。"

工作坊教授了将总目标分割成子目标逐个实现的方法。在我的鼓励下，晓思将自己的大目标分解成了子目标，并在小组进行了分享："第一步就是打大纲，大纲打好了之后发给起点编辑内签，如果内签成功了就要写 3 万字，首先要写到 3 万字；内签成功后就可以在网站上发表，我自己定的是 7 万字，7 万字之后我就可以申请三江，三江通过是我的第二个目标；三江过后就是六频，（然后）就是人人网等推荐，那个过了之后再写到十几万字就可以申请强推了，强推之后就可以上架。"晓思对自己写小说的事情进行了思考和计划。

为了让目标和计划更清晰，工作坊鼓励学生将自己的目标和计划以文字的形式记录下来。晓思对待这件事情时态度也是很认真的，制作了精美的 PPT 记录他写小说的步骤。在 PPT 最后，晓思用这样一段话对自己进行鼓励："成神之路不平坦，我们需要一颗坚强的心……无论风，无论雨，向前走，一直向前走，走到梦的尽头。"

看出来，晓思对写小说这个事情下了决心，并且做了细致的计划。可是，出乎我意料的是，没过几天晓思的小说写作工作就戛然而止了。几天后的交流中，他有点不好意思地跟我说了他的情况。

> 晓思：我没有做那个了，没有写那个小说了。我之前写了，我写了三天，写了一个星期，每次都要熬夜，然后实在是受不了，然后就放弃了。我想了一下，觉得不应该写，因为写小说没什么价值。

我记得当初晓思在计划写小说时跟我说过他认为这件事情很有价值，还列出了好几个必须做的理由。我想知道他为何那么快就把当初认为有意义的事情放弃了。

> 我：为什么没有价值呢？
>
> 晓思：太浪费时间了，而且，（停顿后重复）就是太浪费时间了。

晓思没有陈述其他的理由，只是重复了"太浪费时间"的理由。我联想到当时晓思做这个决定时说的自己已经为写小说这件事从去年就开始准备，并且认为写小说对自己汉语言文学专业的学习是有促进作用的。于是追问了一句。

　　我：你是觉得写这个小说这个事很浪费时间？但它不是你专业学习的一个好的方式吗？

晓思并没有正面回答我的这个问题。

　　晓思：上课的时候我就用那个手机一直不停地写，写了一天，然后晚上还熬夜熬到十一点多，噢（沮丧痛苦的样子），所以受不了。
　　我：是时间太紧了，迫使你要这么急地写吗？
　　晓思：不是，因为那个东西你如果经常写的话，速度会提起来，但我实在是太慢了，打字打不了那么多。

　　晓思对放弃写小说这件事的理由从"这个事情没价值"变成了"我打字太慢"。他似乎对自己刚开始没多久就放弃感觉有些不好意思，但一时又找不到一个合理的解释，于是在我的询问下给了多个不同的理由。当时我没有找到他的症结所在，只是建议他不必那么着急或逼自己那么紧，不一定非要熬夜或在上课的时候写，可以每天给自己规定一定的写作量或写作时间，循序渐进地进行。但他似乎并没有兴趣继续谈这个话题，只是反复说"感觉写小说这个事情没什么意义，就是没什么意义"。就这样，他把自己筹备了很久的写小说的事业"翻篇了"。

　　在后期学习中，"逃避"和"放弃"在晓思身上多次发生。晓思在"学计算机"、"学英语"和"心理社团工作"等事件上都重复了"下定决心—前期认真准备—实施不久后放弃"的模式。

　　在学计算机上是这样的，晓思打算在大学好好学习计算机并通过计算机二级考试，因为他认为"新的时代计算机网络技能非常重要，高科技的东西不学会落伍。而且，计算机二级通过了，对以后找工作也有帮助"。他购买了相关的书籍，但是几个星期后就把书搁一边了，放弃的理由是"因为我没学过那个 C 语言，我买了那个 C 语言的书，但我又没学过那个数学，有些地方根本看不懂，而且计算机只要你会操作就行了，我又不是学那个电脑专业的，所以没多大意义。上次我读的那本《读大学读什么》的书，它也说考计算机二级根本就没什么大用，所以我觉得我不应该把时间浪费在这里"。

晓思曾准备下苦功学习英语，计划在大学期间成功通过雅思或托福考试。他筹备了一段时间，书买了不少，英语学习方法上也有所准备，但很快在这件事情上也停止了。

> 晓思：有一段时间是学雅思的，因为我想到外面（国外）去看一看，但是（后来）我又想了一想，然后我觉得不用把时间浪费了。我看到有一个例子，有一个人他不（是）学英语（专业）的，集中学习三个月就可以出国了，所以我觉得我以后有条件的话完全可以集中一个时间段学英语，到一个英语的环境里头，那样学的效果更好。
>
> 我：那有没那样集中训练的环境呢？
>
> 晓思：现在很多这种培训机构都有啊！

我尝试着建议晓思既然有条件，那就可以现在行动。晓思的回答是他现在应该要把自己的核心能力发展好，把专业学好，把写作练好。

晓思曾经加入过学校的心理学社团，但一个学期就退出了。他说："社团里面大多数环境都是不成熟的，没有多大的学习意义，而且上次有个大四电商专业的，不是电商，光信的好像是，学长说社团其实是没什么大用的，因为社团每个星期都要开会嘛，很多人坐那，很无聊的，看手机的看手机，根本没什么作用，所以我就退了。原本我是想竞选那个社长的，但是后来我觉得没什么大的意义，竞选可能就是一种形式而已，他们其实已经早就决定好了哪个人，而且他们那个活动的形式，我基本上都了解了，就他们怎么组织，一想就想得到的，我觉得自己就没必要再去了解了，他们怎么组织，怎么借东西的，基本上都知道了。"

在我们接触较为密切的半年时间里，晓思在多件事情上选择了放弃，而且每次都会为自己的不坚持或不作为寻找各种理由，这些理由有的是前后矛盾的。在这半年中，晓思曾两次向我谈起高中的那次分班，认为高中的那次分班对他造成了"重创"，从普通班的佼佼者，老师的掌上明珠，被调到高手如云的"火箭班"后，自己学习上的优势不再，学习状态越来越差，最后变成"不再是聪明的一拨""不是一个优秀的学生""根本没有什么学习能力"。在一次作业中，晓思这样写道："每次在下定决心想要做成某一件事时，我都会对结果感到十分恐惧，害怕失败。我就是一个看见苹果不敢去吃的人。"

从晓思的经历可以看出，学业自我效能感低也许是他进入"逃避"怪圈的最主要的原因。晓思希望自己能在某些方面取得成绩，"重振辉煌"，但在制订计划和开始实施后，时常感觉到离目标实现的距离太遥远，不太可能把这些事情做好，所以他早早地选择放弃以"避免煎熬"。他对自己这样一次又一次放弃也感到不满，因此会寻找一些外界原因来宽慰自己。他曾经不止一次跟我说他害怕失败，在一件事还没开始或刚刚开始时，他想的是将来失败的结果，这让他很痛苦。通过观察晓思的行为模式可以看出，为了不让这些坏结果发生，在结果到来之前他总会先行撤退，并提前为自己找借口，为自己的行为开脱。其实，他的潜意识里是在避免承担失败的责任，避免他人认为他"不行"。

学业自我效能感低的学生通常具有"回避"的特点。他们在选择学习任务时，倾向于回避自认为难以完成的，而且，经常将困难视为是不可克服的，在面对困难时容易较早地放弃或退缩。学业自我效能感低的学生行动力一般比较弱，做事犹豫不决，常常"想得多做得少"。此外，学业自我效能感低的学生焦虑水平比较高，他们时常为自己的学习状态苦恼，在处理学习问题时比较情绪化。这些在晓思的身上都有体现。

附录9 识别吞噬时间的黑洞

下面这张表所列出的是阻碍我们完成任务的普遍问题。核对一下哪些符合你的情况，并且注明这些问题你能控制还是不能控制。

	我的严重问题	经常性问题	不常见问题	可控的（C）或不可控的（U）
1. 电话打扰				
2. 不速之客				
3. E-mail 打扰				
4. 业余爱好				
5. 短信				
6. 无法拒绝				
7. 社交活动				
8. 吃点心				
9. 差事和购物				
10. 用餐				
11. 孩子打扰				
12. 完美主义				
13. 家庭约会				
14. 寻找丢失的东西				
15. 重复做错				
16. 不停变化任务				

续表

	我的严重问题	经常性问题	不常见问题	可控的（C）或 不可控的（U）
17. 上网				
18. 阅读报纸、杂志 等休闲书籍				
19. 汽车出毛病				
20. 等待公共交通工具				
21. 其他				
22. 其他				
23. 其他				
24. 其他				
25. 其他				

资料来源：罗伯特·S. 费尔德曼：《鲍尔学习法》，林荣日、曹珍芬译，复旦大学出版社，2010，第 35 页。

致　谢

　　研究开展过程中，我认识了许多有趣的人，得到了许多指导和帮助。我想向这些可敬可爱的人表示诚挚的感谢！

　　我想对恩师刘献君教授表达我最深的敬意和感谢。老师高尚的情操、渊博的知识、孜孜不倦的学术追求值得我用一生去学习。老师为人正气、坦荡，他常对我们说"要读好自己这本书""人要先下来，才能上得去""多数人的评价是公正的"，这让我有意识地去认识自己、摆正自己和坚持"做自己"。老师是时间管理大师，不管有多少事情需要处理，他总能处理得井井有条。老师说"要做自己应该做和能做的事""一个阶段抓一两件重要事务""大块时间用来做复杂的事，小块时间用来做简单的事"，这些话我牢记于心，并学着对自己的时间进行管理。"一年可能干不成任何事，十年可能干成任何事""一年只能收获小麦和玉米，十年才能收获参天大树"，老师让我明白做事要坚持，要沉下心扎扎实实地朝着核心方向努力。老师常说"有多少资料做多少东西"，这让我养成了严谨的研究习惯。"研究与实践，相互推进"，受到老师的启发，我开展了本项行动研究课题。

　　感谢参加"你我同行·学会学习"学业指导工作坊的所有学生。工作坊开展过程中，你们的认真和坚持给予我许多感动，感谢你们的信任！感谢你们慷慨地与我分享你们内心的想法和故事！祝福你们，愿你们有美好的前程！

　　感谢华中科技大学教科院张俊超教授、雷洪德教授、李伟副教授和文华学院周进教授在研究和论文撰写过程中给予我的帮助和指导。四位年轻且富有教育热情的老师总是真诚地与我交流，鼓励我大胆尝试。特别感谢张俊超教授和周进教授，两位教授与我亦师亦友亦姐妹，给予我莫大的支持。你们的聪慧、善解人意和真诚让我时常感叹自己能认识你们是多么幸运！感谢雷洪德教授，您对学生的尊重和对学生成长的关注让我钦佩。感谢李伟副教授，您深厚的学科功底让我折服，您在教师发展工作坊中的有效实践给了我很多启发。

感谢华中科技大学教科院的陈廷柱教授、余东升教授、刘亚敏教授、李太平教授、贾永堂教授、陈敏教授、郭卉教授、魏署光副教授，感谢武汉大学教科院的黄明东教授、彭宇文教授、冯惠敏教授、陈新忠教授、王郢副教授、高新发副教授、王碧云副教授、童珮茹博士、陈峥博士，感谢浙江大学教育学院的张应强教授、中国人民大学教育学院的周光礼教授、清华大学教科院的王传毅副教授，感谢《高等教育研究》编辑部的曾伟老师、许宏老师，感谢你们的指导和点拨。

感谢文华学院的孙娇英老师、赵春艳老师、李素梅老师、彭俏老师、张芳老师、张新建老师、徐敏老师。本研究得到了各位老师的大力支持和帮助。

感谢我的好伙伴刘耀博士、刘皓博士、赵蕾博士、肖聪博士、巫国云博士生、王靖博士生，我们一起讨论学术，一起畅聊生活，谢谢你们的支持。

特别感谢我的父母、爱人和女儿，谢谢你们给予我无条件的爱和支持。

特别感谢本书编辑张建中老师、王倩老师所付出的辛劳。

最后，感谢每一位读者，期待与大家有更多关于大学生学习与发展领域的交流！

廖旭梅

2021 年 10 月 1 日

图书在版编目（CIP）数据

　　大学生自主学习：影响因素与有效策略／廖旭梅著
. -- 北京：社会科学文献出版社，2022.12（2024.5 重印）
（当代教育研究丛书）
　　ISBN 978-7-5228-1059-1

　　Ⅰ.①大…　Ⅱ.①廖…　Ⅲ.①大学生－学习方法－研
究　Ⅳ.①G642.46

　　中国版本图书馆 CIP 数据核字（2022）第 215132 号

·当代教育研究丛书·

大学生自主学习：影响因素与有效策略

著　　者／廖旭梅

出 版 人／冀祥德
责任编辑／张建中
文稿编辑／王　倩
责任印制／王京美

出　　版／社会科学文献出版社·马克思主义分社（010）59367126
　　　　　　地址：北京市北三环中路甲 29 号院华龙大厦　邮编：100029
　　　　　　网址：www.ssap.com.cn
发　　行／社会科学文献出版社（010）59367028
印　　装／唐山玺诚印务有限公司

规　　格／开本：787mm×1092mm　1/16
　　　　　　印张：17.75　字数：276 千字
版　　次／2022 年 12 月第 1 版　2024 年 5 月第 3 次印刷
书　　号／ISBN 978-7-5228-1059-1
定　　价／98.00 元

读者服务电话：4008918866